PALÄSTINA
zur Zeit des
Neuen Testaments
Maßstab 1 : 1 600 000
0 10 20 30
Kilometer
I Römische Provinz Judäa (4 v. bis 6 n. Chr. Vierfürstentum des Archelaus)
Nordgrenze des eigentlichen Judäa
IIa u. IIb Vierfürstentum des Herodes Antipas (4 v. bis 39 n. Chr.)
III Vierfürstentum des Philippus (4 v. bis 34 n. Chr.)
IV Römische Provinz Syrien
V Vierfürstentum des Lysanias
VI Gebiet der Zehnstädte
Die Zahlen geben die Höhen in Meter an
M I T T E L M E E R
S Y R O - P H Ö N I Z I E N
Libanon
Sidon
Sarepta
Tyrus
IV
Cäsarea Philippi
III
TRACHONITIS
B A T A N Ä A
G A U L A N I T I S
1204
70
See Semuchonitis
Gischala
1208
Chorazin
Julias
Betsaida
Kapernaum
Genezareth
See Genezareth
-209
Ptolemaïs
Jotapata
IIa
Kana
Magdalā
Tiberias
Sephoris
Se-bulon
Naftali
G A L I L Ä A
588
Tabor
Nazareth
Karmel
546
Gaba
Nain
Dora
Gamala?
Rafana?
Hippos
Dion
Abila
Gadara
A U R A N I T I S
D E K A P O L I S
VI
Cäsarea
Scharon
Skythopolis
Pella
Ginäa
S A M A R I E N
1247
Sebaste
Gerasa
Neapolis
940
Sychar
Mabortha
881
Garizim
Amathus
Apollonia
Akrabata
Antipatris
I
Alexandreion
Joppe
Fasaëlis
IIb
Gadora
Arimathäa
Tamna
1016
Lydda
Gofna
Archelaïs
Ephraim
Jordan
Philadelphia
Modeïn
J U D Ä A
Jamnia
Jericho
Abila
Herodeion?
Emmaus
821
Kypros
Livias
Esebon
Jerusalem
Betanien
P E R Ä A
997
Hyrkaneion
Qumran
Azotos
Betletefa
Medeba
Aschkelon
Bethlehem
Herodeion
E
Kallirhoë
Betogabri
1019
Machärus
Anthedon
Hebron
Gaza
Engadi
-392
Totes Meer
I D U M Ä A
1065
Moabitis
Masada
Rafia
Malatha
Elusa
Zoara
N a b a t ä e r
N a b a t ä e r
A R A B I E N
A
B
C
D
1
2
3
4
5
6
7
8

Religion entdecken – verstehen – gestalten

Ein Unterrichtswerk für
den evangelischen Religionsunterricht

Herausgegeben von

Gerd-Rüdiger Koretzki und
Rudolf Tammeus

Beratung:

Albrecht Willert, Recklinghausen

ISBN 3-525-77563-6

Gestaltung: Rudolf Stöbener, Göttingen. Gesetzt aus der Rotis.
Umschlag: Basta Werbeagentur GmbH, Göttingen
Satz und Lithographie: Weckner Fotosatz GmbH, Göttingen.
Druck und Bindung: PROOST, International Book Production, Turnhout, Belgium.

Gedruckt auf chlorfrei gebleichtem Papier.

Sehnsucht nach Gerechtigkeit

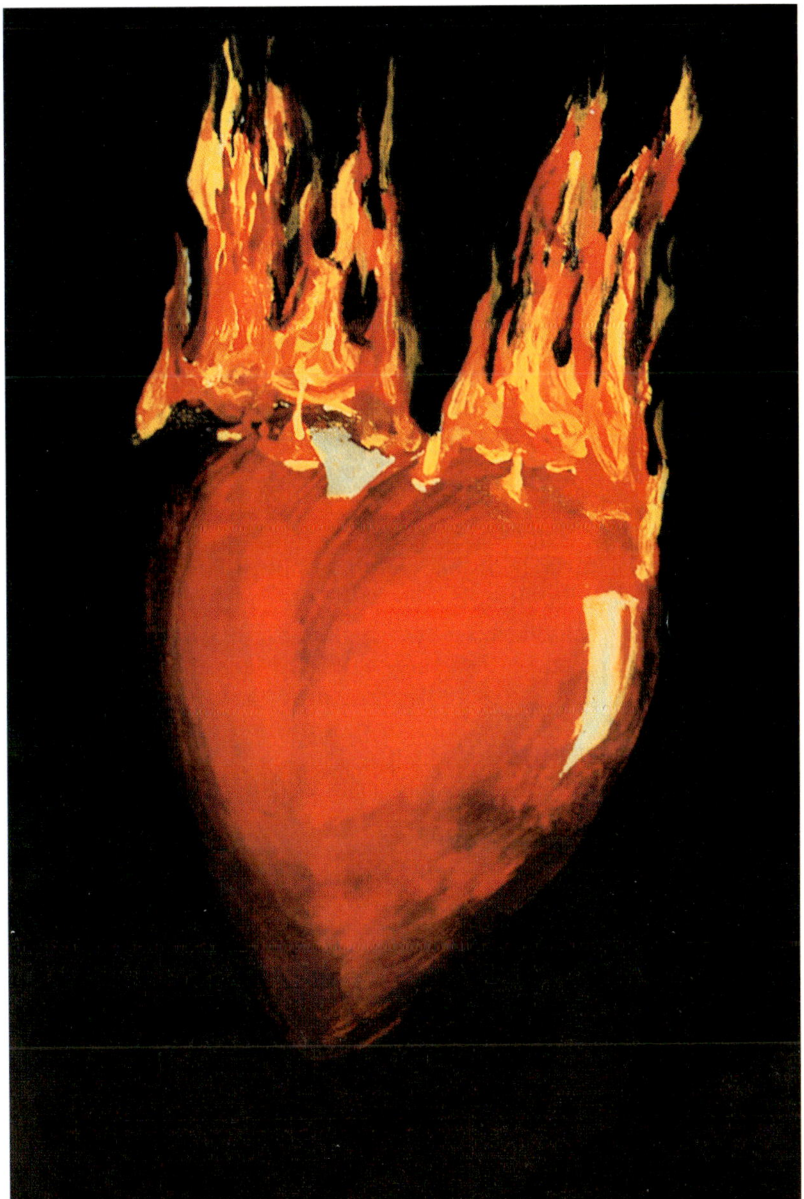

Helge Ackermann, 2000

Zeitung lesen heißt sich entsetzen

Eine Zeitung aufschlagen, heißt Worten begegnen – ob sie nun Tatsachen oder Schicksalen entsprechen, ob sie der Beschönigung oder Verhüllung dienen oder Vermutung, Verdacht, Vorurteil ausdrücken. Die Zeitungen sind nicht wahrer als das Leben der Menschen, das sie spiegeln wollen.
Wenn Jesus Anweisungen für das Leben geben wollte, erzählte er häufig Geschichten, wie sie auch hätten in einer Zeitung stehen können: „Es war ein Mensch, der ging von Jerusalem hinab nach Jericho und fiel unter die Räuber." Und er begann solche Geschichten oft mit dem Wort „Siehe!" „Sieh hin!" „Lass es dir genau schildern! Das ist geschehen, das haben Menschen erlebt, das ist möglich gewesen! Kümmere dich darum, nimm die Tatsache, nimm den Hinweis ernst!"
Wir könnten heute entsprechend so reden: „Wenn du die Zeitung liest, dann achte auf die Schicksale. Achte auf die Gewalttaten, die Lügen, die verborgenen Tatsachen, die Vorgänge hinter den Worten. In der Regel sind es nicht die Sensationen, auf die es ankommt, sondern das kleine Glück, das Elend, das hinter Annoncen stehende Leid. Suche nach der Krankheit in der Gemeinschaft der Menschen, nach Schuld und Sühne, nach dem guten Willen und dem geringen Können. Nach den Verhältnissen, die es zu ändern gilt, die um der Menschen und ihrer Schicksale willen nicht so bleiben können."
Die Zeitung lesen heißt sich entsetzen, heißt erschrecken, heißt staunen oder bangen. Wer nicht weiß, was er beten soll, schlage eine Zeitung auf und rede mit Gott über das, was er liest. Er wird, ehe er sich versieht, ein Fürbittender sein. Er wird für sein eigenes Ergehen danken. Er wird verstehen, was es bedeutet, dass fremde Menschen seine Brüder und seine Schwestern sind. Er wird von sich selbst frei werden. Er wird mit Gott über das Elend reden, dass sein Reich nicht da ist, und über die Wege, die zum Reich Gottes unter den Menschen führen.

Jörg Zink

Michael Raka Weckerle, 2000

Du musst ein (Schwein sein)

Ich war immer freundlich, lieb und nett
Kriegte nie irgend'ne Frau ins Bett
Und dann auf Macho, cool und arrogant –
Plötzlich kamen sie angerannt.

Und wieder seh' ich, wie's im Leben läuft:
Wer hart ist, laut und sich besäuft
Kommt bei Frauen besser an
Wer will schon 'nen lieben Mann?

Daraus ziehst du die Konsequenzen
Und du schaltest um auf schlecht
Die Welt ist ein Gerichtssaal
Und die Bösen kriegen Recht.

Du musst ein Schwein sein in dieser Welt
Schwein sein
Du musst gemein sein in dieser Welt
Gemein sein
Denn willst du ehrlich durchs Leben geh'n
Ehrlich
Kriegst 'n Arschtritt als Dankeschön
Gefährlich.

Weil ich weiß, dass ich's mir leisten kann
Stell ich mich überall vorne an
Und ist einer sanft und schwach
Hör' mal, wie ich drüber lach.
Bei den freundlichen Kollegen
Halte ich voll dagegen
Obwohl mich keiner mag
Sitz ich bald im Bundestag.

Du musst ein Schwein sein...

Die Prinzen

Letizia Volpi, 1991

Herz in Not   Herz über Kopf   auf Herz und Nieren prüfen   herzlos

Steinmeditation

Nimm den Stein in die Hand,
fühle ihn.
Er ist hart, wie die Herzen der Herrschenden;
hart wie Stein.

Umschließe ihn mit der Hand,
erwärme ihn,
den kalten Stein.
Nur wenn du ihn umfasst,
ihn mit deiner Hand umgibst,
nimmt er Wärme an,
wie ein kaltes Herz.

Begreife ihn mit deinen Fingern,
nur wenn du ihn begreifst,
wirst du dich mit ihm befreunden.
Fühle über seine Fläche,
die glatte, an der alles herunterperlt,
die kantige, die dir weh tut
und dich verletzen kann,
deine Empfindlichkeit, dein Fingerspitzengefühl,
deine Haut, die dich schützt.

So wird er ein Teil von dir:
denn so bist du oft selber – steinhart
und kalt
und aalglatt
und gefühllos und kantig
scharf und verletzend.

Nur wenn einer kommt
und die Hand um dich legt,
wandelt deine Kälte sich in Wärme.

Nur wenn einer kommt
und dich umfasst,
wird die stumme Kälte sich auflösen

und Steine werden reden.

Evangelischer Kirchentag, 1983

für jemanden ein Herz haben   sein Herz verlieren   ein Herz bricht

Glückselig nenne ich…

Er sagte:
Glückselig nenne ich, die nach Gerechtigkeit hungern und dürsten; denn Gott wird sie satt machen. Er sagte auch: Glückselig nenne ich, die Verfolgung leiden um der Gerechtigkeit willen, denn ihr Lohn wird groß sein.

Und wir vermuten,
dass dies nicht nur dich und mich betrifft, sondern unsere Gesellschaft insgesamt und ihre Ordnungen. Dass es also heißen soll: Wer danach trachtet, Gerechtigkeit zu schaffen, an einer immerwährenden Verbesserung der Gesetzgebung und des Strafvollzugs mitzuwirken, an einer gerechten Verteilung des Eigentums, an einer partnerschaftlichen Ordnung zwischen Männern und Frauen, Erwachsenen und Kindern, Lehrern und Schülern, Hochschulen und Studenten, Arbeitgebern und Arbeitern – und wer um eines solches Trachtens nach Gerechtigkeit willen diffamiert wird, Schaden leidet an seinem Ruf, an seinem Vermögen, an seiner Freiheit – dem gilt die Verheißung.

Politisches Nachtgebet

Danielle Kwaaitaal, 1998

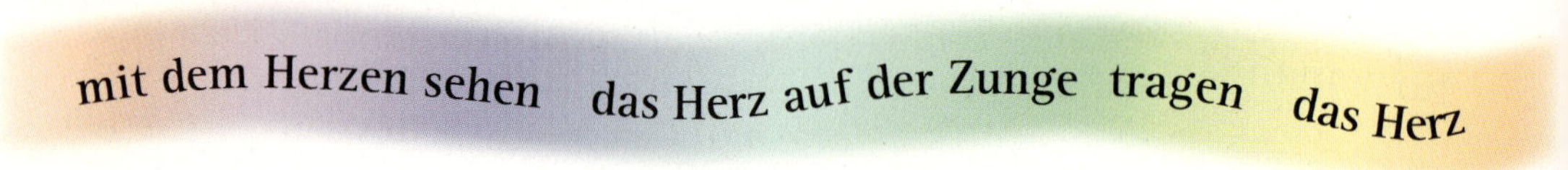

Erneuerte Menschen

Die „Gebete um Erneuerung", die von Oktober 1989 bis März 1990 in der Wittenberger Schlosskirche stattfanden, stehen exemplarisch für die politischen Auseinandersetzungen, die zu der Zeit in der DDR stattfanden. Friedrich Schorlemmer hat große Teile der Veranstaltungen mitgeschnitten. Das war riskant und forderte Mut. Denn viele Menschen haben sich an diesen Abenden erstmalig frei und öffentlich geäußert; sie haben sich damit politisch sichtbar und haftbar gemacht.
Der folgende Ausschnitt aus einer Predigt des damaligen Wittenberger Propstes Hans Treu bezieht sich auf Römer 12,2: „Und stellt euch nicht dieser Welt gleich, sondern ändert euch durch Erneuerung eures Sinnes, damit ihr prüfen könnt, was Gottes Wille ist, nämlich das Gute und Wohlgefällige und Vollkommene."

Liebe Freunde, Umgestaltung durch ein neues Denken, das bedeutet nach Paulus zweierlei. Erstens: Wir sind nicht mehr dem Schema dieser Welt gleichgeschaltet. Das Schema dieser Welt heißt Angst. Es ist aufgebrochen. Die Angst, etwas wegen drohender Nachteile zu tun oder zu unterlassen, schwindet. Eine Mutter erklärte am letzten Dienstag hier am Mikrophon: „Ich habe durch zwanzig Jahre meine Kinder zu Duckmäusern erzogen; ich will, dass das bei meinen Enkeln anders ist." / *Beifall* / Ein Mann sagt: „Der Hinweis, überwacht zu werden, schreckt mich nicht mehr. Ich sage trotzdem, was ich für nötig halte." / *Beifall* / Umgestaltung durch ein neues Denken, das heißt zweitens: Wir haben zu prüfen, was der Wille Gottes ist, nämlich das Gute und Wünschenswerte. Prüfen, auf der Hut sein, dass wir nicht abgespeist werden mit Worten und Sprüchen von Leuten, die sich winden statt sich zu wenden. / *Beifall* /
Der Schriftsteller Christoph Hein bei einem Forum in Berlin vor einer Woche: „Ich habe einfach Angst, dass von diesen wunderbaren Tagen jetzt wenig übrig bleibt, wenn wir nur moralische Forderungen erheben. Es müssen Strukturen verändert werden. Wenn uns das nicht gelingt, wird die gleiche Misere wieder beginnen." / *langer Beifall* / Deshalb, deshalb: Prüfen, was nicht gut ist, was verändert werden muss, damit es gut wird.
In unseren Schulen muss ab sofort eine tief greifende Veränderung einziehen, damit die eigene Meinung des Schülers gefragt ist und nicht Doppelzüngler erzogen werden und / *langer Beifall* / und dass auch die Lehrer ihre eigene Meinung vertreten können, statt die von oben diktierte.
Nur erneuerte Menschen werden erneuerte Verhältnisse bewirken und durchhalten können.

Das Vaterunser aus Guatemala

Vater der hundertneunzehn ermordeten Bauern in Panzos,
Vater ihrer Witwen und Waisen,
Vater der fünfundzwanzig Bauern von Olopa, in Chicimula,
die von Ordnungshütern niedergeschossen wurden
und deren Leichen von Hunden und Geiern gefressen wurden,
Vater ihrer Witwen und Waisen.
Vater der unschuldigen Kinder von Rodeo, Amatillo, Agua, Blanca und anderer Gemeinden, geopfert, um ihre Familien zur Flucht zu zwingen, um sie so ihres Landes zu berauben, um dann darauf Vieh zu züchten für den Fleischexport in die „entwickelte“ Welt.
Vater der Rosa C., die allein blieb mit sechs Kindern, nachdem ihr Mann vom Militär entführt worden war und später auch ihre Söhne von neunzehn und einundzwanzig Jahren, die nachgefragt hatten, wo ihr Vater war.
Vater der Frauen von San Juan, Cotzal, Chajul, Mebaj, Uspantán, die nach der Entführung ihrer Männer allein zurückblieben.
Vater aller Gefolterten, aller Verängstigten, aller, die flohen, um sich zu verstecken in den Bergen, in Höhlen, in den Wäldern, und die nicht zurückkommen können zu ihren Frauen und Kindern wegen der Repression und des militärischen Terrors.
Vater aller Arbeiter von Ingenio Aztra in Ecuador, die von der Polizei in einen brennenden Ofen geworfen wurden wegen des Deliktes, um menschliche Arbeitsbedingungen zu bitten.
Vater aller Verschwundenen, aller Eingekerkerten, aller Exilanten.

Vater unser, der du bist unter den Millionen hungernder Menschen in den Völkern der Dritten Welt.
Vater unser, der du bist im Leben aller Menschen, die Gerechtigkeit suchen, weil sie ihre Brüder lieben und dir, Vater, dienen, indem sie denen dienen und mit denen kämpfen, die kein Dach über dem Kopf haben, kein Essen, keine Kleidung, keine Medizin.

Vater unser, der du bist hier auf der Erde und dessen Name entheiligt wird durch die, die dein Bild fortwährend zerstören in dem verarmten, ausgebeuteten und verfolgten Menschen, **dein Name wird entheiligt,** wenn der Hunger nach Gerechtigkeit in der Dritten Welt erstickt wird mit Geschenken, die übrig bleiben vom Überfluss der anderen Welten.

Julia Esqivel

Willibald Kramm, 1951

Ein Interview mit Dorothee Sölle

Frau Prof. Sölle, ein einziges Kind, das an Knochenkrebs stirbt – sagt der französische Schriftsteller Albert Camus – widerlegt eure Rede vom lieben und allmächtigen Gott.

SÖLLE: Ich habe mich viele Jahre mit der Frage beschäftigt. Mein Ergebnis ist wirklich, die Allmacht Gottes für eine Projektion ihrer Erfinder zu halten, sie waren alle Männer. Allmacht muss man nur ins Lateinische übersetzen, also „Omnipotenz", dann hört man schon, wer das erfunden haben muss und dass die Liebe und Allgüte Gottes ganz dahinter verschwindet.

Er ist nicht allmächtig und damit auch verantwortlich für alles, was in dieser Welt geschieht an Leid, Zerstörung, Unterdrückung, Elend?

SÖLLE: Wir tragen Mitverantwortung. Die meisten Kinder sterben ja nicht unbedingt an Krankheiten, sondern sie verhungern oder sterben an heilbaren Infektionskrankheiten oder in Kriegen. Das sind alles selbst gemachte Leiden. Ich denke, die Vorstellung von Gott, der wie ein Knopfdrücker im Himmel sitzt und etwa Züge, die nach Auschwitz rollen, anhalten kann, die ist falsch, die ist kindisch. Die projiziert etwas auf Gott, was so nicht gedacht werden kann.

„Gerechtigkeit"...

SÖLLE: Ich würde heute wirklich ganz einfach sagen, Gott hat die Welt nicht nur für 20 Prozent der Menschheit geschaffen, die reich, klug, alt, neue Organe kaufend da sind, sondern für alle. Gott liebt alle seine Kinder.
Ich bin eigentlich eine Verfechterin der kleinen Schritte im Lichte einer anderen Vision.

Aber ich glaube wirklich, man kann sich das Träumen von einer gerechteren Welt vorstellen, in der alle Kinder in die Schule dürfen, alle geheilt würden, für keines die Medikamente zu teuer sind, das kann man sich nicht verbieten lassen. Wo kommen wir denn da hin? Wir zerstören ja unsere eigene Seele, unsere eigenen Wünsche, und ich glaube an die Kraft der Vision. Das ist ein Wort, das ich in Amerika gelernt habe, es steht irgendwo an einem Gebäude geschrieben: „Ein Volk ohne Vision geht zu Grunde." Dieses Wort war mir gar nicht so gegenwärtig, aber es gehört zur Frömmigkeit, zu einer Vision von einem anderen Leben. Das beschreibt die Bibel als das Reich Gottes.

Janet Wilkens, 1992

Gegenreden

Es ist dir gesagt, Mensch
du hast es gehört
es ist leicht zu verstehen

Mir ist nichts zu Ohren gekommen
ich weiß nicht was ich tun soll
nicht einmal was ich lassen könnte
welches Programm ich eintippen soll
an wen mich halten

was gut ist für die alte Frau nebenan
und die türkischen Kinder
für den kleinen Wald
hinter der Autobahn
und für dich

Ich bin schon froh, wenn ich rauskriege
was für mich was bringt
wo ich nicht draufzahlen muss
was super wäre
und kein Risiko dabei

was Gott bei dir sucht
nichts als Recht für die Rechtlosen
und Freundlichkeit für alle

Was soll denn das sein?
Bei mir gibt's nichts zu holen
da kann der lange suchen
„Auf dich haben wir gerade gewartet“
sagt mir der Chef immer
Wo soll ich anfangen
und wie weit soll ich gehen?

was Gott von dir erwartet
Gott und sein Volk der Fische
Gott und sein Volk der Bäume
Gott und seine Kinder

Das soll mir gesagt sein?
Das hätte ich schon gehört?
Das spräche manchmal
leise
stotternd
auch in mir?

Dorothee Sölle

Zivilcourage als Bürgerpflicht

Kurz bevor Uta Leichsenring, 50, ihren Posten als Polizeipräsidentin in Eberswalde antrat, starb der Angolaner Amadeu Antonio – erschlagen von rechten Jugendlichen auf offener Straße, während Polizisten in einem nahen Pförtnerhäuschen abwarteten.

Das war vor neun Jahren. „Bei den Beamten herrschte damals, kurz nach der Wende, eine Mischung aus Unsicherheit und sicher auch Feigheit", sagt sie. Dass sich seitdem viel verändert hat in Eberswalde, ist auch ihr Verdienst. Ute Leichsenring kämpft so mutig gegen Fremdenhass wie kaum jemand in Brandenburg und kaum jemand außerhalb.

Als Polizisten auf einer Wache Vietnamesen misshandelten, suspendierte sie die Beamten – und brach damit ein Tabu. Im Prozess unterstellten ihr die Anwälte der Polizisten, sie hätte in die Beweisaufnahme eingegriffen: „Die wollten mich kleinkriegen – als Polizeipräsidentin, als Mensch und als Frau." An dieser Demütigung knabbert sie heute noch. In ihrer Haltung aber wurde sie nur gestärkt.

„Ich bin offen und kritisch erzogen worden, vor allem mein Vater war für mich das Ideal eines Antifaschisten", sagt Uta Leichsenring, die in der DDR geborene und aufgewachsene Beamtin, die Gewalt für „etwas Anomales" hält. Als Kind weinte sie, wenn Mitschüler sich schlugen.

„Mut lässt sich erlernen, wenn man die Fähigkeit zum Mitleiden besitzt", sagt sie.
Ute Leichsenring bemüht sich nicht nur um mehr Bürgernähe in ihrer Behörde. Mit Jugendclubs und Zivilstreifen unter jungen Erwachsenen will sie dem „diffusen rechten Gedankengut" den Boden entziehen. Zusammen mit anderen Eberswaldern rief sie ein „Netzwerk für Toleranz" ins Leben, um den Bürgern zu zeigen: „Ihr seid nicht allein." Dafür erhielt sie im vergangenen Jahr die Theodor-Heuss-Medaille.

Für die Preußin aus Potsdam ist Zivilcourage eine Bürgerpflicht – wie Steuerzahlen. Manchen geht das zu weit. „Sie kennen ja gar keine Angst", hat einmal jemand zu ihr gesagt und sie musste ihm Recht geben. Ute Leichsenring, die Unverwundbare? „Hinterlist macht mich hilflos", sagt sie. „Hinterlist und Dummheit." Mut habe bei Männern fast immer mit körperlicher Stärke zu tun, „bei Frauen ist Zivilcourage eine Frage der Persönlichkeit."

Brigitte

Wir verkaufen nur den Samen

Er betrat einen Laden.
Hinter der Ladentheke sah er einen Engel. Hastig fragte er ihn:
„Was verkaufen Sie, mein Herr?"
Der Engel gab ihm freundlich Antwort:
„Alles, was Sie wollen."
Der junge Mann sagte: „Dann hätte ich gerne das Ende der Kriege in aller Welt, immer mehr Bereitschaft, um miteinander zu reden, Beseitigung der Elendsviertel in Lateinamerika, Ausbildungsplätze für Jugendliche, mehr Zeit der Eltern für ihre Kinder und, und…"
Da fiel ihm der Engel ins Wort und sagte: „Entschuldigen Sie, junger Mann, Sie haben mich verkehrt verstanden.
Wir verkaufen keine Früchte hier, wir verkaufen nur den Samen."

Anonym

Besuche
- bei Organisationen wie Amnesty International u.a.
- in der eigenen Kirchengemeinde.

Informiert euch über Ziele, Arbeitsbedingungen und die Motive der Mitarbeiter, sich „für Gerechtigkeit" zu engagieren! Was wird unter Gerechtigkeit jeweils verstanden?

Zu **Ausstellungen** einladen (z.B. Welthungerhilfe oder Amnesty) oder eigene **Dokumentationen** zusammenstellen und selber die Führung organisieren

Interviews

Lasst euch von Geschwistern, Freunden, Eltern ... Situationen erzählen, in denen sie „Gerechtigkeit" oder „Ungerechtigkeit" erfahren haben!

Sammelt und vergleicht sie: Spielt es eine Rolle, wie alt jemand ist, wenn er Recht oder Unrecht erlebt? Was wurde als „gerecht" bzw. „ungerecht" erlebt?

„Organisationen für Gerechtigkeit"

http://www.welthungerhilfe.de/
http://www.amnesty.org/
http://www.aerzte-ohne-grenzen.de/
http://www.medico-international.de/
http://www.asf-ev.de/
(Aktion Sühnezeichen Friedensdienste)
http://www.brot-fuer-die-welt.de/

Geht auf die Suche nach weiteren Organisationen dieser Art. Erstellt einen Internet-Guide für interessierte Net-Surfer.

Zukunftswerkstatt

Auch in dieser „Werkstatt" wird gebastelt, allerdings im übertragenen Sinne: mit Vorstellungen und Ideen. Informiert euch über diese Methode, die der Zukunftsforscher Robert Jungk entwickelt hat. An welcher „gerechten Sache" wollt ihr eine Zukunftswerkstatt ausprobieren?

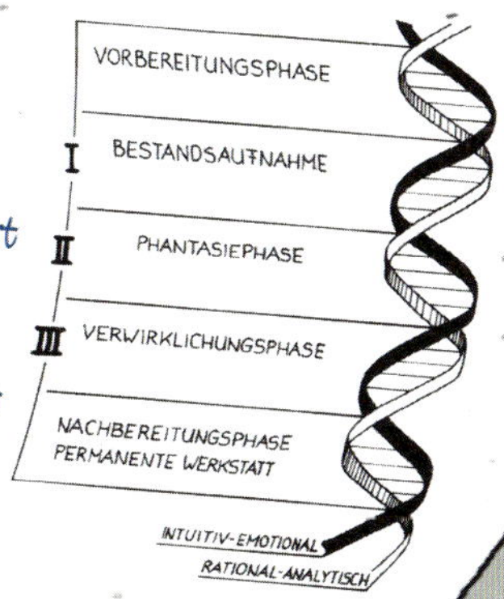

An der Gerechtigkeit in dieser Welt kann man verzweifeln. Genauer: an ihrem Fehlen, ihrem Nichtvorhandensein in großen und kleinen Zusammenhängen.
Menschen zerbrechen oder versteinern an der Erfahrung von Ungerechtigkeit. Andere resignieren bei dem Versuch, Gerechtigkeit herzustellen. So brennend ist für einige Menschen der Wunsch nach Recht, dass sie bereit sind, Gewalt einzusetzen, um Recht zu schaffen.
Die Vorstellung der Bibel, Gerechtigkeit zu erlangen, setzt auf *Kampf*, aber nicht auf Gewalt - auf *Leidenschaft*, aber nicht auf Hass.
Im Hintergrund der biblischen Vorstellung von Gerechtigkeit steht die Vision vom Reich Gottes, in dem alle Menschen ohne Unterdrückung zusammenleben können, in dem Frieden sein kann, weil Gerechtigkeit schon geschaffen ist.

Wer aber soll *Gerechtigkeit herstellen*?
Vielleicht müssen wir uns von dem Gedanken eines Gottes, der „von oben“ in das Schicksal der Menschheit eingreift, verabschieden.
Vielleicht wirkt Gott anders: Da, wo seine Verheißungen und Weisungen wie Samenkörner in menschliche Herzen fallen, beginnt die Sehnsucht nach Gerechtigkeit zu wachsen.

Und die *Angst*?
Angst kann das Herz verhärten, sodass der Einzelne nicht mehr hinschauen, nicht mehr weiterdenken, nicht mehr nachfragen mag.
Um im Bild zu bleiben: Die Samenkörner der Sehnsucht keimen vielleicht, aber die Sehnsucht selbst kann nicht wachsen, solange die Pflanzen den Panzer der Angst nicht durchbrechen können.
Angst gehört dazu, aber sie hat nicht das letzte Wort. Davon erzählen viele der biblischen Überlieferungen.
Gerechtigkeit braucht keine Helden, sondern Menschen, die ihre *Gefühle wahrnehmen und äußern können*. Das kann man üben: z.B. im Gebet, im Gespräch, in der Gestaltung eigener Bilder oder beim Tanzen.

Zukunft braucht Erinnerung – Juden und Christen

Samuel Bak, 1974

Im Winter sind wir, leider Gottes, nach Bergen-Belsen abtransportiert worden. Wir mussten furchtbar lange in der Kälte stehen. Aber in Bergen-Belsen war es dann noch schlimmer. Wie die Idioten hatten wir noch unsere Sachen mitgenommen – eine Decke, was Warmes anzuziehen. Wir hatten schon gehört, dass das nicht viel Sinn hat, aber wir haben es nicht geglaubt. Wir konnten es nicht glauben. Natürlich mussten wir alles abgeben.
Mein Vater, das war furchtbar, hat immer gesagt: „Die Leute lügen! Wie kann ein Volk", das werde ich nie vergessen, „wie kann ein Volk, das einen Goethe und einen Schiller hervorgebracht hat, mit so einer Kultur, so was machen!?" Und dann haben wir es am eigenen Leibe erfahren. Meine Geschwister, meine Mutter, wenn Sie die gesehen hätten! Sie waren strohblond und blauäugig. Sie hätten nie geglaubt, dass das Juden sind. Ich sagte immer: „Was kann mein kleiner Bruder mit elf Jahren dafür? Was kann er dafür, dass er ein jüdisches Kind ist?"
Wir sind befreit worden am 15. April, das ist mein Geburtstag. Ich saß da und weinte, dass ich schon wieder ein Jahr älter werde, ohne dass ein Ende für uns absehbar war. Und da kam meine Freundin in unseren Block und rief: „Kinder, wir sind frei! Die Engländer sind da!" Da haben sich die Mädchen auf sie gestürzt und gesagt: „Mach nicht solche Witze, sonst schlagen wir dich tot." Verstehen Sie, sie haben es nicht geglaubt, es war unfassbar für uns. Keiner hat geglaubt, dass diese „Gehenne" (Jiddisch: Hölle) einmal ein Ende haben würde.
Ich bin heute noch keine deutsche Bürgerin. Ich habe gesagt: „Das kann ich meinen Eltern nicht antun." Ich fühle mich nie heimisch, obwohl ich Freunde habe, obwohl es einen Dialog gibt. Ich fühle mich schuldig, dass ich hier sitze. Die deutsche Staatsangehörigkeit nicht zu haben, ist irgendwie eine Erleichterung, obwohl das hirnverbrannt ist. Aber ich könnte nie deutsche Bürgerin werden. Ich fühle mich hier nicht zu Hause, bis heute nicht, leider Gottes. Ich fühle mich gegenüber den Umgekommenen schuldig, dass ich hier sitze.
Unsere Familie, die Enkel halten uns am Leben. Damals habe ich nicht geglaubt, dass ich eine Familie haben würde. Es war auch nicht leicht. Mein Mann hat am Anfang geglaubt, dass ich kein Kind bekommen könnte. Im Lager hatten wir Frauen keine Blutung mehr, das war vielleicht ganz gut. Jetzt sind wir froh, dass wir eine Familie geschaffen haben. Aber wenn meine Eltern die Geburt ihrer ersten Enkelin erlebt hätten – was hätten sie alles für sie getan! Wissen Sie, bei allem haben wir immer gesagt, ach wenn das die Eltern noch erlebt hätten, wenn das meine Schwester, mein Bruder noch erlebt hätten! Die Große heißt nach der Oma väterlicherseits und nach meiner Mutter, die Kleine heißt nach der Mutter meines Mannes. Ja, die Kinder tragen die Namen der Umgekommenen. *Rosa Fischer (geb. 1923 in Radom/Polen)*

Dies ist ein Blick in eines der fünf Voids im neuen Jüdischen Museum in Berlin.

„The void“ heißt „die Leere“. Das ist ein vom Untergeschoss bis zum Dach sich erstreckender Leerraum, der für die Besucher zwar einsehbar, aber nicht betretbar ist. Er verweist sinnbildlich, indem er dem Zugriff entzogen ist, auf Verschwundenes, Abwesendes, aber auf etwas, was dennoch gegenwärtig bleibt.

So wird mittels der Architektur deutsch-jüdische Geschichte versinnbildlicht.

Begegnungen

David Geiss, 21, sitzt auf dem Rasen des Kibbuz Givat Brenner, gemeinsam mit dem 87-jährigen Natan Nir und hebt langsam die Tasse Kaffee an die Lippen des an den Rollstuhl gefesselten Mannes. In den nächsten zehn Minuten bietet er Natan kleine Schlucke Kaffee an, den Kopf des Mannes mit seinem Arm stützend. „Ist es so gut, Natan, nicht zu heiß?", fragt Geiss auf Deutsch. „Genug, Natan? War's das?"

Natan starrt regungslos nach vorne, sein Kopf ist voll mit Erinnerungen, die er nicht mehr mitteilen kann.

Geiss ist einer von 21 jungen Deutschen, die 18 Monate in Israel verbringen, um dort im Rahmen der *Aktion Sühnezeichen Friedensdienste* (ASF) Freiwilligenarbeit zu leisten. Diese jungen Leute sind lange nach der Besetzung Europas durch die Nazis auf die Welt gekommen. Es ist die Last der Geschichte, die sie durch persönliches Tun aufzuarbeiten versuchen. Studium und Reflexion über die eigenen Erfahrungen ist auch ein Bestandteil des Programms. „Das ist so wichtig", erklärt H. Krane, selbst ehemaliger Freiwilliger, „viele dieser älteren Menschen haben niemanden, der ihnen zuhört. Wegen der gemeinsamen Sprache können unsere Freiwilligen eine riesige Hilfe sein." „Was sollte ich einem Israeli sagen, der mich fragt, ob man sich als Jude in Deutschland heute sicher fühlen kann?", überlegt Geiss.

Martin Schellenberg, 22, aus Kassel, erinnert sich, als in der 10. Klasse eine Holocaust-Überlebende zu ihnen sprach. „Ich wollte mich mit ihr danach noch unterhalten, aber ich wusste nicht, was ich sagen sollte." Die 15 Monate, die er in Israel schon verbracht hat, haben ihm geholfen, seine eigene konfliktreiche Beziehung zum Holocaust zu verarbeiten. Sein Großvater war Familienrichter für die Nazis und ebenso Parteimitglied. Er starb 1950 und nahm sein Geheimnis mit ins Grab, ohne jemals mit Martins Vater über seine Taten im Krieg gesprochen zu haben. Schellenbergs Jahr in Israel erlaubte ihm, mit seiner eigenen Geschichte ins Reine zu kommen und gab ihm mehr Sicherheit in Bezug auf seine deutsche Identität. „Seitdem ich hier bin, habe ich das Schuldgefühl verloren. Ich werde deutscher zurückkehren, als ich hierher kam. Das bedeutet, dass ich keine Angst mehr habe zu sagen, dass ich Deutscher bin. Nur wer sich mit seinen Fehlern auseinander setzt, kann hoffen, die gleichen Fehler nicht zu wiederholen."

„Ist nicht endlich Schluss mit Sühne?"

„Der Sühnegedanke heißt nicht Wiedergutmachung, sondern Verantwortung übernehmen."

„Unsere Generation ist doch viel toleranter als etliche Jugendliche in anderen Ländern. Ich meine, sie hat es verdient, dass sie nichts mehr mit Antisemitismus zu tun hat!"

„Im zeitlichen Abstand wird deutlich, dass das Erinnern an die NS-Geschichte nicht nur eine deutsche Aufgabe ist. Denn an Auschwitz wird deutlich, wozu die Menschheit fähig ist."

„Gibt es nicht langsam Wichtigeres für die jungen Leute in unserer Welt zu tun? Dienst für die Umwelt, Kampf gegen den Hunger … Mit Auschwitz haben sie doch wirklich nichts zu tun!"

„Der AFS-Dienst – nicht nur in Israel, sondern weltweit – hilft solchen grauenvollen Entwicklungen wie im Nazideutschland von Anfang an entgegenzuwirken."

„Ich wüsste mit meiner Zeit nach dem Abitur Besseres anzufangen. Was bringt einem denn so etwas für Studium und Beruf?"

Äußerungen von Jugendlichen einer 10. Klasse

Sühnegedanke
Verantwortung
Unsere Generation
Antisemitismus
Auschwitz
Menschheit
Wichtigeres
AFS-Dienst

Denkmal für die ermordeten Juden Europas,
Vorschlag von Peter Eisenman (Eisenman II)

Mahnmale sind Orte beschädigter Menschenwürde

Aleida Assmann lehrt Literaturwissenschaft an der Uni Konstanz. Gleichzeitig forscht sie zum Thema „Erinnern und Gedächtnis“.

FOCUS: Was fällt Ihnen bei der Debatte zum Holocaust-Mahnmal besonders auf?

ASSMANN: Es geht nicht mehr um „Vergangenheitsbewältigung“, sondern um „Vergangenheitsbewahrung“. Das ist für mich der auffälligste Vorgang.

FOCUS: Die Befürworter eines Holocaust-Denkmals streiten über eine Lösung „pur“ oder eine Lösung mit Dokumentationszentrum. Wofür plädieren Sie?

ASSMANN: Ein Mahnmal soll der Erinnerung dienen. Erinnern kommt aber ohne Anstöße nicht aus: Artefakte, Texte, Bilder, Monumente, Reste der Vergangenheit, aber auch symbolische Zeichensetzungen in der Gegenwart verweisen uns auf Ereignisse, zu denen wir biografisch keinen Zugang mehr haben. Solche Reste und Zeichen brauchen wir, denn ein Gedächtnis baut sich interaktiv auf, durch Kontakt mit Menschen und Gegenständen. Historisches Erinnern setzt Anschauung, Lernen und Fragen voraus. Eine pure Denkmalslösung würde diesen ganzen Komplex von Erinnerung und Kommunikation aussparen und allein auf die künstlerische Gestaltung des Denkmals setzen, auf die Atmosphäre, die der Künstler im Raum schafft. Auschwitz, die historische Erfahrung der deutschen Gewaltverbrechen, löst immer noch Kontroversen aus, die in einer puren Denkmalslösung nicht aufgehoben werden können.

FOCUS: Was wäre die beste Lösung?

ASSMANN: Nach all den Debatten der letzten Jahre erscheint mir eine Denkmalslösung mit unterirdischen Dokumentations- und Ausstellungsräumen der beste Kompromiss. Was sich schaffen lässt, wäre ein Erinnerungsraum für Ausstellungen, die ein möglichst breites Spektrum der Aspekte des Holocaust umfassen sollten.

Jüdische Kinder erzählen

Hadar: Ich heiße Hadar und wurde vor 14 Jahren in Israel geboren. Seit 7 Jahren leben ich und meine Familie in Frankfurt. Bis vor zwei Jahren war mir eigentlich nicht richtig bewusst, dass ich in einem Land lebe, wo vor 50 Jahren tausende von Juden getötet wurden. Mitte 1992 begannen die immer öfter auftretenden Brandanschläge auf Asylbewerberheime. Man hat über Rechtsextremismus in der Schule geredet. Ausländer wurden befragt, wie sie sich in Deutschland fühlen. Und plötzlich wurden im Fernsehen Interviews mit oder Filme über Juden ausgestrahlt. Ich bemerkte, dass viele meiner Freunde mich fragten, ob ich wegen dieser Nazis nach Israel umziehen werde. Viele Familien überlegten, ob sie nach Israel ziehen sollen. Ich verstand das alles irgendwie nicht. Ausländer sind doch nicht immer Juden und Juden sind nicht immer Ausländer. Da können doch nicht ein paar Typen, in diesem Fall Nazis, auftauchen und einem verbieten, einen Glauben zu besitzen, den sie selbst missachten. Manchmal glaube ich, dass es Leute gibt, die den Unterschied zwischen „ein Ausländer zu sein“ und „einen Glauben zu besitzen“ gar nicht kennen. Ich denke aber noch lange nicht daran, dieses Land jetzt einfach so zu verlassen. Ich sehe es zwar nicht als mein Heimatland, aber ich habe hier mein halbes Leben verbracht und ich gebe jetzt nicht so schnell alles wieder auf.

Jonas und Philipp vor der Sabbatfeier in der Synagoge, 1993

Zuriel beim Sabbatmahl für Eltern und Kinder in der Jüdischen Grundschule Berlin, 1995

Dan: Das Problem der Identität möchten viele jüdische Jugendliche nicht wahrhaben, weil sie durch Geschichten der Großeltern und Eltern über den Holocaust sich nicht mit Deutschland bzw. Deutschen identifizieren können.

Filip: Ich als Israeli habe das Problem der Identität nicht, denn ich habe meine Heimat, und sie ist Israel. Als Israeli kennt man das Problem der Identität nicht. Man hat sie, so kann man unvoreingenommen mit Deutschen Kontakt aufnehmen, denn man muss sich nicht mit Deutschland identifizieren. Man gehört woanders hin, ist nur vorübergehend in Deutschland und bei einem Länderspiel zwischen Italien und Deutschland kann man für Deutschland die Daumen halten.

Dan: Ich dagegen habe das Problem der Identität. Ich bin zwar seit meiner Geburt in Deutschland, fühle mich aber nicht als Deutscher. Denn Jude in den USA ist nicht das Gleiche wie Jude in Deutschland. Ich, der in Deutschland geboren wurde, kann mich nicht als Deutscher fühlen. Ich kann dieses Land nicht als meine Heimat sehen, denn Deutsche haben meine Familie ausgerottet. Ich könnte nie Soldat der deutschen Armee sein. Würde ich ein deutsches Mädchen heiraten wollen, so müsste ich mich sogleich fragen: Was tat ihre Familie im Dritten Reich, waren sie Nazis? Bei der Übertragung eines Länderspiels im Fußball, Italien gegen Deutschland, würde ich wohl kaum um die deutsche Mannschaft bangen.

Channah: Mein Opa verdeckt oft seine Nummer mit einem Pflaster oder mit langen Ärmeln. Meinem Opa wurde die Nummer mit einer Nadel in die Hand eingeritzt. Seit er in Israel wohnt, verdeckt er die Nummer nicht mehr.

Ansätze zum christlich-jüdischen Gespräch

Jede Begegnung zwischen Christen und Juden geschieht heute im Schatten von Auschwitz, zumal in Deutschland. Der deutsche Philosoph Theodor W. Adorno spricht von einem „neuen kategorischen Imperativ“, an dem sich alles Denken und Handeln zu messen habe: Dass Auschwitz nicht noch einmal sei!

Wir müssen uns der Einsicht stellen, dass die christliche Theologie über Jahrhunderte hinweg von antijüdischen Denkmustern geprägt war. Die Verbindungslinien zwischen der Behauptung, die Kirche sei an die Stelle des Gottesvolkes Israel getreten, während die Juden als vermeintliche Gottesmörder unter einem ewigen Fluch stünden, hin zu Judenpogromen, die durch die Jahrhunderte das christliche Abendland überzogen und in letzter Konsequenz nach Auschwitz führten, treten immer deutlicher zutage. Eine christliche Theologie, die von Auschwitz berührt ist, wird Israel als Volk Gottes bejahen und würdigen, dass Juden und Christen unterwegs sind zu demselben Ziel, wenn auch auf verschiedenen Wegen.

Beide Weltreligionen haben in ihrem Glauben tiefe gemeinsame Wurzeln: Wenn wir jeden Sonntag im Gottesdienst unseren christlichen Glauben bekennen, dann beginnen wir mit dem ersten Artikel, dem Glauben an Gott den Vater, den Allmächtigen, den Schöpfer des Himmels und der Erde. Woher wissen wir das, was wir dort bekennen? Aus dem ersten Teil unserer Bibel, den wir das „Alte Testament“ nennen. Dieses Buch war aber schon lange vor der Entstehung des Christentums die Bibel des Gottesvolkes Israel. Gerade heute, wo wir versuchen, ein neues Verhältnis zur Natur, und das heißt doch zur Schöpfung, zu gewinnen, könnten wir ohne diese biblische Tradition („bebaue und bewahre“) gar nicht auskommen.

Für Christen ist es ganz selbstverständlich, dass die Zehn Gebote für uns grundlegend sind. Vielleicht ist sich mancher gar nicht bewusst, dass diese Gebote im Alten Testament stehen und dass sie dort das Zentrum der Offenbarung der Tora am Sinai bilden. Diese Gebote bilden die Grundlage unserer christlichen Ethik sowie der Menschenrechte und auch unseres Grundgesetzes.

Es wird immer wieder vom christlichen Gebot der Nächstenliebe gesprochen. Auch dieses steht im Alten Testament, im dritten Buch Mose (Lev 19,18). Die neutestamentlichen Evangelien stellen sehr klar heraus, dass dieses Gebot von Jesus aus der Schrift zitiert wird, also aus der Bibel Israels, und in einem Gespräch mit einem Schriftgelehrten als das größte Gebot genannt wird (Mk 12,28-34).

Unsere Identität als christliche Kirche ist nicht darin begründet, dass wir uns an die Stelle des Judentums setzen. Christen kommen durch Jesus Christus zu der uneingeschränkten Nähe und Gemeinschaft mit dem Gott, der sich unverbrüchlich mit Israel verbündet hat.

Diese gemeinsame Verantwortung für die Welt eröffnet Juden und Christen heute eine Fülle von Perspektiven und Handlungsfeldern, in denen ein Zusammenwirken konkret werden kann:
Einsatz für Menschenrechte, Bewahrung der Schöpfung, Arbeit und Ruhe (Sonntagsheiligung und Sabbatruhe), den Antisemitismus bekämpfen, Minderheiten schützen, Fremdenhass entgegentreten, Formen des Gedenkens entwickeln.

nach Rolf Rendtorff

Werbeplakat: Berlin – Hauptstadt für Deutschland

Steht einfach da, aufrecht und gerade...

Eine S-Bahn. Vollbesetzt mit Menschen. Abendlicher Berufsverkehr. Im Abteil ein junger Rechtsradikaler und ihm gegenüber ein Ausländer. Geschorenes Haar, halb geschlossene Lider, rosa Kaugummiblasen zerplatzend, Military-Parka, Stiefel. Das auf der einen Seite. Auf der anderen Seite dunkles Haar, Blick hinaus durch die Scheiben. Ringsum gestresste Apathie, Zeitunglesen, Vorsichhinstarren. Dann eine Änderung: Der Geschorene zieht die Backen ein, spotzt gezielt den Kaugummi zwischen die Füße seines Gegenübers. Steckt sich eine Zigarette an, bläst dem Gegenüber ungehindert ein paar Wolken Rauches ins Gesicht, nimmt mit der Linken den glühenden Stengel aus dem Mund und drückt ihn auf dem Handrücken seines Gegenübers aus. Kein Schrei, kein Schlag als Antwort. In Schrecken aufgerissene Augen, Streckung des Rückens wie in spastischer Lähmung. Sonst nichts. Eine Sekunde, zwei, drei, fünf Sekunden lang. Fünf Sekunden sind wie eine Ewigkeit. Teilnahmslosigkeit, Erstarrung, Nichtfassenwollen ringsherum. Dann die entscheidende Bewegung: Im Abteil gegenüber erhebt sich ein Mann, zieht aus seiner Manteltasche einen Gelben Stern, heftet ihn an seine Brust. Steht einfach da, aufrecht und gerade, mit dem Gelben Stern auf seinem Herzen, aufrecht vor dem Rechtsradikalen. Greift nochmals in seinen Mantel, hält einen Packen Gelber Sterne in seiner Hand. Ein anderer neben ihm steht auf, holt einen Gelben Stern von dem Packen, heftet ihn sich ans Revers. Daneben eine Frau. Und gegenüber auch eine. Jetzt stehen vier. Aufrecht und mit dem Gelben Stern an der Brust. Leben kommt in den Wagen, Aufmerksamkeit, Kraft. Noch einer steht auf, Männer, Frauen, Kinder. Sie stehen da wie eine Wand, wie eine immer dickere Mauer. Der Rechtsradikale wird kleiner und kleiner. Schrumpft wie ein Luftballon, dem die Luft ausgeht. Sackt zusammen trotz zur Schau gestellter Unbewegtheit, spürt das Kraftfeld mehr, als dass er die Traute hat, es anzusehen. Die Bremsen der S-Bahn ziehen an. Hohl und geduckt bewegt sich der Rechtsradikale zum Ausgang. Stop, Tür auf, fort. Der Spuk ist vorüber. Die Fahrt geht weiter. Nicht alle haben gestanden. Aber jene, die sitzen geblieben sind, haben etwas bemerkt. Etwas wird sich bewegen in ihnen. Die Stehenden setzen sich wieder. Keiner gibt den Stern zurück. Jeder behält ihn, steckt ihn ein. Weiß, er wird ihn wieder brauchen. Nie mehr als Schmach, nie mehr zur Schande. Umgekehrt: als Zeichen der Würde, zum Schutz der Menschlichkeit.

Renate Uhl

Wenn nicht ich, wer? – Wenn nicht jetzt, wann?

Eine jüdische Geschichte erzählt von Rabbi Sussja, der zum Himmel kommt. Er hat alle Gebote erfüllt, sein Name ist ins Buch des Lebens eingetragen, da fragt ihn Gott nach der Stadt, in der er gelebt hat.
„Hat sich dort nicht ein schreckliches Blutbad zugetragen?"
„Ja, es war entsetzlich!"
„Hast du dagegen protestiert?", fragt Gott.
Sussja antwortet: „Wem hätte es denn etwas genützt?"
Gott sagt: „Das weiß ich nicht, aber dir hätte es genützt."

Der biblische Gott hat eine Vorliebe für die politisch-soziale Handlung vor der Selbstfindung, und sie hängt mit der Annahme zusammen, dass wir aufeinander angewiesen sind und einander brauchen:
Nicht der Weisheitsspruch des Delphischen Orakels „Gnoti sauton", „Erkenne dich selbst", steht im Mittelpunkt, sondern „Liebe deinen Nächsten wie dich selbst" ist die Botschaft vom Sinai. „Denn alle Kreatur braucht Hilf von allen", wie Brecht sagt. Aber gerade das klingt heute wie ein Ammenmärchen aus der Zeit vor der Globalisierung.
Immerhin fordert das Gebot, das uns auf Nächstenliebe verpflichtet, zunächst etwas gänzlich mystisch Unerklärliches, an das wir wohl nicht gedacht haben, nämlich Gott zu lieben über alles. Wie macht man das? Wer tut das? Wer lässt es, wer vermeidet es? Wie kann es sichtbar und hörbar werden?

Ein Name Gottes aus einem anonymen Brief aus dem 15. Jahrhundert lautet: „Du stilles Geschrei." Hören wir es noch? Hören wir etwas schreien in den Flüchtlingen, die wir in die Folterländer zurückjagen, im Wasser, das unsere Enkelkinder benutzen werden?

Dorothee Sölle

Poem

Ich möchte leben.
Schau, das Leben ist so bunt.
Es sind so viele schöne Bälle drin.
Und viele Lippen warten, lachen, glühen
und tun ihre Freude kund.

Sieh nur die Straße, wie sie steigt:
so breit und hell, als warte sie auf mich.
Und ferne, irgendwo, da schluchzt und geigt
die Sehnsucht, die sich zieht durch mich und dich.
Der Wind rauscht rufend durch den Wald,
er sagt mir, dass das Leben singt.
Die Luft ist leise, zart und kalt,
die ferne Pappel winkt und winkt.

Ich möchte leben.
Ich möchte lachen und Lasten heben
und möchte kämpfen und lieben und hassen
und möchte den Himmel mit Händen fassen
und möchte frei sein und atmen und schreien.
Ich will nicht sterben. Nein!
Nein.
Das Leben ist mein.
Mein und dein.

Selma Meerbaum-Eisinger

Selma war Jüdin. Sie starb am 16. Dezember 1942 im deutschen Arbeitslager Michailowska. Sie wurde 18 Jahre alt.

Einen Vertreter einer jüdischen Gemeinde einladen und ihn vom Wiederaufbau der Gemeinde erzählen lassen.

Tipp: Fragen vorbereiten!

Einen offenen Leserbrief schreiben

Immer wieder finden Übergriffe Rechtsradikaler auf Asylbewerberheime und auf jüdische Einrichtungen statt.
Recherchiert bei der Polizei, der örtlichen Presse, ob so etwas in eurer Nähe stattfand!

Ein Video drehen

Szene: „Steht einfach da, aufrecht und gerade …“ (Seite 32)

Tipp: Die Szene kann in unterschiedlicher Weise ablaufen!

„Runder Tisch“

jüdische und christliche Teilnehmer zu der Frage: Welche Themen sollten in einem jüdischen, welche in einem christlichen Religionsbuch behandelt werden?

Einen kurzen Spot ausdenken:

„Wie geht man mit Vorurteilen um?“ Gängige Sprüche gegen Ausländer, Arbeitslose, politisch anders Denkende etc. werden witzig oder ernsthaft „verarbeitet“.

Sich über das **Denkmal für die ermordeten Juden Europas** informieren

Adresse: http://www.holocaust-mahnmal.de/

Man kann es sogar besuchen!

Eine Auseinandersetzung mit der Thematik „Zukunft braucht Erinnerung – Juden und Christen“ wird die unheilvolle Geschichte Deutschlands nicht ausblenden. Die heutige Erinnerung an die Zusammenhänge, die zur Shoa geführt haben, steht unter dem Zielgedanken von Adorno: *Dass Auschwitz nicht noch einmal sei.* Dabei geht es nicht um eine erneute Schuldzuweisung, die das eigene Handeln oft nicht in den Blick bekommt, sondern um Wachsamkeit gegenüber neuen Tendenzen des Antisemitismus und der Fremdenfeindlichkeit.

Ein weiterer Akzent liegt auf den unterschiedlichen Verarbeitungsformen der nachfolgenden Generationen. Es gilt bei aller Verschiedenheit der Motive und der jeweiligen Gestaltung festzuhalten: Mahnmale sind *Orte beschädigter Menschenwürde.* Wenn auch die Gräueltaten der Geschichte nicht ungeschehen gemacht werden, so kann das Erinnern daran für die (hinterbliebenen) Opfer Solidarität mit ihrem Verlust bedeuten – und für die Nachgeborenen ein *Besinnen* auf Grundbedingungen von Gerechtigkeit und Menschenwürde zum Schutz gegen den Verlust dieser Werte.

Auf dem *Weg der Verständigung* zwischen jüdischen und nicht jüdischen Jugendlichen (und Erwachsenen) gilt es vor allem zu lernen, sich ohne Befangenheit zu begegnen. Dabei kann es nicht um ein Aufteilen in Opfer- und Täternachkommen gehen. Jüdische und nichtjüdische Deutsche müssen mit der nationalen Geschichte ihres Landes fertig werden. „Um Vorurteile abzubauen, weiß ich nur ein Mittel: Die Neugierde muss größer werden als die Angst.“ (Ch. Kohn Ley, 1994)

Im *Dialog zwischen den beiden Religionen* wird darauf zu achten sein, wie sich die christliche Kirche im Gegenüber zum Judentum versteht, ohne antijüdische Aussagen zu machen. Es geht dabei nicht um „Preisgabe der eigenen Identität“, sondern um „deren kritische Klärung“ (J. Roloff, 1998). Letztendlich sollte sich ein verändertes christliches Bewusstsein in der Verbesserung des Miteinanders im Alltag erweisen.

In Hinblick auf die *gemeinsame Weltverantwortung* warten weitere Aufgaben. Der biblische Auftrag für Christen und Juden ist vielfältig und kann auf je eigene Weise umgesetzt werden: im Eintreten gegen Gewalt und Krieg durch den Geist der „Entfeindungsliebe“; in der Wahrung der Menschenrechte in jedem Stadium des Lebens; in der Bewahrung der Schöpfung und nicht zuletzt im Sorgen um Formen und Stätten des Gedenkens.

Kirche

Felix Droese, 1982

Willst du ein Schiff bauen,
rufe nicht Männer zusammen,
um Holz zu beschaffen
und Werkzeug vorzubereiten,
sondern lehre sie die Sehnsucht
nach dem weiten, endlosen Meer.

Antoine de Saint-Exupéry

Ein Schiff, das sich Gemeinde nennt

Ein Schiff, das sich Gemeinde nennt, / fährt durch das Meer der Zeit. /
Das Ziel, das ihm die Richtung weist, / heißt Gottes Ewigkeit. /
Das Schiff, es fährt, vom Sturm bedroht / durch Angst, Not und Gefahr, /
Verzweiflung, Hoffnung, Kampf und Sieg, / so fährt es Jahr um Jahr. /
Und immer wieder fragt man sich: / Wird denn das Schiff bestehen? /
Erreicht es wohl das große Ziel? / Wird es nicht untergehen?

Das Schiff, in dem Gemeinde pennt

Das Schiff, das sich Gemeinde nennt, /
liegt oft im Hafen fest, /
weil sichs in Sicherheit und Ruh / bequemer leben lässt. /
Man sonnt sich gern im alten Glanz /
vergangner Herrlichkeit /
und ist doch heute für den Ruf /
zur Ausfahrt nicht bereit. /
Doch wer Gefahr und Leiden scheut, /
erlebt von Gott nicht viel. /
Nur wer das Wagnis auf sich nimmt, /
erreicht das große Ziel!

Im Schiff, das sich Gemeinde nennt, /
muss eine Mannschaft sein, /
sonst ist man auf der weiten Fahrt /
verloren und allein. /
Ein jeder stehe, wo er steht, /
und tue seine Pflicht, /
wenn er sein Teil nicht treu erfüllt, /
gelingt das Ganze nicht. /
Und was die Mannschaft auf dem
Schiff / ganz fest zusammenschweißt /
in Glaube, Hoffnung, Zuversicht /
ist Gottes guter Geist.

Das Schlauchboot der Engagierten

Das Baggerschiff der Prediger

Bleibe bei uns, Herr! / Bleibe bei uns, Herr, /
denn sonst sind wir allein /
auf der Fahrt durch das Meer. /
bleibe bei uns Herr!

T./M.: Martin Gotthard Schneider 1963

Herr, wir sollen dein Empfehlungsbrief sein,
der von allen Menschen gelesen und verstanden
werden kann.
Wir sind ein Brief von dir –
Geschrieben nicht mit Tinte,
sondern mit dem Geist des lebendigen Gottes –
nicht auf steinerne Tafeln,
sondern in menschlich fühlende Herzen.

nach 2.Kor 3,2-3

Wo ist mein Knoppers? Schon eine halbe Stunde überfällig: morgens um 10.00 Uhr in Deutschland. Sonntagmorgen. Unsere Seminarleitung meinte, wir sollten unseren Ausflug mit einem Gottesdienstbesuch krönend abschließen.

Sonntagmorgen. Wittenberg. Schlosskirche.
Ich bin müde. Die Nacht war kurz, zumindest, was den Schlaf angeht. Tanja und Petra sitzen vor mir und tuscheln und kichern. Eine Oma dreht sich um, guckt böse und schüttelt den Kopf. Ich grinse sie freundlich verschlafen an. Böse murmelt sie etwas in ihren nicht vorhandenen Bart. Ich zucke mit den Schultern und überlege flugs, ob der in den letzten Tagen so oft traktierte Martin Luther in seinen berüchtigten 95 Thesen etwas davon geschrieben hat, dass man im Gottesdienst immer total schlecht gelaunt sein muss und nicht lachen darf.
Frustriert lasse ich das Lied des Sonntags an mir vorüberziehen: EG 341 „Nun freut euch, lieben Christen g'mein". Genau: Gemein! Die Tusse im frommblauen Kleid neben mir in der Bank guckt irritiert, weil ich nicht mitsinge. Aber mir ist jetzt nicht nach Freuen und lieb will ich jetzt auch nicht sein. Außer durch Schweigen kann man seinen Protest innerhalb dieser Kirche wohl sowieso nicht artikulieren. Saftladen! - Ich muss an Luthers Thesenanschlag denken und stelle mir vor, dass ich ein riesengroßes Transparent über die Kirchentür spanne. Was würde ich da wohl draufschreiben? 95 x „Saftladen!"?! - Nee, ich glaub, ich würde malen und schreiben, wie ich mir eine Kirche vorstelle und wünsche, die nicht

so unverstehbar und anbiedernd, so altmodisch und traditionslos zugleich ist … Inzwischen ist das Evangelium mit den Seligpreisungen vorbeigerauscht – Mt 5,3-12; es soll keiner sagen, ich hätte das trockene Bibelzeug nicht gelernt. Hastig springe ich auf zum Credo und versuche das Apostolische Glaubensbekenntnis herzusagen, ohne dabei laut zu meckern, dass ich Zeugs bekennen muss, was ich weder verstehen noch glauben kann. Dann folgt noch ein olles Gesangbuchlied und jetzt kommt der dicke Frustbrocken: die Predigt.

Der Pfarrer hebt jetzt voll ab, wird geradezu euphorisch. Er hat ja auch gut lachen, weil er sich selber nicht sagen muss, dass er voll sündig ist, sondern nur uns. Wie praktisch. Trotzdem möchte ich nicht er sein: Blablabla! Ich frage mich, was wohl Gnade sein mag. Während der Pfarrer wortreich auf seinem reformatorischen Surfbrett abgischtet, sein Talar weht im scharfen Seewind, dringt durch sein predigerseminargeschultes Wortgeklingel ein merkwürdiges Geräusch in meine Ohren. Ich frage mich noch, warum er nicht einfach sagt, dass Gott uns so annimmt, wie wir eben sind und basta, als ich ein dumpfes Pochen und Poltern höre. Irgendwo unter dem Kirchenfußboden klappert es. Irgendwas rumort unter der Kanzel. Es hört sich an, als ob jemand laut mit den Zähnen knirscht und mit der Faust auf einen nicht vorhandenen Tisch haut. Nichts ist zu sehen, aber um so mehr zu hören.

Als ob sich jemand im Grabe umdreht … Sonntagmorgen. Wittenberg. Schlosskirche. Ich bin wach.

Dorothea

Thomas Zacharias, 1992

Die frühe Kirche – ein Leib

Denn wie der Leib einer ist und doch viele Glieder hat, alle Glieder des Leibes aber, obwohl sie viele sind, doch ein Leib sind: so auch Christus. Denn wir sind durch einen Geist alle zu einem Leib getauft, wir seien Juden oder Griechen, Sklaven oder Freie, und sind alle mit einem Geist getränkt.

Denn auch der Leib ist nicht ein Glied, sondern viele. Wenn aber der Fuß spräche: Ich bin keine Hand, darum bin ich nicht Glied des Leibes, sollte er deshalb nicht Glied des Leibes sein? Und wenn das Ohr spräche: Ich bin kein Auge, darum bin ich nicht Glied des Leibes, sollte es deshalb nicht Glied des Leibes sein? Wenn der ganze Leib Auge wäre, wo bliebe das Gehör? Wenn er ganz Gehör wäre, wo bliebe der Geruch? Nun aber hat Gott die Glieder eingesetzt, ein jedes von ihnen im Leib, so wie er gewollt hat. Wenn aber alle Glieder ein Glied wären, wo bliebe der Leib? Nun aber sind es viele Glieder, aber der Leib ist einer.

Das Auge kann nicht sagen zu der Hand: Ich brauche dich nicht; oder auch das Haupt zu den Füßen: Ich brauche euch nicht.

Und wenn ein Glied leidet, so leiden alle Glieder mit, und wenn ein Glied geehrt wird, so freuen sich alle Glieder mit.

Ihr aber seid der Leib Christi und jeder von euch ein Glied.

1.Kor 12,12-21.26f.

Modell Kirchentag

Es ist eine Illusion anzunehmen, Menschen gingen in die Kirche, um dort Gott zu finden. Solche Begegnungen und Treffen finden statt, um Gott zu teilen: Jeder bringt etwas mit von Gott, um es in der Gemeinsamkeit miteinander zu teilen: Du bringst deinen Hunger nach Gott mit, dein Stückchen Freude im Leben hast du schon in der Tasche, was du bereits weißt von Gott, der schon mal mit „Strömen der Liebe“ auf dich geregnet hat – das alles bringst du mit. „Das von Gott“, wie die Quäker es nennen, das in jedem Menschen steckt, vielleicht ganz klein, zerknittert, verschrumpelt – du bringst es mit. Ohne dich ist Gott kleiner! Und mit dir feiern wir den geteilten Gott, wir loben, schimpfen, klagen, wir rufen Gott näher herbei. Den Himmel erden – in uns und mit uns und nicht ohne dich, die da neben mir sitzt, und dich, der nicht ganz genau weiß, was das soll. Feiern, teilen, erden – das ist ein Vorgang.

Ein Ort, an dem das geschieht, ist in unserem Land der „Kirchentag“. Vielleicht stellt diese Einrichtung, um die uns viele andere europäische Christen beneiden, sogar einen Bauplan dar, wie Kirche aussehen könnte. Es gibt auf diesem merkwürdigen Treffen ganze Christen, halbe Christen und solche, für die Religion eine Fremdsprache ist, die sie kaum verstehen und sprechen. Schon die Anlage dieser protestantischen Laienbewegung ist anders als viele innerkirchliche Strukturen. Es wird nicht von oben geregelt, wer eingeladen wird, welche Themen behandelt werden in Podien, Arbeitsgruppen und Gottesdiensten.

Ich habe oft den Eindruck, als ob Herr Glaube und Frau Zweifel, die seit Jahrhunderten miteinander verheiratet sind, dort immer zusammen hingehen, sodass Herr Glaube sich in dieser heiteren pluralen Gesellschaft nicht allzu selbstsicher, ungebrochen, weltblind und fraglos äußern darf; sie, die Zweiflerin, unterbricht ihn dann, Gott sei Dank.

Dorothee Sölle

KIRCHE GEHT
WEITER ...

Logo der Kirchenprovinz Sachsen

Kirche – Kultur des Helfens

Hugo Simberg, 1903

In einer Zeit, die den selbstständigen, durchsetzungsstarken, „olympischen“ Menschen bevorzugt, ist es schwer, Verständnis für ein Handeln zu wecken, dessen Maßstab in der Verletzlichkeit und Hilfsbedürftigkeit des Menschen liegt. Dass das Christentum eine „Kultur des Helfens“ begründet und befördert hat, gehört zu seinen bleibenden Beiträgen zur Geschichte menschlicher Kultur.

Das Urbild dieser Kultur des Helfens liegt in dem heilenden Handeln Jesu. Dass dieses Handeln auf Selbstständigkeit zielt, zeigt sich eindrücklich an der Aufforderung: „Nimm dein Bett und geh hin.“ Helfendes Handeln, das sich an diesem Urbild orientiert, zielt auf den aufrechten Gang; es hilft dazu, ein eigener Mensch zu sein; es ist „Hilfe zur Selbsthilfe“. Eine solche Kultur des Helfens hält Menschen nicht in Abhängigkeit. In ihr verbindet sich die Achtung vor der Selbstständigkeit des Menschen mit der Bereitschaft, sich in stellvertretender Fürsorge denen zuzuwenden, denen ein selbstständiges Leben nicht oder noch nicht möglich ist. Diese Fürsorge als besondere Gestalt der Nächstenliebe gehört zu den bleibenden Kennzeichen jeder christlichen Kirche.

Wolfgang Huber

Helfen konkret: Why not

Hamburg Heiliggeistfeld. Auf der einen Seite der frühere Schlachthof, edel renoviert mit Restaurants und Szenekneipen. Auf der anderen Seite das Karolinenviertel, 55% Ausländeranteil, Türken, Kurden, Sinti, Roma. Die Polizei lässt sich hier nur blicken, wenn es gar nicht mehr zu vermeiden ist.

Es ist keine ungefährliche Ecke, die die Mitarbeiterinnen und Mitarbeiter des Cafés *Why not?* ausgesucht haben. „Aber hier sind wir mitten unter den Leuten, die wir ansprechen wollen. Und bisher ist uns noch nichts Schlimmes passiert."

Begonnen hat das alles mit ein paar jungen Leuten aus der Freien Evangelischen Gemeinde Hamburg. Sie träumten davon, ein internationales Begegnungszentrum zu schaffen. 1992 begannen sie mit dem Café, Sprachkursen und Beratung. Diese drei Bereiche machen bis heute Schwerpunkte der Arbeit aus.

Caféarbeit ist aufwendig. 35 Leute stehen zurzeit auf der Liste, sie engagieren sich für mindestens 4 Stunden alle 14 Tage. Dabei geht es nicht nur um nettes Zusammensein in gemütlicher Atmosphäre.

Immigranten und Flüchtlinge können ins Café kommen, wenn sie Hilfe brauchen. Jede Woche bietet eine Rechtsanwältin unentgeltlich ihre Hilfe an.

Das *Why Not?* ist eine christliche Einrichtung. Die eineinhalb Stellen für zwei hauptamtliche Mitarbeiter werden von der freikirchlichen Diakoniestiftung Elim finanziert.

Die christliche Identität ist auch im Café sofort sichtbar: Ein offener Seitenraum ist als Raum der Stille gestaltet, mit Kerzen und Kreuz. Hier feiern die Mitarbeitenden zwei Mal im Monat einen Gottesdienst, aber hierhin kann man sich auch einfach so zurückziehen. „Wir drängen anderen unseren Glauben nicht auf", sagt eine Mitarbeiterin, „aber für uns selbst ist der Gottesdienst wichtig, um die Mitte unserer Arbeit nicht zu verlieren."

Some see **what is**
and ask **why**?
Others see **what isn't**
and ask **why not**?

G.B. Shaw

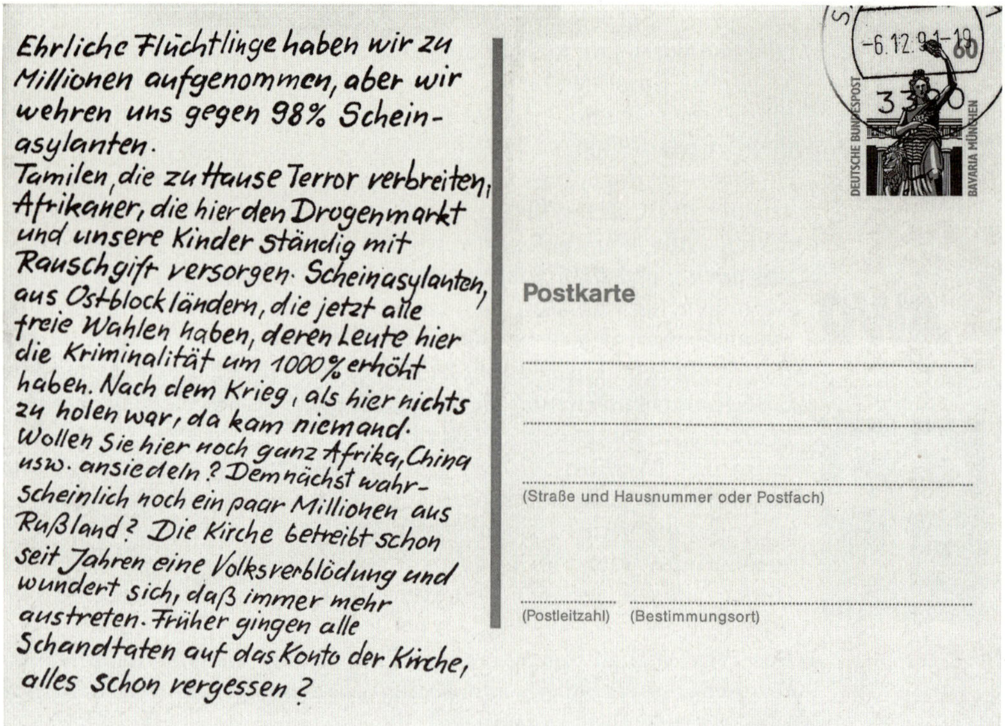

Ehrliche Flüchtlinge haben wir zu Millionen aufgenommen, aber wir wehren uns gegen 98% Schein-asylanten.
Tamilen, die zu Hause Terror verbreiten, Afrikaner, die hier den Drogenmarkt und unsere Kinder ständig mit Rauschgift versorgen. Scheinasylanten, aus Ostblockländern, die jetzt alle freie Wahlen haben, deren Leute hier die Kriminalität um 1000% erhöht haben. Nach dem Krieg, als hier nichts zu holen war, da kam niemand.
Wollen Sie hier noch ganz Afrika, China usw. ansiedeln? Demnächst wahrscheinlich noch ein paar Millionen aus Rußland? Die Kirche betreibt schon seit Jahren eine Volksverblödung und wundert sich, daß immer mehr austreten. Früher gingen alle Schandtaten auf das Konto der Kirche, alles schon vergessen?

AN EINEN EVANGELISCHEN PFARRER, 1991, EINE POSTKARTE (ANONYM)

Erklärung

Als Vertreter unserer Kirche stellen wir fest, dass auch in Salzgitter Feindseligkeiten und Vorbehalte gegenüber Ausländern, Asylsuchenden, Aus- und Übersiedlern zunehmen. Nationalistisch gesinnte Gruppierungen und Parteien fördern diese Entwicklung und profitieren von ihr. Forderungen nach einem Aufnahmestopp und nach einer Abschiebung von Asylanten werden laut.
Dem treten wir entschieden entgegen.
Die Bibel sagt: „Wenn ein Fremdling bei euch wohnt in eurem Lande, den sollt ihr nicht bedrücken. Er soll bei euch wohnen wie ein Einheimischer unter euch, und du sollst ihn lieben wie dich selbst." (Lev 19,33-34). Wir unterstützen daher nachdrücklich die Arbeit des Diakonischen Werkes unserer Kirche sowohl mit Asylanten und Ausländern wie auch mit Aus- und Umsiedlern.
Wir fordern von jedem Einzelnen, von den Kirchen und gesellschaftlichen Gruppen sowie von den Verantwortlichen in Politik und Verwaltung:
Wenden Sie sich mit uns gegen alle Versuche, in der Bundesrepublik eine ausländerfeindliche Stimmung zu erzeugen. Setzen Sie sich mit uns ein für ein freundschaftliches Miteinander aller in Salzgitter lebenden Menschen.

Propsteisynode Salzgitter-Bad, 1990

1940: Ein Kirchenmann erhebt Einspruch

Im Laufe der letzten Monate ist in verschiedenen Gebieten des Reiches beobachtet worden, dass fortlaufend eine Fülle von Insassen der Heil- und Pflegeanstalten aus „planwirtschaftlichen Gründen" verlegt werden, bis nach einigen Wochen die Todesnachricht bei den Angehörigen eintrifft. Man ist der Ansicht, dass es um der Reichsverteidigung willen notwendig sei, diese unnützen Esser zu beseitigen. Ebenso wird die Ansicht vertreten, dass es für den Aufartungsprozess des deutschen Volkes notwendig sei, die geistesschwachen und sonst hoffnungslosen Fälle, ebenso die abnormalen, asozialen und gemeinschaftsunfähigen Menschen so schnell wie möglich auszumerzen. Es wird dabei geschätzt, dass es sich um hunderttausend und mehr Menschen handeln kann. Es sind dabei aber keineswegs völlig verblödete Menschen, die nichts mehr von ihrer Umgebung kennen und verstehen, sondern oft Menschen, die in ihrem Leben oft jahrelang feste Berufe ausgeübt haben.
Wenn man bedenkt, dass in dem offiziellen Merkblatt zur Ausfüllung der Meldebogen auch die senilen Erkrankungen einbezogen sind, so ergibt sich unzweideutig, dass auch jeder alt gewordene Mensch, der im Alter an irgendwelchen geistigen, vielleicht aber auch körperlichen Leiden hoffnungslos erkrankt, dem gleichen Schicksal verfallen kann. Es ist dringend notwendig, diese Maßnahmen so schnell wie möglich aufzuhalten, da die sittlichen Grundlagen des Volksganzen dadurch aufs Schwerste erschüttert werden. Die Unverletzlichkeit des Menschenlebens ist einer der Grundpfeiler jeder staatlichen Ordnung. Es ist untragbar, dass kranke Menschen fortlaufend ohne sorgfältige ärztliche Prüfung und ohne jeden rechtlichen Schutz, auch ohne den Willen der Angehörigen und gesetzlichen Vertreter zu hören, aus reiner Zweckmäßigkeit beseitigt werden.

Pastor Paul Gerhard Braune (1887–1954) prostestierte gegen die Verfolgung von „nichtarischen" Christen und gegen die Euthanasie-Aktionen der Nazis. Er war seit 1922 Leiter einer Heil- und Pflegeanstalt und wurde von der Gestapo verhaftet, nachdem er die hier abgedruckte Denkschrift verfasst und damit die Geheimhaltung dieser Tötungsaktionen durchbrochen hatte.

Entweder Christ oder Deutscher

Mit den Konfessionen, ob nun diese oder jene: Das ist alles gleich. Das hat keine Zukunft mehr. Für die Deutschen jedenfalls nicht. Der Faschismus mag in Gottes Namen seinen Frieden mit der Kirche machen. Ich werde das auch tun. Warum nicht? Das wird mich nicht abhalten, mit Stumpf und Stiel, mit allen seinen Wurzeln und Fasern, das Christentum in Deutschland auszurotten ... Für unser Volk aber ist es entscheidend, ob sie den jüdischen Christusglauben und seine weichliche Mitleidsmoral haben oder einen starken heldenhaften Glauben an Gott in der Natur, an Gott im eigenen Volke, an Gott im eigenen Schicksal, an Gott im eigenen Blute. ... Eine deutsche Kirche, ein deutsches Christentum ist Krampf. Man ist entweder Christ oder Deutscher. Beides kann man nicht sein.
Was glauben Sie, werden die Massen jemals wieder christlich? Dummes Zeug. Nie wieder. Der Film ist abgespielt. Da geht niemand mehr herein. Aber nachhelfen werden wir. Die Pfaffen sollen sich selbst ihr Grab schaufeln. Sie werden ihren lieben Gott an uns verraten. Um ihr erbärmliches Gelumpe von Stellung und Einkommen werden sie alles preisgeben ... Sie werden anstatt des Blutes ihres bisherigen Erlösers das reine Blut unseres Volkes zelebrieren; sie werden die deutsche Ackerfrucht als heilige Gabe empfangen und zum Symbol der ewigen Volksgemeinschaft essen, wie sie bisher den Leib ihres Gottes genossen haben.

Hitler in einem privaten Gespräch, Juni 1933

Kirchenwahl 1933,
Deutsche Christen und Bekennende Kirche
stehen sich gegenüber

Bekennende Kirche, Barmen – 1934

Wir bekennen uns angesichts der die Kirche verwüstenden und damit auch die Einheit der Deutschen Evangelischen Kirche sprengenden Irrtümer der „Deutschen Christen“ und der gegenwärtigen Reichskirchenregierung zu folgenden evangelischen Wahrheiten:

1. „Ich bin der Weg, die Wahrheit und das Leben; niemand kommt zum Vater denn durch mich“ (Joh 14,6).
   Jesus Christus, wie er uns in der Heiligen Schrift bezeugt wird, ist das eine Wort Gottes, das wir zu hören, dem wir im Leben und im Sterben zu vertrauen und zu gehorchen haben.
   Wir verwerfen die falsche Lehre, als könne und müsse die Kirche als Quelle ihrer Verkündigung außer und neben diesem einen Wort Gottes auch noch andere Ereignisse und Mächte, Gestalten und Wahrheiten als Gottes Offenbarung anerkennen.
2. Wir verwerfen die falsche Lehre, als gebe es Bereiche unseres Lebens, in denen wir nicht Jesus Christus, sondern anderen Herren zu eigen wären, Bereiche, in denen wir nicht der Rechtfertigung und Heiligung durch ihn bedürfen.
5. Wir verwerfen die falsche Lehre, als solle und könne der Staat über seinen besonderen Auftrag hinaus die einzige und totale Ordnung des menschlichen Lebens werden und also auch die Bestimmung der Kirche erfüllen.
   Wir verwerfen die falsche Lehre, als solle und könne sich die Kirche über ihren besonderen Auftrag hinaus staatliche Art, staatliche Aufgaben und staatliche Würde aneignen und damit selbst zu einem Organ des Staates werden.

Sind wir noch brauchbar?

Wer hält stand? Allein der, dem nicht seine Vernunft, sein Prinzip, sein Gewissen, seine Freiheit, seine Tugend der letzte Maßstab ist, sondern der dies alles zu opfern bereit ist, wenn er im Glauben und in alleiniger Bindung an Gott zu gehorsamer und verantwortlicher Tat gerufen ist, der Verantwortliche, dessen Leben nichts sein will als eine Antwort auf Gottes Frage und Ruf. Wo sind diese Verantwortlichen?
Die letzte verantwortliche Frage ist nicht, wie ich mich heroisch aus der Affäre ziehe, sondern wie eine kommende Generation weiterleben soll. Abwarten und stumpfes Zusehen sind keine christlichen Haltungen.

Dietrich Bonhoeffer

Ich glaube an Gott! Ich glaube an den guten und heiligen Geist!

Ich glaube mit der Kirche, ich glaube durch sie – und vielleicht trotz der Kirche.

Credo

Ich glaube
an den heiligen Geist,
die heilige christliche Kirche,
Gemeinschaft der Heiligen,
Vergebung der Sünden,
Auferstehung der Toten
Und das ewige Leben.
Amen.

Ja, ich glaube an Gott, seinen Sohn und an den heiligen Geist!

Ich glaube nicht an die Kirche –
aber an den, der in der Kirche, trotz der Kirche
Menschen verwandelt und eint.

Kirche im WWW (Beispiele)
- die Evangelische Kirche in Deutschland (EKD): www.ekd.de
- die Katholische Kirche: www.kath.de
- der Ökumenische Rat der Kirchen: www.wcc-coe.org
- „Kulturen des Helfens": www.diakonie.de / www.caritas.de
- Evangelische Jugend: www.ejh.de

Welche Homepages sprechen euch an? Warum? Nehmt per E-Mail Kontakt auf und stellt „3 entscheidende Fragen"!

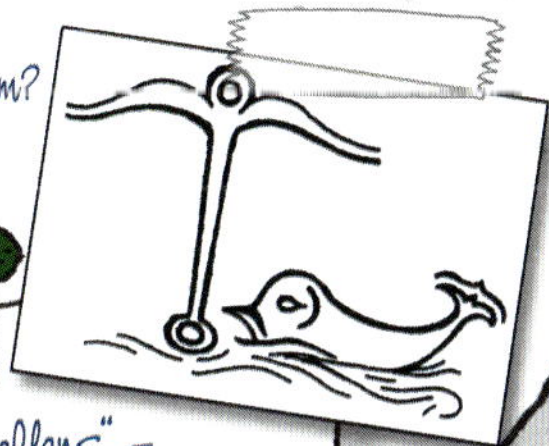

Befragungen durchführen

Diakone, Pastoren, BUND-Mitarbeiter, „Ehrenamtliche", Mitarbeiter kirchlicher Hilfsorganisationen, Kirchenvorstandsmitglieder etc. in den Unterricht einladen und dort über ihre „Arbeit" befragen.

„Kultur des Helfens" – Besuche vor Ort

Eine Sozialstation, ein Asylantenwohnheim o.Ä. besuchen und mit den dort Lebenden (Betreuern und Bewohnern) sprechen: Was ist eine „gute" Gemeinschaft?

„Offenes Rollenspiel" zum 1. Korintherbrief

Ihr seid Mitglieder der Gemeinde in Korinth. Weil es hier Menschen mit sehr verschiedenen Fähigkeiten gibt, die nicht immer zueinander passen, kommt es häufig zu Problemen. Spielt eine Gemeindeversammlung, die die Probleme benennt und nach Lösungen sucht. Berücksichtigt dabei 1.Kor 12,12ff.!

Im Internet/der Bibliothek zu den Stichworten „Bekennende Kirche" und „Dietrich Bonhoeffer" recherchieren: Was könnt ihr noch über andere mutige Christen im 3. Reich in Erfahrung bringen? Bereitet mit euren Ergebnissen und geeigneten Dokumenten eine kleine Ausstellung für eure Jahrgangsstufe oder die ganze Schule vor.

http://www.elisabethkirche-mr.de/

Probiert verschiedene Angebote aus: Gottesdienst, Gebetsraum ...

Sprecht über eure Erfahrungen: Kann es eine virtuelle Kirche geben?

Gemeinschaft kennt jeder: Sie wird erlebt in der Familie, dem Freundeskreis oder Verein, der Schule und der Klasse. Natürlich ist die Erfahrung nicht immer positiv, denn wo immer verschiedene Menschen zusammenkommen, gibt es unterschiedliche Interessen, Ansichten und gerade deshalb auch oft Konflikte. Dennoch gibt es Verbindendes in einer Gemeinschaft, das alle zusammenhält. Manchmal muss dieses Verbindende neu gesucht werden.
Auch die *Kirche* ist so eine Form der Gemeinschaft: Sie ist nicht nur an den Gebäuden, die häufig noch das Stadt- oder Dorfbild bestimmen, erkennbar, sondern gerade im Zusammensein der Menschen erfahrbar, die sich im Gebäude zum Gottesdienst oder den angrenzenden Räumen zum Singen, Gespräch, Kaffeetrinken oder Vortrag treffen. Kirche wird aber auch konkret erlebt auf einer Konfirmandenfreizeit, im Sommerzeltlager, auf dem Kirchentag oder bei einem Beratungsgespräch.
Aber: Jeder erlebt Kirche anders – und diese unterschiedlichen Erfahrungen sind bereichernd, wenn man darüber redet.
Die *Kirchen-Gemeinschaft* muss sich immer wieder vergewissern, was es ist, was sie zusammenhält: Gottes Geschichte mit den Menschen, die Botschaft Jesu vom anbrechenden Gottesreich und die Bedeutung der Bibel müssen jeweils neu erfahren und verstanden werden. Dies wird oft nicht ohne Missverständnisse, Kontroversen und Kompromisse gehen, wie man an Beispiel der Gemeinde in Korinth sieht: Wie können so verschiedene Menschen in der Gemeinde *„ein Leib"* werden?
Diskussionen sind nötig, weil kirchliche Gemeinschaft nicht nur erlebte Gemeinschaft ist, sondern zugleich im gesellschaftlichen Kontext auch handelnde Gemeinschaft. Sie will die von Jesus gelebte und geforderte Nächstenliebe immer wieder neu konkretisieren. So weiß sie sich der *Kultur des Helfens* verpflichtet und wird sich bei vielen aktuellen Fragen – besonders, wenn es um Benachteiligte, Ausgegrenzte oder Behinderte geht – engagieren. Die Institutionen „Diakonie" (ev.) und „Caritas" (kathol.) erinnern die Kirche und die Gesellschaft an diese Verpflichtung und organisieren zielgerichtete Hilfe.
Für diejenigen, die sich dieser Kirchen-Gemeinschaft zugehörig fühlen, bedeutet das, dass sie Positionen finden, konkrete Handlungsschritte verabreden oder gemeinsame Erklärungen formulieren müssen. Sie setzen damit eine Tradition fort, die besonders im Dritten Reich durch die *Barmer Theologische Erklärung* bedeutsam wurde.

Identität – Liebe – Partnerschaft

Helmut Ammann, 1948

Heute lag in dem großen grünen Briefkasten nur ein kleiner Brief – und der war für Sofie.
„Sofie Amundsen", stand auf dem kleinen Briefumschlag, „Kløverveien 3". Das war alles, kein Absender. Der Brief hatte nicht einmal eine Briefmarke.
Sowie Sofie das Tor hinter sich geschlossen hatte, öffnete sie den Briefumschlag. Darin fand sie nur einen ziemlich kleinen Zettel, nicht größer als der dazugehörende Umschlag. Auf dem Zettel stand: *Wer bist du?*
Mehr nicht. Der Zettel enthielt keinen Gruß und keinen Absender, nur diese drei handgeschriebenen Wörter, auf die ein großes Fragezeichen folgte.
Sie sah noch einmal den Briefumschlag an. Doch – der Brief war wirklich für sie. Aber wer hatte ihn in den Briefkasten gesteckt?
Sofie schloss rasch die Tür des roten Hauses auf. Wie üblich konnte die Katze Sherekan sich aus den Büschen schleichen, auf den Treppenabsatz springen und ins Haus schlüpfen, ehe Sofie die Tür hinter sich zugemacht hatte.
Sofie warf die Schultasche in die Ecke und stellte Sherekan eine Schale mit Katzenfutter hin. Dann ließ sie sich mit dem geheimnisvollen Brief in der Hand auf einen Küchenhocker fallen.
Wer bist Du?
Wenn sie das wüsste! Sie war natürlich Sofie Amundsen, aber wer war das? Das hatte sie noch nicht richtig herausgefunden.
Wenn sie nun anders hieße? Anne Knutsen zum Beispiel. Wäre sie dann auch eine andere?
Plötzlich fiel ihr ein, dass ihr Vater sie zuerst gern Synnøve genannt hätte. Sofie versuchte sich auszumalen, wie es wäre, wenn sie die Hand ausstreckte und sich als Synnøve Amundsen vorstellte – aber nein, das ging nicht. Dabei stellte sie sich die ganze Zeit eine andere vor.
Nun sprang sie vom Hocker und ging mit dem seltsamen Brief in der Hand ins Badezimmer. Sie stellte sich vor den Spiegel und starrte sich in die Augen.
„Ich bin Sofie Amundsen", sagte sie.
Das Mädchen im Spiegel schnitt als Antwort nicht einmal die kleinste Grimasse. Egal, was Sofie auch machte, sie machte genau dasselbe. Sofie versuchte, dem Spiegelbild mit einer blitzschnellen Bewegung zuvorzukommen, aber die andere war genauso schnell.
„Wer bist du?", fragte Sofie.
Auch jetzt bekam sie keine Antwort, aber für einen kurzen Moment wusste sie einfach nicht, ob sie oder ihr Spiegelbild diese Frage gestellt hatte. Sofie drückte den Zeigefinger auf die Nase im Spiegel und sagte: „Du bist ich."

Als sie keine Antwort bekam, stellte sie den Satz auf den Kopf und sagte: „Ich bin du."
Sofie Amundsen war mit ihrem Aussehen nie besonders zufrieden gewesen. Sie hörte oft, dass sie schöne Mandelaugen hätte, aber das sagten sie wohl nur, weil ihre Nase zu klein und ihr Mund etwas zu groß war. Die Ohren saßen außerdem viel zu nah an den Augen. Am schlimmsten aber waren die glatten Haare, die sich einfach nicht legen ließen. Manchmal strich der Vater ihr darüber und nannte sie „das Mädchen mit den Flachshaaren", nach einer Komposition von Claude Debussy. Der hatte gut reden, schließlich war er nicht dazu verurteilt, sein Leben lang schwarze, glatt herabhängende Haare zu haben. Bei Sofies Haaren halfen weder Spray noch Gel.
Manchmal fand sie ihr Aussehen so seltsam, dass sie sich fragte, ob sie vielleicht eine Missgeburt sein konnte. Ihre Mutter hatte jedenfalls von einer schwierigen Geburt erzählt. Aber entschied wirklich die Geburt, wie jemand aussah?
War es nicht ein bisschen komisch, dass sie nicht wusste, wer sie war? Und war es nicht auch eine Zumutung, dass sie nicht über ihr eigenes Aussehen bestimmen konnte? Das war ihr einfach in die Wiege gelegt worden. Ihre Freunde konnte sie vielleicht wählen, sich selber hatte sie aber nicht gewählt. Sie hatte sich nicht einmal dafür entschieden, ein Mensch zu sein.
Was war ein Mensch?
Sofie sah wieder das Mädchen im Spiegel an.
„Ich glaube, ich mache jetzt lieber meine Bio-Aufgaben", sagte sie, fast wie um sich zu entschuldigen.

Jostein Gaarder

my own song

ich will nicht sein
so wie ihr mich wollt
ich will nicht ihr sein
so wie ihr mich wollt
ich will nicht sein wie ihr
so wie ihr mich wollt
ich will nicht sein wie ihr seid
so wie ihr mich wollt
ich will nicht sein wie ihr
sein wollt
so wie ihr mich wollt
nicht wie ihr mich wollt
wie ich sein will will ich sein
nicht wie ihr mich wollt
wie ich bin will ich sein
nicht wie ihr mich wollt
wie *ich* will ich sein
nicht wie ihr mich wollt
ich will *ich* sein
nicht wie ihr mich wollt
will ich sein
ich will *sein*

Ernst Jandl

Masken

Bitte höre, was ich nicht sage! Lass dich nicht von mir narren. Lass dich nicht durch das Gesicht täuschen, das ich mache, denn ich trage Masken, Masken, die ich fürchte abzulegen. Und keine davon bin ich. So tun als ob ist eine Kunst, die mir zur zweiten Natur wurde. Aber lass dich dadurch nicht täuschen, ich mache den Eindruck, als sei ich umgänglich, als sei alles heiter in mir, und so als brauchte ich niemanden. Aber glaub mir nicht! Mein Äußeres mag sicher erscheinen, aber es ist meine Maske. Darunter bin ich, wie ich wirklich bin: verwirrt, in Furcht und allein. Aber ich verberge das. Ich möchte nicht, dass es irgend jemand merkt. Beim bloßen Gedanken an meine Schwächen bekomme ich Panik und fürchte mich davor, mich anderen überhaupt auszusetzen. Gerade deshalb erfinde ich verzweifelt Masken, hinter denen ich mich verbergen kann: eine lässige Fassade, die mir hilft, etwas vorzutäuschen, die mich vor dem wissenden Blick sichert, der mich erkennen würde. Dabei wäre dieser Blick gerade meine Rettung. Und ich weiß es. Wenn es jemand wäre, der mich annimmt und mich liebt. Das ist das Einzige, das mir die Sicherheit geben würde, die ich mir selbst nicht geben kann.
Ich möchte, dass du weißt, wie wichtig du für mich bist, wie sehr du aus mir den Menschen machen kannst, der ich wirklich bin, wenn du willst. Bitte, ich wünschte, du wolltest es. Du allein kannst die Wand niederreißen, hinter der ich zittere. Du allein kannst mir die Maske abnehmen. Du allein kannst mich aus meiner Schattenwelt, aus Angst und Unsicherheit befreien, aus meiner Einsamkeit. Übersieh mich nicht. Bitte, übergeh mich nicht! Es wird nicht leicht für dich sein. Die lang andauernde Überzeugung, wertlos zu sein, schafft dicke Mauern. Je näher du mir kommst, desto blinder schlage ich zurück. Ich wehre mich gegen das, wonach ich schreie. Aber man hat mir gesagt, dass Liebe stärker sei als jeder Schutzwall, und darauf hoffe ich. Wer ich bin, willst du wissen? Ich bin jemand, den du sehr gut kennst und der dir oft begegnet.

Heinz Körner

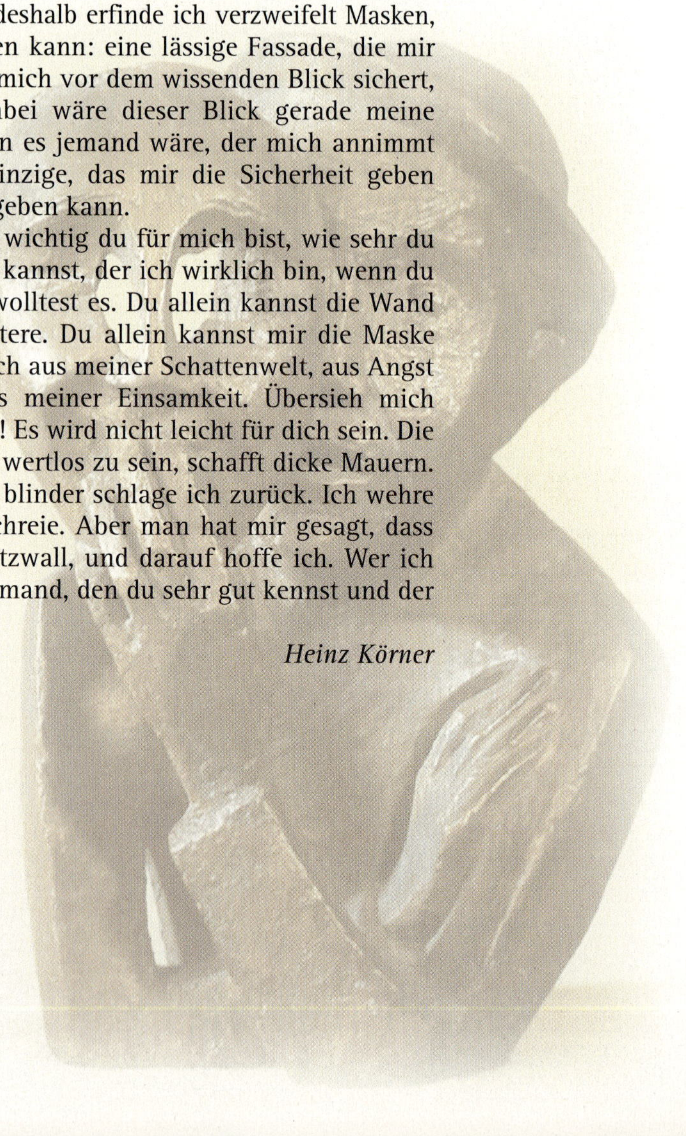

René Magritte, 1937

Vergiss dein nicht

Jeder Mensch ist einzigartig,
einzigartig wie sein Gesicht.
Was heißt das für Dich?
Auch Du bist einzigartig,
so einzigartig wie Dein Gesicht.
Verschenke diese
Einzigartigkeit nicht
für das viel zitierte
Linsengericht.

Bestehe auf dieser Deiner
Einzigartigkeit.
Geh Deinen eigenen Weg.
Denk Deine Gedanken.
Fühl Deine Gefühle.
Wein Deine Tränen.
Lach Dein Lächeln.
Leb Dein eigenes Leben.

Werner Spenger

Die Liebe ist langmütig und freundlich,
die Liebe eifert nicht,
die Liebe treibt nicht Mutwillen,
sie bläht sich nicht auf,
sie verhält sich nicht ungehörig,
sie sucht nicht das Ihre,
sie lässt sich nicht erbittern,
sie rechnet das Böse nicht zu,
sie freut sich nicht über die Ungerechtigkeit,
sie freut sich aber an der Wahrheit;
sie erträgt alles,
sie glaubt alles,
sie hofft alles,
sie duldet alles.
Die Liebe hört niemals auf.

1. Kor 13,4–8

Es ist bemerkenswert, daß wir gerade von dem Menschen, den wir lieben, am mindesten aussagen können, wie er sei. Wir lieben ihn einfach. Eben darin besteht ja die Liebe, das Wunderbare an der Liebe, daß sie uns in der Schwebe des Lebendigen hält, in der Bereitschaft, einem Menschen zu folgen in allen seinen möglichen Entfaltungen. Wir wissen, daß jeder Mensch, wenn man ihn liebt, sich wie verwandelt fühlt, wie entfaltet, und daß auch dem Liebenden sich alles entfaltet.

Max Frisch

Wenn Herr K. einen Menschen liebte
„Was tun Sie", wurde Herr K. gefragt, „wenn Sie einen Menschen lieben?" „Ich mache einen Entwurf von ihm", sagte Herr K., „und sorge, daß er ihm ähnlich wird." „Wer? Der Entwurf?" „Nein", sagte Herr K., „der Mensch."

Bert Brecht

Edvard Munch, 1923

Meinem Freund gehöre ich und
nach mir steht sein Verlangen.
Komm, mein Freund,
lass uns aufs Feld hinausgehen und
unter Zyperblumen die Nacht verbringen,
dass wir früh aufbrechen
zu den Weinbergen und sehen,
ob der Weinstock sprosst und seine Blüten aufgehen,
ob die Granatbäume blühen.
Da will ich dir meine Liebe schenken.

Hld 7,11–13

Nähe

Wenn ich weit weg bin von dir
und wenn ich die Augen zumache
und die Lippen öffne
dann spüre ich wie du schmeckst
nicht nach Seife und antiseptischen Salben
nur nach dir
und immer näher nach dir
und immer süßer nach dir
je länger ich an dich denke
und manchmal nach uns
nach dir und nach mir und nach dir

Aber wenn ich bei dir bin
wenn ich dich küsse und trinke
und dich einatme
und ausatme und wieder einatme
wenn ich mit offenen Augen
fast nichts von dir sehe

ganz vergraben in dich
in deine Haut und in deine
Haare und deine Decken
die duften nach dir
dann denke ich an dein Gesicht
weit oben wie es jetzt leuchtet
oder sich schön verzieht in rascherem
Atmen
und denke an deine
klugen genauen Worte
und an dein Weinen zuletzt
im Fenster des Zuges

Wenn ich bei dir bin
ist vieles voller Abschied
und wenn ich ohne dich bin
voller Nähe und Wärme von dir

Erich Fried

Verliebt sein

Verliebt.
Ein wunderbares Gefühl.
Der Frühling im Herzen.
Alles wird anders, alles bekommt Farbe.
Wenn du verliebt bist,
wird alles schön und voller Sonne,
denn auf einem Auge bist du blind geworden,
blind für die schlechten,
hässlichen Seiten des Lebens.
Verliebtheit gibt es auf vielerlei Art,
aber eine haben wir
in unserer wirren, komplizierten,
problemgeschüttelten Gesellschaft
ganz besonders nötig:
Verliebtheit in einfache
alltägliche Dinge.

Die Entdeckungen der jüngsten Zeit
sind keine Entdeckungen der Weisheit,
sondern der Geschwindigkeit,
die dich deinem Glück
keinen Schritt näher bringen.
Entdecke wieder die einfachen Dinge,
den Einklang der Freundschaft,
ein paar Blumen für einen Kranken,
eine offene Tür, einen gastlichen Tisch,
ein Ei essen oder einen Hering,
in einem Liegestuhl liegen
und in die Luft gucken,
einen Händedruck, ein Lächeln,
die Stille in einer Kirche,
die Malerei eines Kindes,
das Aufblühen einer Blume,
das Zwitschern eines Vogels,
die Pappelallee, den Bach,
einen Berg, eine Kuh...

Das Leben wird ein Fest,
wenn du dich freuen kannst
an den einfachen alltäglichen Dingen.
Der Frühling kommt.
Ich bin verliebt in einfache Dinge.

Phil Bosmans

Walter Müller, 1921

Lächeln im Regen

Regen fiel und die Luft war voll warmer Feuchtigkeit. Lächeln müsstest du, sagte er zu sich, während er die Allee entlangging, lächeln, wie die Weisen im Orient es tun. Es ist nicht wert, dass du mehr tust als lächeln. Und er lächelte auch, ein gezwungenes Lächeln – aber er lächelte. Vor zehn Minuten hatte er sie noch gesehen. Es hatte schon zu regnen begonnen.

„Wirklich nicht?", fragte er. „Nein", sagte sie.

Ihre Augen hatten keinen Ausdruck. Es war, als sehe sie ihn am anderen Ende der Straße und als wäre er dort und nicht neben ihr.

„Du bist so merkwürdig", sagte er. „Ich weiß nicht, was los ist." „Es ist gar nichts los", entgegnete sie widerwillig.

Sie sah die Straße hinunter und ihre Augen waren stumpf und ohne Glanz. An beiden Seiten der Straße standen Bäume und der Regen fiel und die Blätter glänzten.

„Was ist nur mit dir los?", sagte er. „Du bist schon voriges Mal so komisch gewesen." „Ich weiß gar nicht, wovon du sprichst", sagte sie.

Sie stand am Hauseingang an die Tür gelehnt. Er stand zwei Stufen tiefer auf den nassen Fliesen vor dem Haus.

„Ich möchte jetzt wissen, was dich so verändert", sagte er. „Ich möchte das endlich mal rauskriegen. Willst du mir nicht sagen, was los ist?" „Nein", sagte sie. „Ich weiß nicht, wovon du redest." „Das weißt du sehr genau", sagte er.

Sie antwortete nicht und es entstand eine Pause. Es regnete und sie blickte die Straße hinunter auf die Blätter und es war ein geheimnisvolles Rauschen in der Luft.

„Ich verstehe dich nicht", sagte er. „Bin ich dir zu langweilig geworden oder was ist los?" „Ich weiß nicht, was du immer hast!" Sie war sehr ungeduldig. „Ich habe überhaupt nichts", sagte er, „aber du tust so, als wäre ich Luft und als langweilte ich dich."

Sie sagte nichts und blickte an ihm vorbei. Der Asphalt auf der Straße spiegelte den Regenhimmel und die Erde zwischen Kantstein und Fußgängerweg war weich und moorig.

„Und morgen?", fragte er. „Ich sage dir doch, ich kann nicht!"

Sie sah auf die Häuser, die hinter den Bäumen hervorblickten und in großen, grünen Gärten standen.

„Gut", sagte er und fühlte sich elend. „Gut, dann also nicht. Ich gebe die Theaterkarten zurück."

Sie rührte sich nicht und er fühlte sich scheußlich elend. „Auf Wiedersehen!", sagte er. „Leb wohl", entgegnete sie. Dann klappte die Tür, und er wusste, dass er jetzt fortgehen musste. Er drehte sich langsam um und ging die Straße hinunter.

Du solltest es nicht so ernst nehmen, sagte er sich. Es lohnt sich nicht. Es lohnt sich wirklich nicht. Man müsste darüber lächeln können, wirklich nur lächeln. Und er lächelte das gezwungene Lächeln und es regnete durch die Bäume vom grauen Himmel.

Rainer Jerosch

Nur mir

Bitte bitte bitte lass mich in Ruh' und bitte geh' mir aus'm Weg
du verstehst nicht was ich tue
und um was es für mich geht ich leb' mein Leben **WIE ICH WILL** und
ich brauch' keinen Ballast ich kann's dir
außerdem **NICHT ERKLÄREN** auch wenn du mich dafür hasst

LASS MICH LOS LASS MICH FREI und bitte bitte lass mich gehen
ich will und kann dir nicht mehr zuhören denn ich will dich nicht verstehen

wir gehen ständig Kompromisse ein die müssen beschissen sein
du weißt es aber du laberst mir trotzdem ins Gewissen rein ich vermisse
mein Leben und du gehörst nicht dazu bitte sieh es endlich ein und
bitte lass mich in Ruh du hast zu viel von mir gewollt und gibst mir nix dafür zurück
ich scheiß' auf deinen **TRAUM VON 'NEM GEMEINSAMEN GLÜCK**
mich erdrückt der Gedanke an dich gefesselt zu sein bis zum Ende meiner Tage lie-
ber bleib' ich allein' und mach' mein eigenes Ding auch wenn ich alles verlier' es ist
das was ich will dieses Leben ist mir

Du törnst mich ab Spast weil du mich noch nie verstanden hast
mir nur Probleme machst sie schaffst außerdem fällst du mir zur Last
du raffst meine Welt nicht und trotzdem dringst du in sie ein
du bringst mir nix als Probleme und willst 'n **TEIL VON MIR SEIN**
ich hab' keinen Bock dir zu erklären was du sowieso nicht checkst
du bist **KEIN FREUND MEIN FREUND** du bist 'n Ex

und versteckst dich hinter mir um nicht verlassen zu werden
aber ich leb' lieber allein' wie ich will um auch allein' zu sterben ich
kann's nicht mehr verbergen **ALTER DU STIEHLST MEINE ZEIT** und ich
kann nicht für dich sein was du brauchst es tut mir leid ich bleib' so wie
ich bin und du stehst mir nur im Weg gib mir Raum mich zu entfalten
ich hab' 'n Traum den ich leb' in ihm geht es nur um mich es gibt keinen
Platz mehr für dich **ICH KANN DIR NICHT HELFEN** auch wenn dein Herz
daran zerbricht es is' nicht viel aber alles was ich hab' und auch das was
ich verlier' wenn ich's nicht selber leb' dieses Leben is' mir

Sabrina Setlur

Bis dass der Tod uns scheidet…?

Bis in das 20. Jahrhundert hinein war in Deutschland eine Heirat aus Liebe eher die Ausnahme. Die wirtschaftliche Versorgung und die standesgemäße Verbindung zweier Partner standen im Vordergrund einer Eheschließung.
Mit der zunehmenden Individualisierung verband sich die Vorstellung der Heirat aus Liebe, die Grundlage für eine lebenslange Partnerschaft sein sollte und vom Staat geschützt wird:

> Ehe und Familie stehen unter dem besonderen Schutze der staatlichen Ordnung.
> *Grundgesetz der Bundesrepublik Deutschland, Artikel 6, Absatz 1*

Die möglichen Schwierigkeiten einer auf Dauer angelegten Partnerschaft schildert Erich Fromm in seinem Buch „Die Kunst des Liebens“:

> Die meisten Menschen sehen das Problem der Liebe in erster Linie als das Problem, selbst geliebt zu werden, statt zu lieben und lieben zu können. Daher geht es für sie nur darum, wie man es erreicht, geliebt zu werden, wie man liebenswert wird. ... Aber kaum einer nimmt an, dass man etwas tun muss, wenn man es lernen will zu lieben.

Heiraten – wozu?

Immer mehr Menschen werden ehescheu, lehnen eine Heirat ab oder verzögern sie – eine Entwicklung, die in den frühen 70er-Jahren begann.
Karin Paschke (29), Krankenschwester, Bernd Dreßler (34), Kraftfahrzeugmechaniker, realisieren dies in einer mittelfränkischen Kleinstadt. Seit vier Jahren wohnen sie zusammen.
„Ich habe mit Vierundzwanzig geheiratet“, sagt er, „Trauung in der Kirche. Ja, gelobt man da, ja bis zum Tod. Man ist sogar überzeugt davon. Und nach drei oder vier Jahren weiß man dann: Es läuft überhaupt nicht. Wir waren beim Eheberater, in einer Gruppe. Hat alles nichts genützt. Nachdem ich ein Jahr geschieden war, habe ich Karin kennen gelernt ... und wir wollen nun keine so normale Ehe führen.“
„Ich hatte vor Bernd einen anderen Freund“, erzählt Karin Paschke, „mit dem habe ich drei Jahre zusammengelebt, dann haben wir uns getrennt. Ich habe mir schon als ganz junges Mädchen geschworen, dass ich mal nicht heiraten werde.“
In der vom Bonner Familienministerium in Auftrag gegebenen ersten großen Untersuchung über „Nichteheliche Lebensgemeinschaften in der Bundesrepublik Deutschland“ heißt es an einer Stelle: „Die Ehen von Eltern, Schulkameraden, Geschwistern und Freunden werden oft als Negativ-Vorbilder genannt.“
Vom üblichen Ehealltag halten die Befragten nicht viel. Nach ihrer Meinung ist er durch Routine und Langeweile gekennzeichnet.
„Die Ehe lähmt eine Beziehung, erdrückt sie, zerstört sie“ – typische, sich immer wiederholende Aussagen.
„Nicht nur die jungen, sondern auch ein Großteil der älteren Befragten sind der Meinung, dass die Lebendigkeit einer Partnerschaft nur dann erhalten bleibt, wenn sich beide Partner die Fähigkeit bewahren, zeitweise voneinander unabhängig zu leben. Deshalb wünscht man sich Unabhängigkeit auch in den Kontakten zur Außenwelt.

Brigitte

Sehr geehrter Herr Pfarrer, zuerst vielleicht einiges über uns. Mein Name ist Andreas (24 Jahre alt). Ich habe drei Geschwister, die wie auch meine Eltern wissen, dass ich schwul bin. Mein Freund heißt Michael (21 Jahre alt). Er hat einen Bruder, der wie auch seine Eltern wissen, dass er schwul ist.
Es ist nun schon über drei Jahre her, seitdem wir uns kennen gelernt haben. In dieser Zeit haben wir gelernt, uns zu lieben und füreinander zu kämpfen. Die schöne Zeit und die weniger schöne Zeit, in der es mal Probleme gab, hat uns nur gezeigt, wie stark uns unsere Liebe verbindet. Heute können wir sagen, dass uns unser Glück, zusammen zu sein, nichts auf der Welt zerstören kann. Wir haben gelernt, füreinander da zu sein.
Der große Wunsch von uns beiden ist nun die Segnung, da sie vom Gefühl der Zugehörigkeit zueinander uns sehr viel bedeutet. Michael und ich sind religiös, und wir glauben beide, dass es keine Sünde vor Gott sein kann, wenn zwei Männer die Liebe und Zuneigung zueinander gefunden haben. Die Segnung bedeutet für uns: mit seinem Freund einen Bund fürs Leben geschlossen zu haben, der das Gefühl der Verbundenheit und ein nicht in Worten zu beschreibendes Gefühl auslöst.
Wir würden uns sehr freuen, von Ihnen eine Antwort zu bekommen, wie und ob wir uns von Ihnen segnen lassen können.

Ganz herzliche Grüße, Ihr Andreas T.

Der Mensch ist von Gott erschaffen als Mann und Frau. Diese Polarität wird in den biblischen Schöpfungsberichten unmittelbar in Beziehung gesetzt zu den beiden Grundelementen der Sexualität: der Weitergabe von Leben (Gen 1,27) sowie der lustvollen Zuwendung und Vereinigung (Gen 2,24). Die Einheit beider Elemente ist so nur in der Geschlechtergemeinschaft von Frau und Mann möglich. Das biblische Menschenbild ist auf Ehe und Familie hin geordnet. Blickt man auf die biblischen Aussagen zur Homosexualität, so muss man konstatieren, dass nach diesen Aussagen homosexuelle Praxis dem Willen Gottes widerspricht. Zugleich muss man feststellen, dass die Frage nach einer ethisch verantwortlichen Gestaltung einer homosexuellen Beziehung vom Liebesgebot her an keiner Stelle thematisiert wird. Da das Liebesgebot ausnahmslos und umfassend gilt, kann auch homosexuelles Zusammenleben nicht von seiner Geltung ausgenommen werden. Die Kriterien, die für sie gelten, sind – mit einer wesentlichen Ausnahme – dieselben, die für Ehe und Familie gelten: Freiwilligkeit, Ganzheitlichkeit, Verbindlichkeit, Dauer und Partnerschaftlichkeit.
Wenn homosexuell geprägte Menschen im Rahmen einer geistlichen Begleitung durch andere Christen für sich eine Segnung erbitten, sollten sie ebenso wenig abgewiesen werden wie andere Menschen, die eine solche Bitte äußern. Ihren Ort hat eine solche Segnung in der Seelsorge und der damit gegebenen Intimität.

 Orientierungshilfe des Rates der EKD, 1996

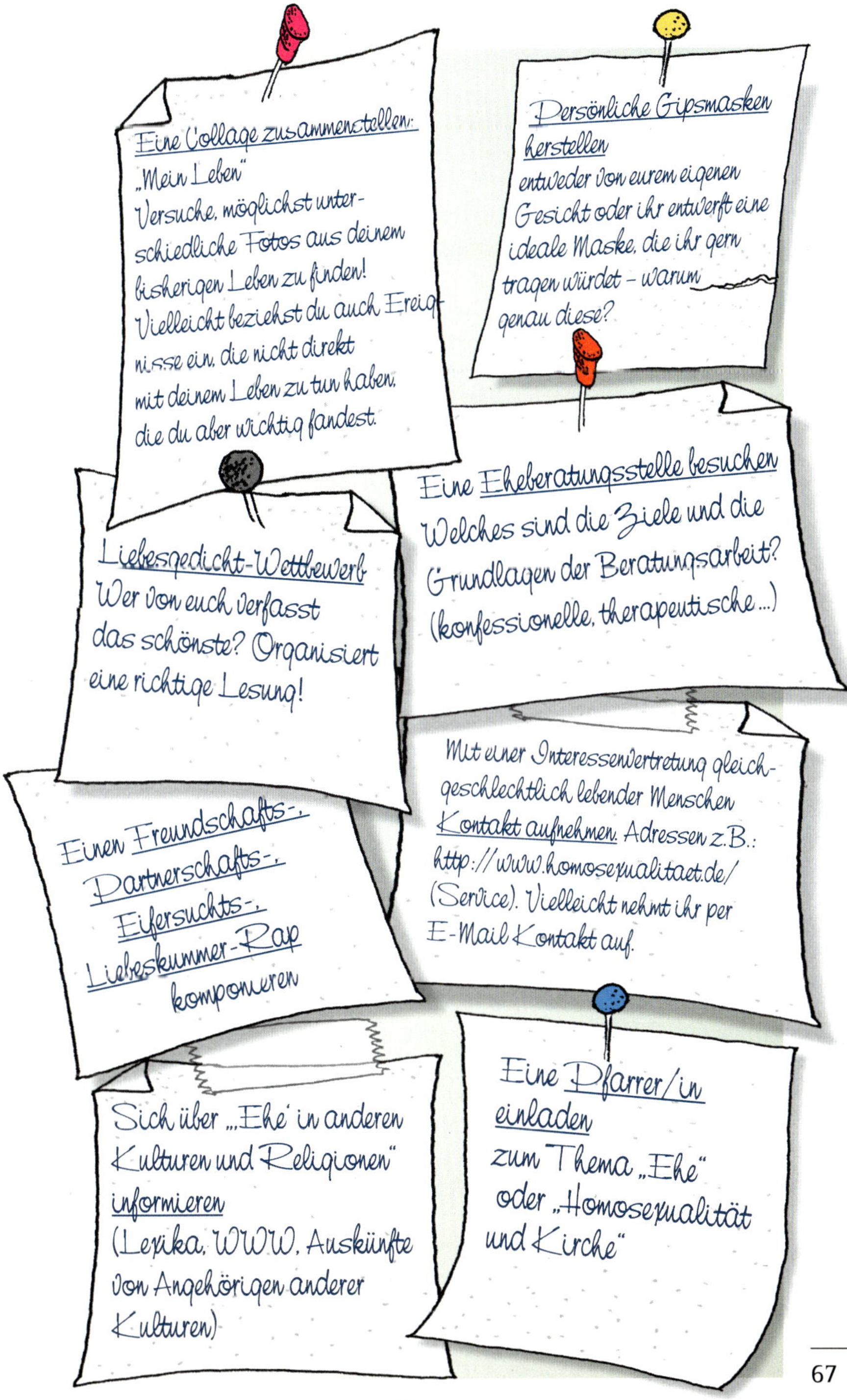
Eine Collage zusammenstellen:
„Mein Leben“
Versuche, möglichst unterschiedliche Fotos aus deinem bisherigen Leben zu finden! Vielleicht beziehst du auch Ereignisse ein, die nicht direkt mit deinem Leben zu tun haben, die du aber wichtig fandest.
Persönliche Gipsmasken herstellen
entweder von eurem eigenen Gesicht oder ihr entwerft eine ideale Maske, die ihr gern tragen würdet – warum genau diese?
Liebesgedicht-Wettbewerb
Wer von euch verfasst das schönste? Organisiert eine richtige Lesung!
Eine Eheberatungsstelle besuchen
Welches sind die Ziele und die Grundlagen der Beratungsarbeit? (konfessionelle, therapeutische ...)
Einen Freundschafts-, Partnerschafts-, Eifersuchts-, Liebeskummer-Rap komponieren
Mit einer Interessenvertretung gleichgeschlechtlich lebender Menschen Kontakt aufnehmen. Adressen z.B.: http://www.homosexualitaet.de/ (Service). Vielleicht nehmt ihr per E-Mail Kontakt auf.
Sich über „Ehe“ in anderen Kulturen und Religionen“ informieren
(Lexika, WWW, Auskünfte von Angehörigen anderer Kulturen)
Eine Pfarrer/in einladen
zum Thema „Ehe“ oder „Homosexualität und Kirche“

Wer bin ich? Das hat sich bestimmt jeder schon einmal gefragt. Eine Antwort zu finden, ist sicherlich schwierig, aber dennoch wichtig. Denn nur wer sich selber erkennt, kann auch den Mitmenschen erkennen. Nur wenn ich weiß, was mir gut tut, kann ich wissen, was anderen gut tut.
„Ich bin ich! Ich bin einzigartig! Ich bin etwas Besonderes! Ich habe gute und schlechte Seiten!" Mit dieser Erkenntnis kann ich selbstbewusster anderen gegenübertreten, auch wenn sie mich ablehnen oder ein ganz anderes Bild von mir haben als ich selber. Eine Gewissheit habe ich aber trotzdem: Gott nimmt mich an, so wie ich bin, ohne Wenn und Aber.
Manchmal kann man sein wahres Ich nicht zeigen, man benutzt Masken, man versteckt sich. Dies kann einen schützen, man kann sich aber auch verlieren. Man muss Vertrauen haben, wenn man jemanden hinter die Maske schauen lässt; es kann sich lohnen, man gewinnt einen Freund, man kann aber auch verletzt werden.
Viele Menschen stellen Erwartungen an mich, sagen mir, was ich tun soll. Vieles verstehe ich, vieles kann ich nachvollziehen, einiges überhaupt nicht. Manchmal lasse ich mich überzeugen, manchmal gehe ich einen Kompromiss ein, manchmal beharre ich auf meiner Position. Wenn ich nicht weiter weiß oder unsicher bin, gibt es immer jemanden, der mir zuhört oder hilft. Die Entscheidung muss aber immer ich treffen und verantworten.

Sexualität, Freundschaft, die Beziehung zwischen Eltern und Kindern, die Beziehung zwischen Partnern, die Nächstenliebe, die Selbstliebe – all das ist „Liebe". Es gibt eine Gemeinsamkeit zwischen diesen Begriffen, aber wenn Menschen versuchen, diese Begriffe zu definieren, werden alle eine eigene Definition haben. Liebe ist sehr persönlich und individuell.
Wenn jemand sich verliebt oder jemand jemanden liebt, gibt er immer einen Teil von sich preis; dies setzt Vertrauen und Mut voraus, ist aber auch Zeichen der Einzigartigkeit von Liebe. Diese Einzigartigkeit braucht gegenseitigen Respekt und Verlässlichkeit.
Eine Liebe kann verloren gehen oder zerbrechen; die Gemeinsamkeiten enden plötzlich oder verschwinden allmählich; man verletzt sich und andere, manchmal ist das nicht zu vermeiden.

Der Mensch in der Schöpfung

Ein Bild, das uns gleich sei …

Und Gott sprach: Lasset uns Menschen machen, ein Bild, das uns gleich sei, die da herrschen über die Fische im Meer und über die Vögel unter dem Himmel und über das Vieh und über alle Tiere des Feldes und über alles Gewürm, das auf Erden kriecht.
Und Gott schuf den Menschen zu seinem Bilde, zum Bilde Gottes schuf er ihn; und schuf sie als Mann und Frau.
Und Gott segnete sie und sprach zu ihnen: Seid fruchtbar und mehret euch und füllet die Erde und machet sie euch untertan und herrschet über die Fische im Meer und über die Vögel unter dem Himmel und über das Vieh und über alles Getier, das auf Erden kriecht.
Und Gott sprach: Sehet da, ich habe euch gegeben alle Pflanzen, die Samen bringen, auf der ganzen Erde, und alle Bäume mit Früchten, die Samen bringen, zu eurer Speise. *Gen 1,26-29*

Michelangelo, 1509–12

Im Garten Eden

Es war zu der Zeit, da Gott der Herr Erde und Himmel machte.
Da machte Gott der Herr den Menschen aus Erde vom Acker und blies ihm den Odem des Lebens in seine Nase. Und so ward der Mensch ein lebendiges Wesen.
Und Gott der Herr pflanzte einen Garten in Eden gegen Osten hin und setzte den Menschen hinein, den er gemacht hatte.
Und Gott der Herr ließ aufwachsen aus der Erde allerlei Bäume, verlockend anzusehen und gut zu essen, und den Baum des Lebens mitten im Garten und den Baum der Erkenntnis des Guten und Bösen.
Und Gott der Herr nahm den Menschen und setzte ihn in den Garten Eden, dass er ihn bebaute und bewahrte.
Und Gott der Herr gebot dem Menschen und sprach: Du darfst essen von allen Bäumen im Garten, aber von dem Baum der Erkenntnis des Guten und Bösen sollst du nicht essen; denn an dem Tage, da du von ihm isst, musst du des Todes sterben. *Gen 2,4b.7-9;15-17*

An Meiner statt

Und als dein Herr zu den Engeln sprach: „Siehe, Ich will auf der Erde einen einsetzen an Meiner Statt", da sprachen sie: „Willst Du auf ihr einen einsetzen, der auf ihr Verderben anstiftet und Blut vergießt? Und wir verkünden Dein Lob und heiligen Dich?" Er sprach: „Siehe, Ich weiß, was ihr nicht wisset."
Und wir sprachen: „O Adam, bewohne du und dein Weib den Garten und esset von ihm in Hülle und Fülle, wo immer ihr wollt; aber nahet nicht jenem Baum, sonst seid ihr Ungerechte."
Erschaffen hat Er den Menschen aus einem Samentropfen; und siehe, Er ist ein offenkundiger Krittler.
Und die Tiere, Er erschuf sie für euch; sie liefern euch warme Kleidung und bringen euch Nutzen; und ihr esset von ihnen; und eine Zierde sind sie euch, wenn ihr sie abends eintreibt und morgens austreibt; und sie tragen eure Lasten zu Ländern, die ihr nicht hättet erreichen können ohne Mühsal der Seelen. Siehe, euer Herr ist wahrlich gütig und barmherzig.
Und Er erschuf die Pferde und die Kamele und die Esel, auf dass ihr auf ihnen reitet, und zum Schmuck. Und Er erschuf, was ihr nicht kennet. *Koran: Sure 2,30.35;16,4-8*

Eine unbekannte Kraft

Wird die Ausdehnung des Alls in alle Ewigkeit anhalten oder wird sie von der Schwerewirkung der Materie eines Tages gestoppt und umgekehrt, sodass das Universum in sich zusammenstürzt und in einem Endknall verschwindet? Nach Jahrzehnten beharrlicher Arbeit mit den größten Teleskopen zeichnet sich jetzt die Antwort ab: Das Universum wird sich wohl für immer weiter ausdehnen – und es ist wahrscheinlich unendlich groß. Die Sensation aber ist: Die Expansion verlangsamt sich nicht, wie aufgrund der Bremswirkung der Materie zu erwarten wäre, sondern sie beschleunigt sich sogar! Eine mysteriöse so genannte Dunkle Energie, die wie eine Antigravitation wirkt, treibt das Weltall auseinander. Dahinter verbirgt sich entweder die Kosmologische Konstante, die 1917 von Albert Einstein eingeführt, aber später wieder verworfen wurde, oder ein räumlich und zeitlich veränderliches unbekanntes Feld namens Quintessenz.
Die neuen Beobachtungen legen nahe, dass die Dunkle Energie etwa doppelt so viel Energie wie die gesamte sichtbare und unsichtbare Masse des Universums enthält. Sie gibt dem Schwung des Urknalls gleichsam neue Kraft – und zwar überall.

Rüdiger Vaas

Lob des Schöpfers

Lobe den Herrn, meine Seele! Herr, mein Gott, du bist sehr herrlich; du bist schön und prächtig geschmückt.

Licht ist dein Kleid, das du anhast. Du breitest den Himmel aus wie einen Teppich;
du baust deine Gemächer über den Wassern. Du fährst auf den Wolken wie auf einem Wagen und kommst daher auf den Fittichen des Windes,
der du machst Winde zu deinen Boten und Feuerflammen zu deinen Dienern;
der du das Erdreich gegründet hast auf festen Boden, dass es bleibt immer und ewiglich.

Mit Fluten decktest du es wie mit einem Kleide und die Wasser standen über den Bergen.

Aber vor deinem Schelten flohen sie, vor deinem Donner fuhren sie dahin.

Die Berge stiegen hoch empor, und die Täler senkten sich herunter zum Ort, den du ihnen gegründet hast.

Du hast eine Grenze gesetzt, darüber kommen sie nicht und dürfen nicht wieder das Erdreich bedecken.

Du lässest Wasser in den Tälern quellen, dass sie zwischen den Bergen dahinfließen,
dass alle Tiere des Feldes trinken und das Wild seinen Durst lösche.

Darüber sitzen die Vögel des Himmels und singen unter den Zweigen.

Du feuchtest die Berge von oben her, du machst das Land voll Früchte, die du schaffest.

Du lässest Gras wachsen für das Vieh und Saat zu Nutz den Menschen, dass du Brot aus der Erde hervorbringst,

dass der Wein erfreue des Menschen Herz und sein Antlitz schön werde vom Öl und das Brot des Menschen Herz stärke.

Herr, wie sind deine Werke so groß und viel! Du hast sie alle weise geordnet und die Erde ist voll deiner Güter.

Es warten alle auf dich, dass du ihnen Speise gebest zur rechten Zeit.

Verbirgst du dein Angesicht, so erschrecken sie; nimmst du weg ihren Odem, so vergehen sie und werden wieder Staub.

Du sendest aus deinen Odem, so werden sie geschaffen, und du machst neu die Gestalt der Erde.

Die Herrlichkeit des Herrn bleibe ewiglich, der Herr freue sich seiner Werke!

Lobe den Herrn, meine Seele! Halleluja!

Ps 104,1-15.24.27.29-31.35b

Die Versuchung

Da sprach die Frau zu der Schlange: Wir essen von den Früchten der Bäume im Garten; aber von den Früchten des Baumes mitten im Garten hat Gott gesagt: Esset nicht davon, rühret sie auch nicht an, dass ihr nicht sterbet! Da sprach die Schlange zur Frau: Ihr werdet keineswegs des Todes sterben, sondern Gott weiß: An dem Tage, da ihr davon esst, werden eure Augen aufgetan, und ihr werdet sein wie Gott und wissen, was gut und böse ist.
Und die Frau sah, dass von dem Baum gut zu essen wäre und dass er eine Lust für die Augen wäre und verlockend, weil er klug machte. Und sie nahm von der Frucht und aß und gab ihrem Mann, der bei ihr war, auch davon, und er aß. Da wurden ihnen beiden die Augen aufgetan, und sie wurden gewahr, dass sie nackt waren, und flochten Feigenblätter zusammen und machten sich Schurze.
Und sie hörten Gott den Herrn, wie er im Garten ging, als der Tag kühl geworden war. Und Adam versteckte sich mit seiner Frau vor dem Angesicht Gottes des Herrn unter den Bäumen im Garten. *Gen 3,1-8*

Die Bedeutung des Sündenfalls

Wäre die Entwicklung des Menschen unmittelbar nach seiner Erschaffung stehen geblieben, so wäre aus dem Menschen das glücklichste und geistreichste aller Tiere geworden. Aber aus der Vormundschaft des Naturtriebs wäre er niemals herausgetreten, frei und also moralisch wären seine Handlungen niemals geworden, über die Grenze des Tierseins wäre er niemals gestiegen. Der Fall des Menschen ist die größte Begebenheit der Menschengeschichte. Von diesem Augenblick her schreibt sich seine Freiheit. Im Fall wurde der Mensch aus einem unschuldigen Geschöpf ein schuldiges, aus einem vollkommenen Zögling der Natur ein unvollkommenes moralisches Wesen, aus einem glücklichen Instrument ein unglücklicher Künstler. *Friedrich Schiller*

H. Armstrong Roberts, 1997

Und Gott besah sich seinen Apfelbaum

Mit Wohlgefallen betrachtete Gott seinen alten Apfelbaum. Obschon der seit Jahren keine Früchte mehr trug, konnte er noch immer als Schmuckstück des Parks gelten. Schmunzelnd gedachte Gott des Pärchens, das er vor langer Zeit dieses Parks verwiesen hatte – von ihm in einer Laune und aus Langeweile gefertigte Geschöpfe, die sich als frech, listig und vorwitzig erwiesen hatten. Auch nach ihrer Austreibung hatte es immer wieder Ärger mit ihnen gegeben. Seither hatte Gott von der Welt genug, übergenug. Er ließ den Dingen ihren Lauf – und die Menschen auf der Erde, so hatte es den Anschein, ließen Gott einen guten Mann sein und kümmerten sich so wenig um ihn wie er sich noch um sie. Damit hätte es eigentlich sein Bewenden haben können, zumal Gott sich seines Gartens und des Getiers ringsum erfreute und – wie erwähnt – immer wieder mit Wohlgefallen seinen alten Apfelbaum besah.

So auch jetzt, da ihn ein plötzliches Geräusch seinem stillen Glück der Betrachtung entriss. Den Kopf wendend, erblickte er einen Menschen. Wieso hatten die Seraphim den hereingelassen? Wut stieg in ihm auf, doch entschied er sich, gütig sein zu wollen, und so richtete er sein mildes Auge auf den Erdling.

„Sie wünschen?“ Der Eindringling räusperte sich. „Hm, ähm – entschuldigen Sie, dass ich so hereinplatze. Spreche ich mit dem Herrn Gott?“ „In der Tat – höchstselbst.“

Der Besucher reichte Gott ein Kärtchen. „Dr. Hans P. Adam“ stand darauf, und noch einiges andere (zum Beispiel „Bauträgergesellschaft“), was Gott sonderbar anmutete.

„Nun, Sie erscheinen hier etwas – äh – unvermutet. Aber ihr Name kommt mir bekannt vor. Sagen Sie, hat nicht...“

„Ach so, ja, ich weiß genau, was Sie meinen. Ja, ein entfernter Verwandter von mir hat einmal hier gewohnt ... ist aber schon ewige Zeiten her. Irgendwie gab es Ärger wegen des Apfelbaumes.“

„Schon gut, schon gut“, hörte Gott sich selber sagen und ärgerte sich fast ein wenig wegen dieses beschwichtigenden Tonfalls. „Es ist in der Tat schon lange her. Und wegen des Apfelbaumes werden Sie ja gewiss nicht hier bei mir vorsprechen wollen.“

Abbildung auf einem T-Shirt

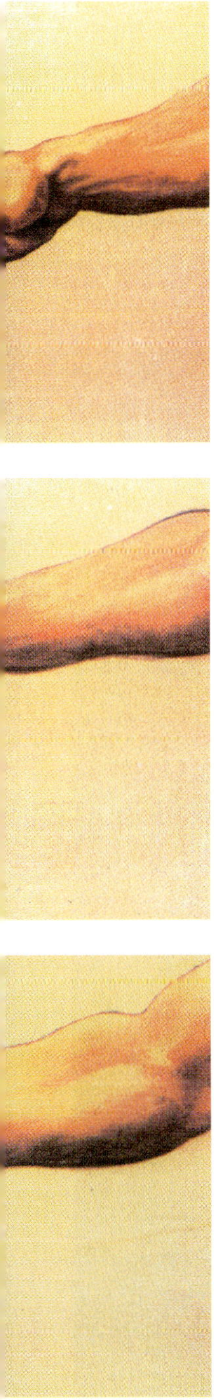

„Nein, in der Tat nicht, mein Herr. Mit solchen Kleinigkeiten geben wir uns nicht ab. Wir kommen wegen des Grundstückes."

„Wie bitte?"

„Nun, ich sagte es doch, wegen des Grundstückes. Eine solche Parkanlage, das ist ja wirklich eines der letzten, nein, *das* letzte Paradies auf Erden. Deshalb werden Sie verstehen ... Also ohne Umschweife: Wir wollen hier eine große Ferien-Erlebniswelt aufziehen. Eine gigantische Anlage, differenziertes Angebot, von Badegrotten bis zum Meditationsgarten. Also für alle Geschmäcker etwas. Sie können die Pläne natürlich einsehen, wenn Sie wollen. Romantik-Club Eden wollen wir es nennen. Dass Sie an dem alten Apfelbaum hängen, wissen wir natürlich, und ich darf Ihnen versichern, das ist das geringste Problem. Wir erhalten ihn und bauen eine Sonnenterrasse ringsherum. Eine Gartenwirtschaft ‚Zum Baum der Erkenntnis' kommt daneben und unsere Animateure können diese putzige alte Geschichte ja gerne aufgreifen und ..."

„Raus!", sagte Gott, „raus hier!"

„Na, hören Sie mal! Sie sollten sich das alles wirklich durch den Kopf gehen lassen. Natürlich kann ich verstehen, dass Sie nicht von heute auf morgen, ... aber immerhin, ich ..."

„Raus!"

Und Gott rief den Engel mit dem Flammenschwert.

„Hören Sie, das können Sie nicht mit uns machen! Es war ein faires Angebot! Sie mögen darüber lachen, aber die Konditionen werden gewiss nicht besser! Sie werden noch an mich denken!" („Da hat er Recht", dachte sich Gott.) „Nicht einmal Sie können dem Zug der Zeiten trotzen! Erlebnistourismus ist *die* Wachstumsbranche. Und wenn Sie meinen, hier in aller Beschaulichkeit..."

Das Gezeter verklang in der Ferne. Gott besah sich seinen Apfelbaum – allerdings recht missvergnügt. „Baum der Erkenntnis", murmelte er bei sich. „Da gibt es nichts mehr zu verhindern. Die wollen nicht nur allmächtig sein, die sind mir über."

Und Gott dachte an die Planierraupen und Bagger, die wohl bald das Gelände hier umpflügen würden, und er erkannte, dass er einen Fehler gemacht hatte. Aber das war lange her.

Till Bastian

Das Massensterben der Neuzeit unterscheidet sich gravierend von allen vorangegangenen Katastrophen. Zum ersten Mal in der Geschichte unseres Planeten hat eine einzelne Spezies, der Mensch, das Potenzial entwickelt, den größten Teil der übrigen Arten in kurzer Zeit zu vernichten. Was macht uns so gefährlich? „Hierzulande gehen fast drei Viertel des Artenschwunds auf das Konto der Landwirtschaft", sagt Josef Reichholf (Leiter der ornithologischen Abteilung an der Zoologischen Staatssammlung München). Tatsächlich haben massiv eingesetzte Pestizide viele See- und Greifvögel, die Endverbraucher an der Spitze der Nahrungs- und Giftkette, beinahe ausgerottet. Monokulturen mit Mais, Raps, Weizen oder Fichten besetzen großflächig unsere Landschaften und lassen für Artenvielfalt wenig Platz. Hubert Markl, Biologe und Präsident der Max-Planck-Gesellschaft, sieht das anders. „Verantwortlich sind nicht primär die Land- und Forstwirte, sondern ebenso die Verbraucher, die bereit sein müssen, unvermeidliche Mehrkosten ökologisch verantwortlichen Wirtschaftens zu bezahlen" – es aber offenbar nicht sind.

Claus Peter Simon

Die Selbstverständlichkeit des Grauens

Der Verbrennungsmotor wurde 1886 von Otto erfunden. Nehmen wir an, Bismarck, der damals regierte, wäre auf die möglichen Konsequenzen dieser Bastelei aufmerksam geworden und hätte eine unabhängige Kommission eingesetzt, welcher es gelungen wäre, die uns heute bekannten Folgen zu extrapolieren. Und Bismarck wäre seinerseits mit dem Dossier vor den deutschen Kaiser hingetreten: Majestät, wir stehen vor einer kolossalen Entscheidung, da hat dieser schwäbische Bricoleur dies und das erfunden, einen Motor, der die unglaubliche Beschleunigung der Equipagen ermöglicht. Die Konsequenzen wären folgende: einerseits eine unerhörte Mobilität der gesamten Bevölkerung, Reisemöglichkeiten für die Massen, Vervielfältigung der Transportkapazität für alle möglichen Güter, kein Pferdekot mehr auf den Boulevards und so fort. Andererseits: Vergiftung der Natur durch Stickoxide, Blei und Asbest; Atomisierung der städtischen und ländlichen Siedlungsräume; Belastung der Meere, Zerstörung unserer Kulturdenkmäler – und, nicht zu vergessen, jährlicher Totschlag in Höhe der Verluste des Krieges von 1870/71. Welche Entscheidung darf ich Euer Majestät vorschlagen?

Ich meine, es besteht nicht der geringste Zweifel, wie sie ausgefallen wäre. Die Autokultur ist über uns gekommen als einer der wesentlichsten Aspekte der Apokalypse – die Hälfte der Weltverschmutzung geht heute auf ihre Rechnung. Doch das Wundersam-Grauenhafte daran ist wiederum nicht der materielle Tatbestand oder doch nicht in erster Linie. Es ist vielmehr die Selbstverständlichkeit, mit der dieses Grauen akzeptiert und kompensiert wird. Das Automobil füllt heute riesige, von der allgemeinen Ratlosigkeit gerissene Hohlräume der kollektiven und der individuellen Existenz; ganze Volkswirtschaften sind auf es gekreuzigt; selbst der leiseste Schatten, die dürftigste Bedrohung der Auto-Konjunktur führen zu sofortiger und selbstverständlicher Erpressung von Regierung und Parlament; der Führerschein hat als Sakrament längst Firmung und Konfirmation ersetzt.

Carl Amery

Am Anfang steht die Wahl

Jede vorgeburtliche (pränatale) Diagnostik zwingt zur Unterscheidung zwischen lebenswert und lebensunwert. Hat der Humangenetiker eine Abweichung im Erbgut festgestellt, müssen sich die Eltern entscheiden, ob sie ihr Kind mit dieser Behinderung wollen. Aber gibt es eine freie Entscheidung? Die heutige gesellschaftliche Situation der Behinderten wird die Entscheidung der Eltern maßgeblich beeinflussen. Entscheidend wird ebenfalls der gesellschaftliche Druck sein, dem sie ausgesetzt sind, wenn sie ein behindertes Kind wissentlich austragen. So schleicht sich ins Bewusstsein: Behinderte müssen nicht sein. Behinderte können aussortiert, selektiert werden. Wir brauchen nicht zu lernen, mit Behinderten zu leben. Wir müssen sie nicht integrieren, wir müssen sie nicht teilhaben lassen, wir müssen sie nicht begleiten, wenn sie leiden. Die Medien haben ihren Zweck erfüllt. Viele Menschen sind beeinflusst. Sie denken, es sei besser, wenn Behinderte nicht geboren werden. So tragen sie dazu bei, dass die Menschenzüchtung schon beginnen konnte.

Ellen Mangold

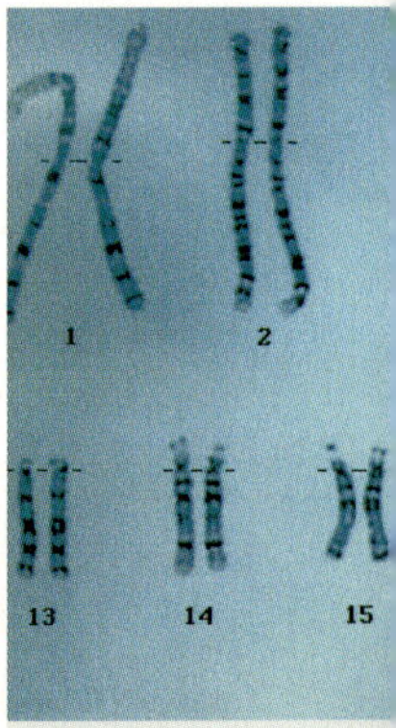

Der Traum vom Paradies

Ergriffenheit machte sich breit, als am Montag im Beisein des amerikanischen Präsidenten die historische Tat verkündet wurde: Das menschliche Erbgut ist entschlüsselt. Dies werde die Menschheit verändern wie die Erfindung des Buchdrucks, prophezeite Nobelpreisträger James Watson, der das Genom-Projekt vor gut zehn Jahren begründet hat. Zwar wird es wohl noch Jahrzehnte dauern, bis die Funktion aller Gene im Detail bekannt ist. Doch der Weg zum Menschen nach eigenem Plan ist beschritten. Auch wenn wissenschaftlich noch gewaltige, manchmal sogar unüberwindlich scheinende Probleme zu lösen sind und Experten sich in ethischen Kommissionen noch jahrelang die Köpfe heiß reden werden – das Ziel wird immer deutlicher: eine Zukunft, in der die Menschen gesund und intelligent geboren werden und erst nach 150 oder 200 Jahren ein erfülltes und rundum glückliches Leben schmerzfrei beenden. Der Traum vom Paradies – womöglich hat auch er seinen Ursprung irgendwo im Inneren unsers genetischen Erbes.

Frank Ochmann

www.rodenstock.de

Zur neuen Schöpferrolle des Menschen

Unsere so völlig enttabuisierte Welt muss angesichts ihrer neuen Machtarten freiwillig neue Tabus aufrichten. Wir müssen wissen, dass wir uns weit vorgewagt haben, und wieder wissen lernen, dass es ein Zuweit gibt. Das Zuweit beginnt bei der Integrität des Menschenbildes, das für uns unantastbar sein sollte. Nur als Stümper können wir uns daran versuchen und selbst Meister dürften wir dort nicht sein. Wir müssen wieder Furcht und Zittern lernen und, selbst ohne Gott, die Scheu vor dem Heiligen. Diesseits der Grenze, die es setzt, bleiben Aufgaben genug.
Der menschliche Zustand ruft dauernd nach Verbesserung. Versuchen wir zu helfen. Versuchen wir zu verhüten, zu lindern und zu heilen. Aber versuchen wir nicht, an der Wurzel unseres Daseins, am Ursitz seines Geheimnisses, Schöpfer zu sein.

Hans Jonas

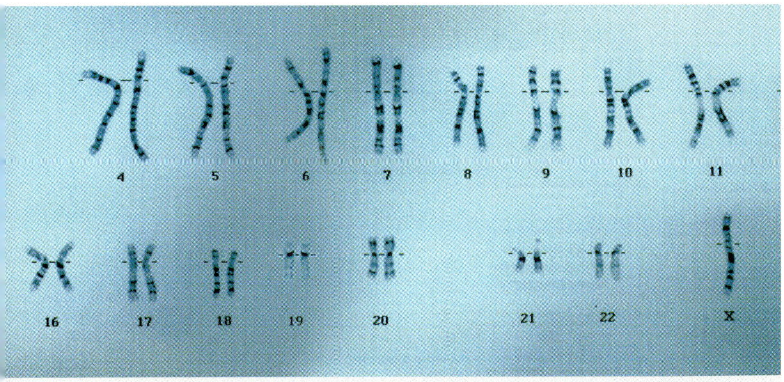

Wie Ihr neues Gleitsichtglas aussehen muss, ist Ihnen bereits in die Wiege gelegt.

Gründe

„Weil das alles nichts hilft
Sie tun ja doch was sie wollen
Weil ich mir nicht nochmals
die Finger verbrennen will
Weil man nur lachen wird:
Auf dich haben sie gewartet
Und warum immer ich?
Keiner wird es mir danken
Weil da niemand mehr durchsieht
sondern höchstens noch mehr kaputtgeht
Weil jedes Schlechte
vielleicht auch sein Gutes hat
Weil es Sache des Standpunktes ist
und überhaupt wem soll man glauben?
Weil auch bei den andern nur
mit Wasser gekocht wird
Weil ich das lieber
Berufeneren überlasse
Weil man nie weiß
wie einem das schaden kann
Weil sich die Mühe nicht lohnt
weil sie alle das gar nicht wert sind“

Das sind die Todesursachen
zu schreiben auf unsere Gräber
Die nicht mehr gegraben werden
wenn das die Ursachen sind

Erich Fried

Und trotzdem …

Wenn ich wüsste,
dass morgen die Welt unterginge,
würde ich heute ein
Apfelbäumchen pflanzen.

Martin Luther zugeschrieben

Umweltschützer – aktiv

Informiere dich aus dem Internet oder anderen Quellen über Umweltschutzorganisationen, ihre Ziele und Aktionen. Besorge dir Informationsmaterial der verschiedenen Gruppen. Stellt euch die Organisationen gegenseitig vor!

Thema: Landwirtschaft

Ladet einen Landwirt ein, der ökologischen Anbau, und einen, der „klassische Landwirtschaft" betreibt. Besucht vorher beide Höfe und informiert euch über Rahmenbedingungen moderner Landwirtschaft! (Steigerung: Podiumsdiskussion zum Thema „Chancen und Probleme ökologischer Landwirtschaft")

„Wohin mit dem Müll?"

Fahrt zu eurer lokalen Mülldeponie und seht sie euch an. Gestaltet im Klassenzimmer eine Wandzeitung über den „Tag auf der Deponie" (Berichte, Informationen, Bilder, Kommentare, Anzeigen)!

Ausflug in die Wissenschaft

- Besucht ein Planetarium und informiert euch über die wissenschaftlichen Erkenntnisse zur Entstehung des Weltalls!
- Nehmt Kontakt auf mit Geophysikern oder Evolutionsbiologen an der Universität in eurer Nähe. Diskutiert mit Ihnen über „Schöpfung"!

Schöpfung – musikalisch

Stellt eine Musiksammlung aus U- und E-Musik zum Thema Schöpfung zusammen (z.B. das Oratorium „Die Schöpfung" von Joseph Haydn)! Vielleicht fragt ihr dazu auch eure/n Musiklehrer/in oder den/die Kantor/in der nächsten Kirchengemeinde!

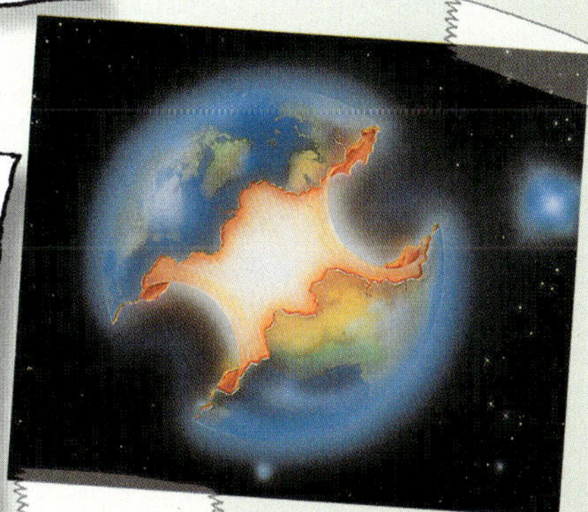

Der Mensch hat seit Urzeiten seinen Lebensraum gestaltet. Dabei hat er auch früher schon Bestehendes verändert und zerstört. Nie aber war die Existenz ganzer Tier- und Pflanzenarten so gefährdet, wie es seit etwa 50 Jahren zunehmend der Fall ist. Durch seinen Lebensstil verschmutzt der Mensch seine Umwelt nicht nur, sondern er zerstört mehr und mehr lebenswichtige Grundlagen seines Daseins.

In dieser Situation erscheint es notwendiger denn je, dass wir unsere Existenz nicht als ein Zufallsereignis im All verstehen, sondern den Wert der Schöpfung erkennen und uns unserer besonderen Rolle und Verantwortung auf der Erde bewusst werden. In vielen Mythen früher Völker wird die herausgehobene Stellung des Menschen beschrieben. Auch die Schöpfungserzählungen im Alten Testament machen deutlich, dass die Erde etwas Geschaffenes ist und dem Menschen von Gott überantwortet wurde. Auch wenn die Schöpfungserzählungen keinen Anspruch auf naturwissenschaftliche Richtigkeit erheben, so beinhalten sie doch eine Wahrheit, deren Aktualität bemerkenswert ist: Die Menschen sind als *Bild Gottes* geschaffen oder – wie es im Koran heißt – als seine „Statthalter" und sollen dementsprechend in seinem Sinne die Erde verwalten und gestalten. Das Alte Testament kennt aber auch bereits die drohende Gefahr, die vom Menschen ausgeht, wenn er wie Gott werden will. Der Genuss vom Baum der Erkenntnis wird ihm deshalb verwehrt. Doch den Menschen drängt es nach Wissen. Er vermag Gut und Böse zu unterscheiden und ist daher in der Lage, sich frei für das eine oder das andere zu entscheiden. War die biblische Warnung vor dem Baum der Erkenntnis berechtigt? Viele unserer Verhaltensweisen und Entscheidungen lassen bezweifeln, ob wir mit unserer Freiheit umzugehen wissen. Wir zerstören Naturflächen, um sie zu unserem Nutzen zu bebauen, wir gehen mit den Rohstoffen der Welt verschwenderisch um und lassen uns in unserem Lebensstil nicht beirren, obwohl uns die vielfältigen Belastungen und Gefahren für die Umwelt bekannt sind.

Während das Leben auf der Erde einerseits zunehmend bedroht ist, entwickelt der Mensch andererseits Verfahren, neues Leben zu gestalten. Die Entschlüsselung des menschlichen Erbguts kann ein erster Schritt auf dem Weg zur Behandlung von schweren Krankheiten sein, und vielleicht wird es irgendwann möglich werden, Nachkommen gewünschte Eigenschaften genetisch einzupflanzen. Dann ist der Mensch wirklich wie Gott geworden.

Angesichts dieser Entwicklungen ist es wichtig, Respekt und Ehrfurcht vor der Schöpfung zu empfinden und zu erkennen, dass persönliches Engagement für die Schöpfung von großer Bedeutung ist.

Glaube und Naturwissenschaft

Weltbilder …

… und kreist die Erde
das große Versprechen
phantastisch und schön
als Gottesgestirn noch
immer im All

Kurt Marti

Ich habe niemals die Existenz Gottes verneint.
Ich glaube, dass die Entwicklungstheorie
absolut versöhnlich ist mit dem Glauben an Gott.
Die Unmöglichkeit des Beweisens und Begreifens,
dass das großartige, über alle Maßen herrliche
Weltall ebenso wie der Mensch zufällig geworden ist,
scheint mir das Hauptargument für die Existenz
Gottes. *Charles Darwin*

Mit den Gesetzen der Schöpfung befasst
sich die Naturwissenschaft.
Mit den Absichten des Schöpfers die Religion.
Für mich sind Wissenschaft und Religion
gleichsam zwei Fenster eines Hauses,
durch die wir auf die Wirklichkeit des Schöpfers
und seine in der Schöpfung
manifestierten Gesetze hinausblicken.

Wernher von Braun

Nehmen wir einmal an, wir würden das „allumfassende" Gesetz der Natur finden, nach dem wir suchen, sodass wir schließlich voller Stolz versichern könnten: So und nicht anders ist die Welt aufgebaut – sofort entstünde eine andere Frage: Was steht hinter diesem Gesetz, warum ist die gerade so aufgebaut? Dieses Warum führt uns über die Grenzen der Naturwissenschaft in den Bereich der Religion. *Hannes Alfvén*

Wandel der Weltbilder

Das Weltbild Babylons (um 2000 v. Chr.)

In Babylon stellte man sich die Erde als flache Scheibe vor, die auf Säulen im Weltmeer steht und vom Himmel überwölbt ist. Diese Vorstellung findet sich auch in den biblischen Schriften, besonders in den Texten über die Schöpfung.

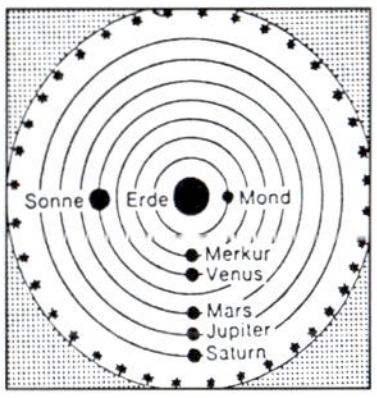

Das ptolemäische Weltbild (um 140 n. Chr.)

Ptolemäus (70–147 n.Chr.), der berühmteste Astronom des Altertums, stellte in den Mittelpunkt seines Weltsystems die Erdkugel, um die der Mond, die Sonne und die Planeten kreisen. Dieses *geozentrische Weltbild* (griech.: ge = Erde) wurde vom Mittelalter übernommen und mit der Philosophie des Aristoteles verbunden. Das gläubige Denken dieser Zeit sah den Menschen und die von ihm bewohnte Erde als selbstverständlichen Mittelpunkt der Schöpfung an.

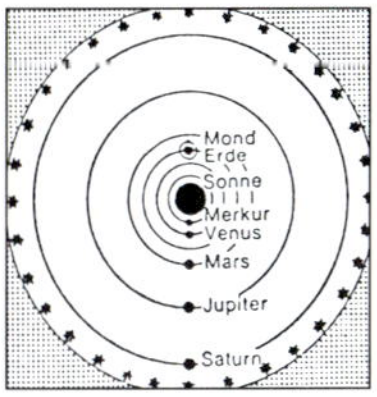

Das kopernikanische Weltbild (um 1600 n. Chr.)

1513 entdeckte der Domherr Nikolaus Kopernikus, dass nicht die Erde, sondern die Sonne im Mittelpunkt des Weltalls steht. Diese Auffassung wurde durch die Entdeckung der Planetenbewegungen durch Johannes Kepler (1571–1630) und durch Beobachtungen von Galilei (1564–1642) und Newton (1643–1727) bestätigt. Dieses *heliozentrische Weltbild* (griech.: helios = Sonne) wurde zunächst heftig angefochten, da es mit der zentralen Stellung, die der christliche Glaube der Erde und dem Menschen zuwies, nicht vereinbar zu sein schien.

Das heutige Weltbild

Nach unserem heutigen Weltbild ist die Erde einer von mehreren Planeten, die sich in elliptischen Bahnen um die Sonne bewegen. Die Sonne ihrerseits bildet zusammen mit etwa 100 Mrd. anderen Sonnen unser *Milchstraßensystem*. Dieses hat einen Durchmesser von 100 000 Lichtjahren. Außer unserer Milchstraße gibt es viele Milliarden anderer Welteninseln, die als Galaxien bezeichnet werden.

Lucas Cranach, 1534

Bekenntnis der Creation Research Society

1. Die Bibel ist das geschriebene Wort Gottes, und da wir glauben, dass sie durch und durch göttlich inspiriert ist, sind alle ihre Behauptungen in ihren ursprünglichen Manuskripten historisch und wissenschaftlich wahr.
2. Alle Grundtypen lebendiger Wesen, den Menschen eingeschlossen, wurden geschaffen durch direkte, kreative Handlungen Gottes während der Schöpfungswoche, wie im Buch Genesis beschrieben. Welche biologischen Veränderungen seit der Schöpfung auch immer aufgetreten sein mögen, sie haben lediglich zu Veränderungen innerhalb der ursprünglich geschaffenen Arten geführt.
3. Die große Flut, die im Buch Genesis beschrieben wird und im Allgemeinen als Noahs Sintflut bekannt ist, war ein historisches Ereignis von weltweiten Ausmaßen und Auswirkungen.
4. Wir sind eine Organisation christlicher Wissenschaftler, die Jesus Christus als unseren Herren und Retter anerkennen. Der Bericht von der besonderen Erschaffung von Adam und Eva als einem Mann und einer Frau und ihr anschließender Sündenfall ist die Grundlage für unseren Glauben an die Notwendigkeit eines Retters der ganzen Menschheit.

Grundzüge der Evolutionstheorie

Dieses Konzept einer aufeinander folgenden und allmählichen Entwicklung der Pflanzen- und Tierarten lässt sich auf drei Theorien reduzieren: 1. Vervielfältigung der Arten, 2. allmähliche, graduelle Evolution, 3. natürliche Selektion.

Neueste Erkenntnisse der Genetik, der Populationsbiologie und der Ökologie haben zu folgendem, erweiterten Erklärungskonzept geführt:

1. *Mutationen* ergeben die genetischen Varianten und schaffen so neues Ausgangsmaterial.
2. Über die Umweltbedingungen wird eine *Selektion* getroffen, indem einige nicht überleben und andere sich stärker fortpflanzen.
3. Bei der reproduktiven Trennung bilden sich zwischen Populationen *Isolationsmechanismen.*
4. In extrem kleinen Populationen entscheidet der *Zufall* bzw. die *Gendrift*, ob eine seltene Zustandsform eines Gens in der nächsten Generation fehlt oder doppelt so häufig auftritt.
5. Das *Einnischen* bzw. *Annidation* von mutierten Populationen in nicht genutzte Umweltbereiche kann zur Artbildung führen.

Naturwissenschaft und Modellbildung

Wir leben, so stellen wir fest, in einer befremdlichen Welt. Wir möchten verstehen, was wir um uns her wahrnehmen, und fragen: Wie ist das Universum beschaffen? Welchen Platz nehmen wir in ihm ein, woher kommt es und woher kommen wir? Warum ist es so und nicht anders?

Indem wir versuchen, diese Fragen zu beantworten, machen wir uns ein „Weltbild" zu eigen. Nicht anders als der unendliche Schildkrötenturm, auf dem die flache Erde ruht, ist auch die Superstringtheorie ein solches Weltbild. Wenn diese auch sehr viel mathematischer und genauer ist als der Schildkrötenturm, so sind sie doch beide nur Theorien des Universums. Beide sind sie durch Beobachtung nicht zu belegen: Niemand hat je die Riesenschildkröte mit der Erde auf ihrem Rücken entdeckt, aber ein Superstring ist bislang auch noch nicht gesichtet worden. Doch kann die Schildkrötentheorie nicht als gute wissenschaftliche Theorie gelten, weil aus ihr folgt, dass die Menschen vom Rand der Welt hinunterfallen müssen. Dies deckt sich nicht mit unserer Erfahrung, es sei denn, es erwiese sich als die Erklärung für das angebliche Verschwinden der Menschen im Bermuda-Dreieck.

Die ersten theoretischen Versuche, das Universum zu beschreiben und zu erklären, beriefen sich auf Götter und Geister, die die Ereignisse und Naturerscheinungen lenkten und auf sehr menschliche, unberechenbare Weise handelten.

Mit fortschreitender Entwicklung der menschlichen Kultur wurden immer mehr Regelmäßigkeiten und Gesetze entdeckt – vor allem in den letzten dreihundert Jahren.

Bislang waren die meisten Wissenschaftler zu sehr mit der Entwicklung neuer Theorien beschäftigt, in denen sie zu beschreiben versuchten, *was* das Universum ist, um die Frage nach dem *Warum* zu stellen. Andererseits waren die Leute, deren Aufgabe es ist, nach dem *Warum* zu fragen – die Philosophen –, nicht in der Lage, mit der Entwicklung naturwissenschaftlicher Theorien Schritt zu halten.

Wenn wir jedoch eine vollständige Theorie entdecken, dürfte sie nach einer gewissen Zeit in ihren Grundzügen für jedermann verständlich sein, nicht nur für eine Handvoll Spezialisten. Dann werden wir uns alle – Philosophen, Naturwissenschaftler und Laien – mit der Frage auseinander setzen können, warum es uns und das Universum gibt. Wenn wir die Antwort auf diese Frage fänden, wäre das der endgültige Triumph der menschlichen Vernunft – denn dann würden wir Gottes Plan kennen.

Stephen Hawking

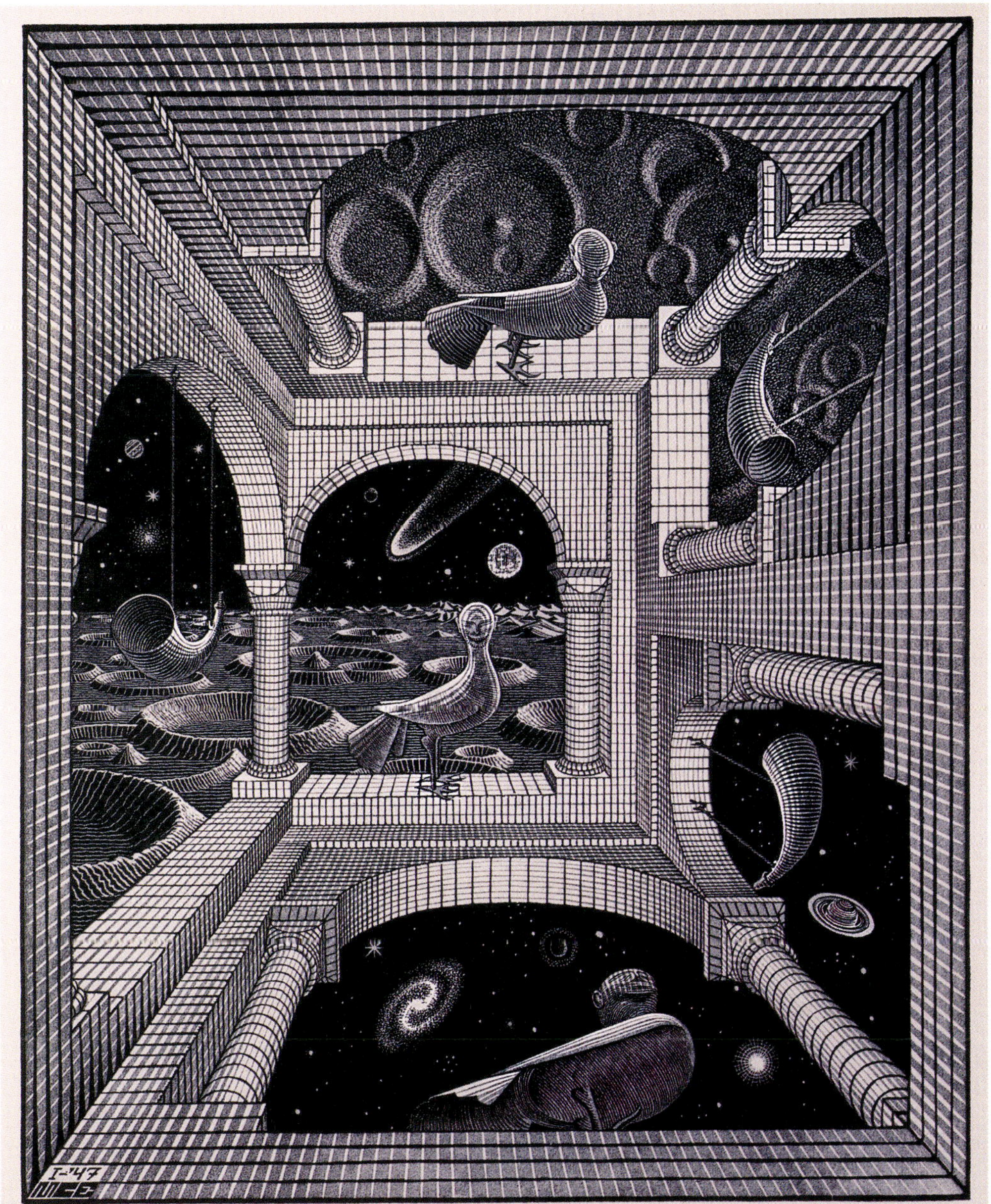

M. C. Escher, 1947

Der Turmbau zu Babel

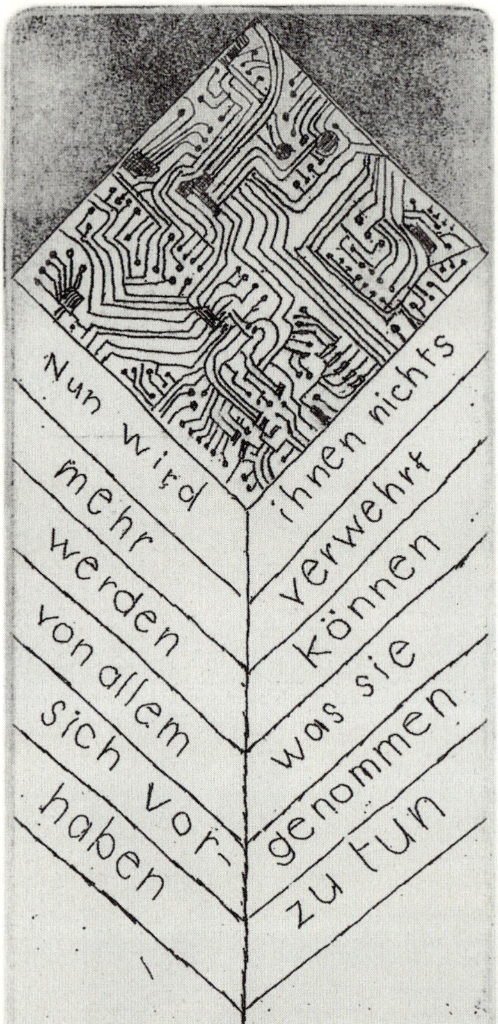

Thomas Zacharias, 1994

Es hatte aber alle Welt einerlei Zunge und Sprache. Als sie nun nach Osten zogen, fanden sie eine Ebene im Lande Schinar und wohnten daselbst. Und sie sprachen untereinander: Wohlauf, lasst uns Ziegel streichen und brennen! – und nahmen Ziegel als Stein und Erdharz als Mörtel und sprachen: Wohlauf, lasst uns eine Stadt und einen Turm bauen, dessen Spitze bis an den Himmel reiche, damit wir uns einen Namen machen; denn wir werden sonst zerstreut in alle Länder. Da fuhr der Herr hernieder, dass er sähe die Stadt und den Turm, die die Menschenkinder bauten. Und der Herr sprach: Siehe, es ist einerlei Volk und einerlei Sprache unter ihnen allen und dies ist der Anfang ihres Tuns; nun wird ihnen nichts mehr verwehrt werden können von allem, was sie sich vorgenommen haben zu tun. Wohlauf, lasst uns hernieder fahren und dort ihre Sprache verwirren, dass keiner des andern Sprache verstehe! So zerstreute sie der Herr von dort in alle Länder, dass sie aufhören mussten, die Stadt zu bauen. Daher heißt ihr Name Babel, weil der Herr daselbst verwirrt hat aller Länder Sprache und sie von dort zerstreut hat in alle Länder.

Gen 11,1-9

Bernhard Heisig, 1977

Hiroshima, 6. August 1945, 8.15 Uhr

Unter einem wolkenlosen Himmel zündete am 6. August 1945 über Hiroshima die erste Atombombe. Einen Monat später war ich als junger Arzt und Mitglied eines amerikanisch-japanischen Gesundheitsteams zur medizinischen Untersuchung der ersten Atombombenopfer in der Stadt.
Was ich dort sah, war wie ein schreckliches Wunder. Aus einer seltsamen, flachen Wüste ragten einige verkohlte Bäume und halb zerstörte Betonwände empor. Nur das Straßennetz und einige Flussbrücken zeugten davon, dass es hier einmal eine Stadt gegeben hatte. Hiroshima war ganz einfach verschwunden. Es fehlten alle Anzeichen des Lebens: Kein Grün, kein Gras, keine Blätter. Hier und da begegneten mir Männer mit entstellenden Gesichtsnarben. Manche Frauen hatten den Kopf mit Tüchern verhüllt, weil ihr Haar ausgefallen war.
Die Bombe hatte hunderttausend Menschen sofort getötet. Viele Überlebende hatten in den umliegenden Dörfern Zuflucht gefunden, wo ich als Facharzt für Blutkrankheiten die durch radioaktive Strahlung entstandenen Krankheiten behandelte. Scheinbar gesunde Menschen, die schon an ihre Rettung geglaubt hatten, bekamen nach einem Monat Blutungen und Fieber; die meisten von ihnen starben bald darauf. Später häuften sich die Missbildungen bei den Neugeborenen, die im Bauch der Mutter den Strahlungen ausgesetzt waren. Jahrelang war der Prozentsatz von Leukämie und anderen Krebserkrankungen in Hiroshima und Nagasaki, wo am 9. August 1945 die zweite Atombombe explodierte, höher als in der übrigen japanischen Bevölkerung. Hinzu kam die soziale Diskriminierung: Wegen des Verdachts auf Sterilität und Missgeburten konnten viele Opfer der Bombe später nicht heiraten; bei Arbeitgebern galten sie als krankheitsanfällig und fanden deshalb keine Anstellung.

Die Bombe hatte nicht nur eine Stadt und zahlreiche Menschenleben vernichtet, sondern über viele Menschen ein unbekanntes, lang dauerndes Leiden gebracht. Historisch betrachtet, war die Bombe natürlich ein Kriegsakt in der letzten Phase des Pazifikkrieges, den Japan begonnen hatte. So wie es notwendig war, die Deutschen von der Nazimacht zu befreien, musste Japan vom Joch seiner antidemokratischen Diktatoren befreit werden. Allerdings: Den Angriffen auf Hiroshima und Nagasaki fiel vor allem die Zivilbevölkerung zum Opfer. Dieses nicht als Fehler – und als Schuld – anzuerkennen, fügt der moralischen Integrität der amerikanischen Regierung bis heute großen Schaden zu.
Hiroshima und Nagasaki bestimmten auch das Nachkriegsgeschehen, indem sie den Kalten Krieg von Beginn an in einen atomaren Rüstungswettlauf verwandelten. Die Atombomben auf Japan lieferten den Beweis für die Anwendbarkeit der Atomwaffen, was in der Konsequenz die ganze Menschheit in ihrer weiteren Existenz bedroht. Erst mit Ende des Kalten Krieges bietet sich der Welt vielleicht die große Gelegenheit, diese Bedrohung zu überwinden. *Die Zeit*

Gespräch zweier Physiker

v. Weizsäcker: Man kann ja verstehen, dass Otto Hahn darüber verzweifelt ist, dass seine größte wissenschaftliche Entdeckung jetzt mit dem Makel dieser unvorstellbaren Katastrophe behaftet ist. Aber hat er Grund, sich in irgendeiner Weise schuldig zu fühlen? Sind wir alle an diesem Unglück mit schuld und worin besteht diese Schuld?

Heisenberg: Ich glaube nicht. Otto Hahn und wir alle haben an der Entwicklung der modernen Naturwissenschaft teilgenommen. Wir wissen aus Erfahrung, dass dieser Prozess zum Guten und zum Schlechten führen kann. Aber wir waren überzeugt, dass mit wachsender Kenntnis das Gute überwiegen werde und dass man die möglichen schlechten Folgen in der Gewalt behalten könne. An die Möglichkeit von Atombomben hat vor der Hahn'schen Entdeckung weder Hahn noch irgendein anderer von uns ernstlich denken können, da die damalige Physik keinen Weg dahin sichtbar machte. An diesem Lebensprozess der Entwicklung der Wissenschaft teilzunehmen, kann nicht als Schuld angesehen werden.

v. Weizsäcker: Die Aufgabe muss daher darin bestehen, diesen Entwicklungsprozess zum Guten zu lenken, die Erweiterung des Wissens nur zum Wohl der Menschen auszunutzen, nicht aber diese Entwicklung selbst zu verhindern. Die Frage lautet also: Was kann der Einzelne dafür tun? Welche Verpflichtung entsteht hier für den, der in der Forschung tätig mitwirkt? Man wird hier wohl einen grundsätzlichen Unterschied machen müssen zwischen dem Entdecker und dem Erfinder. Der Entdecker kann in der Regel vor der Entdeckung nichts über die Anwendungsmöglichkeiten wissen, und nachher kann der Weg bis zur praktischen Ausnutzung noch so weit sein, dass Voraussagen unmöglich sind. Der Erfinder – und so will ich das Wort verwenden – hat ja ein bestimmtes praktisches Ziel vor Augen. Er muss überzeugt sein, dass die Erreichung dieses Ziels einen Wert darstellt, und man wird ihn mit Recht mit der Verantwortung dafür belasten. An den Einzelnen wird man also nur die Forderung stellen können, dass er sein Ziel im großen Zusammenhang sehen müsse; dass er nicht um des Interesses irgendeiner kleinen Gruppe willen andere, viel weitere Gemeinschaften unbedacht in Gefahr bringt. Was verlangt wird, ist also im Grunde nur die sorgfältige und gewissenhafte Berücksichtigung des großen Zusammenhangs, in dem sich der technisch-wissenschaftliche Fortschritt vollzieht. Dieser Zusammenhang muss auch dort beachtet werden, wo er dem eigenen Interesse nicht unmittelbar entgegenkommt.

Heisenberg: Wenn du in dieser Weise zwischen Entdecker und Erfinder unterscheidest, wohin stellst du dann dieses neueste und schrecklichste Ergebnis des technischen Fortschritts, die Atombombe?

Die Entscheidung liegt bei uns...

Wenn man ein so großes Problem wie die weltweite Umweltzerstörung betrachtet, fühlt man sich leicht überfordert und völlig außerstande, irgendeine Veränderung zu bewirken. Aber einer solchen Reaktion müssen wir widerstehen, denn diese Krise ist nur zu lösen, wenn der Einzelne Verantwortung übernimmt. Wenn wir uns selbst und andere aufklären, wenn wir unseren Teil dazu beitragen, Ausbeutung und Verschwendung von Ressourcen so gering wie möglich zu halten, wenn wir politisch aktiver werden und auf Veränderungen drängen – dann kann jeder von uns auf diesen und vielen anderen Wegen etwas bewirken. Am wichtigsten ist vielleicht, dass jeder von uns sein eigenes Verhältnis zur natürlichen Umwelt bestimmt und auf der Ebene tiefster persönlicher Ehrlichkeit seine Verbindung zu ihr erneuert. Und das können wir nur, wenn wir das erneuern, was in allen Teilen unseres Lebens authentisch und echt ist.

Das 20. Jahrhundert war für das ständige Streben des Menschen nach Lebenssinn keine gute Zeit. Zwei Weltkriege, der Holocaust, die Erfindung der Atomwaffe und jetzt die globale Umweltkrise haben für viele von uns die Frage aufgeworfen, ob Überleben überhaupt noch möglich ist – ganz zu schweigen von einem leichten, erfreulichen und hoffnungsvollen Leben. Wir ziehen uns auf die verführerischen Hilfsmittel und Technologien der industriellen Zivilisation zurück, aber das schafft nur neue Probleme, weil wir uns immer mehr voneinander isolieren und immer weniger mit unseren Wurzeln verbunden sind.

Ich beschäftige mich jetzt seit mehreren Jahren intensiv mit der Suche nach Wahrheiten über mich und über mein Leben. Und ich weiß, dass viele andere das Gleiche tun. Mehr Menschen als je zuvor fragen: „Wer sind wir? Was ist unser Ziel?“ Das Wiederaufflammen des Fundamentalismus in allen Weltreligionen vom Islam über das Judentum und den Hinduismus bis zum Christentum, die Verbreitung neuer spiritueller Bewegungen, Ideologien und Kulte aller Formen und Inhalte, die Popularität von „New Age“ und die Faszination, die derzeit von erklärenden Mythen und Sagen der ganzen Welt ausgeht – all das legt eine Schlussfolgerung nahe: Es gibt tatsächlich so etwas wie eine spirituelle Krise in der modernen Zivilisation, die in ihrem Zentrum anscheinend nur aus Leere besteht und der ein größeres spirituelles Ziel fehlt.

Wenn es möglich ist, einen eigenen Kurs zu steuern – und daran glaube ich –, dann sollte man damit nach meiner Überzeugung beim Glauben beginnen; er ähnelt für mich einer Art spirituellen Kreisels, der in stabiler Harmonie zwischen Innerem und Äußerem rotiert. Glaube –

das ist natürlich nur ein Wort, bis man es mit der eigenen, persönlichen Bedeutung füllt. Meine eigene Bedeutung wurzelt in dem unerschütterlichen Glauben an Gott als den Schöpfer und Erhalter, in einer zutiefst persönlichen Deutung von Christus und meinem Verhältnis zu ihm, und in dem Bewusstsein seiner ständigen heiligen Gegenwart in allen Menschen, allem Leben und allen Dingen.

Für die Zivilisation als Ganzes ist der Glaube, dass es lebensnotwendig ist, das fehlende Gleichgewicht in unserem Verhältnis zur Erde wiederherzustellen, zugleich der Glaube, dass wir eine Zukunft haben. Wir können an diese Zukunft glauben und daran arbeiten, sie zu erreichen und zu erhalten, oder wir können blind herumwirbeln und uns so verhalten, als gäbe es eines Tages keine Kinder mehr, die unser Erbe übernehmen. Die Entscheidung liegt bei uns: Auf dem Spiel steht die Erde.

Al Gore

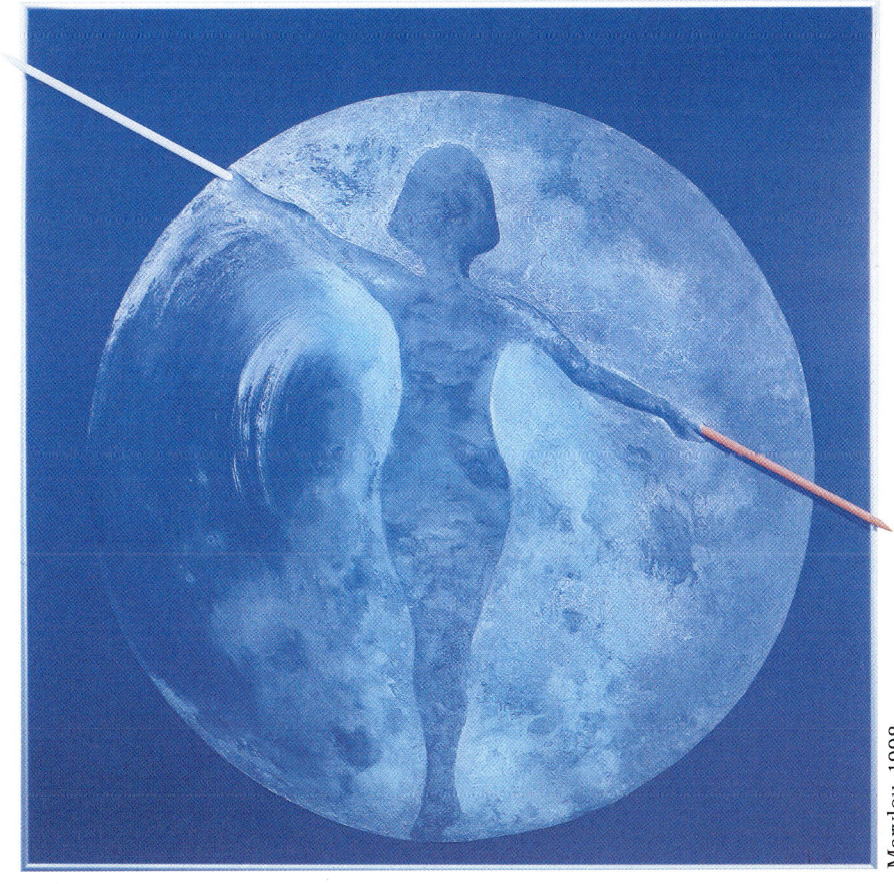

Marylou, 1998

Solang die Menschen Worte sprechen,
solang dein Wort zum Frieden ruft,
solang hast du uns nicht verlassen.
In Jesu Namen danken wir.

Du nährst die Vögel in den Bäumen.
Du schmückst die Blumen auf dem Feld.
Du machst ein Ende meinem Sorgen,
hast alle Tage schon bedacht.

Du bist das Licht, schenkst uns das Leben,
du holst die Welt aus ihrem Tod,
gibst deinen Sohn in unsre Hände,
er ist das Brot, das uns vereint.

Darum muss jeder zu dir rufen,
den deine Liebe leben lässt:
Du, Vater, bist in unsrer Mitte,
machst deinem Wesen uns verwandt.

T.: Dieter Trautwein 1966/72 nach dem niederländischen „Zolang er mensen zijn op aarde“ von Huub Oosterhuis (1958) 1960, M.: Tera de Marez Oyens (1958) 1960

Was ist Kosmologie?

- ein Technik-Museum besuchen und sich über kosmologische Modelle informieren
- mit einem Philosophen über Entstehung und Entwicklung unseres Universums sprechen (philosophische Fakultät der nächstgelegenen Universität kontaktieren!)

Podiumsdiskussion / Expertenrunde

Thema „Welt-Bilder" oder „Kreation contra Evolution"; eingeladen werden z.B. Religions-, Physik- und Philosophielehrer oder ein/e Pfarrer/in, ein/e Wissenschaftler/in der Universität.

Mit S. Hawking sprechen:

http://www.hawking.org.uk/

Nehmt per E-Mail Kontakt mit ihm auf und stellt ihm eure „wichtigste Frage" (nur eine!)! Informiert euch vorher über diesen bekannten Kosmologen!

Eine andere, spannende Möglichkeit der Kontaktaufnahme zum Thema „Cosmological Physics" ist das M.I.T. in Cambridge/Mass.:

http://web.mit.edu/

Jede Epoche in der Menschheitsgeschichte hat ihre eigenen Weltbilder, die die Vorstellungen und Erkenntnisse der Menschen in sich aufnehmen.
Aufgrund naturwissenschaftlicher Erkenntnisse wandelte sich die Vorstellung von einem *geozentrischen Weltbild*, in dem die Erde als Zentrum des *Universums* gedacht wurde, zu einem *heliozentrischen Weltbild*, das seinen Fixpunkt in der Sonne hat. Nach heutigem Erkenntnisstand ist unser *Sonnensystem* eines unter vielen, die gemeinsam eine *Galaxie* bilden. Die Galaxie bildet wiederum als eine unter vielen Galaxien unser Universum.
Naturwissenschaftler sehen den Ursprung dieses Universums in einem *Urknall.* Zu diesem Zeitpunkt war alle Materie auf kleinstem Raum verdichtet. In einer unbeschreiblich großen Explosion strebte diese Materie zu Beginn des Urknalls auseinander, und es entstanden alle uns bekannten Phänomene des Universums bis hin zur Planetenbildung und der Entstehung des Lebens auf der Erde.
In der Bibel – in den ersten Kapiteln des Buches Genesis – wird die Entstehung der Welt und des Lebens als einmaliger *Schöpfungsakt* Gottes beschrieben. Glaube und Naturwissenschaft beschreiben Facetten der einen Wirklichkeit und haben beide ihre Berechtigung im Rahmen der menschlichen Erkenntnisentwicklung.
Theorien versuchen, die *Wirklichkeit* möglichst genau zu beschreiben, bleiben aber aufgrund begrenzter wissenschaftlicher Möglichkeiten teilweise auch unvollkommen und sind deswegen nur als *Modelle* für die Wirklichkeit anzusehen.
Die wissenschaftlichen Möglichkeiten bedingen aber einen verantwortungsvollen Umgang mit der Schöpfung. Nicht jede Erkenntnis führt zu einer qualitativen Verbesserung des Lebens auf der Erde. Ein Abwägen der Chancen und Risiken ist angebracht.
Die Beschreibung des Kosmos und das Lob des Schöpfers stehen nicht gegeneinander, sondern sind beide Versuche, die eine Wirklichkeit angemessen zu beschreiben und zu verstehen.

Kreuz und Auferstehung

Almir Mavignier / Emil Nolde, 1912

Die Nacht ist vorgedrungen

Dem alle Engel dienen, wird nun ein Kind und Knecht.
Gott selber ist erschienen zur Sühne für sein Recht.
Wer schuldig ist auf Erden, verhüll nicht mehr sein Haupt.
Er soll errettet werden, wenn er dem Kinde glaubt.

Die Nacht ist schon im Schwinden, macht euch zum Stalle auf!
Ihr sollt das Heil dort finden, das aller Zeiten Lauf
von Anfang an verkündet, seit eure Schuld geschah.
Nun hat sich euch verbündet, den Gott selbst ausersah.

Noch manche Nacht wird fallen auf Menschenleid und -schuld.
Doch wandert nun mit allen der Stern der Gotteshuld.
Beglänzt von seinem Lichte, hält euch kein Dunkel mehr,
von Gottes Angesichte kam euch die Rettung her.

Gott will im Dunkel wohnen und hat es doch erhellt.
Als wollte er belohnen, so richtet er die Welt.
Der sich den Erdkreis baute, der lässt den Sünder nicht.
Wer hier dem Sohn vertraute, kommt dort aus dem Gericht.

T.: Jochen Klepper 1938, M.: Johannes Petzold 1939

Andreas Kasparek, 1998

Andreas Kasparek, 1998

Brauchte Gott den Tod Jesu?

Warum musste Jesus, der exemplarisch gute Mensch, ein so schweres Ende auf sich nehmen, so bitter leiden und so schrecklich sterben? Unter den Antworten der christlichen Tradition ist eine besonders wirkungsvoll gewesen. Es ist die Lehre vom stellvertretenden Strafleiden. Jesus, dem jede Sünde fremd ist, wird bestraft mit Leiden, so, als hätte er alle Sünden der Menschheit selber begangen. Als Modell für diesen Gedanken dient ein Prophetenwort aus dem Alten Testament, in dem es heißt: „Die Strafe liegt auf ihm, auf dass wir Frieden hätten, und durch seine Wunden sind wir geheilt." Im gleichen Sinne heißt es in der Liturgie des Karfreitagsgottesdienstes: „Christe, du Lamm Gottes, der du trägst die Sünd' der Welt, erbarm dich unser!" In Jesus, so lautet dagegen eine zeitgenössische Auslegung, stellt sich wie in einem Brennpunkt der unterdrückte, verfolgte, erniedrigte Teil der Menschheit dar, und zugleich wird an ihm deutlich, dass Gott bei den Unterdrückten, Verfolgten und Erniedrigten ist. Denn Jesus beantwortet die Sünde der Menschen nicht mit einem Ruf nach Rache, sondern mit einem Wort der Versöhnung. („Vater, vergib ihnen, denn sie wissen nicht, was sie tun", Lk 23,34). Damit wird die an ihm verübte Sünde sowohl ertragen als auch überwunden. Diese Auslegung vollzieht an dem traditionellen Erlösungsgedanken eine unauffällige, aber wichtige Korrektur: Sie verzichtet auf den Gedanken der Strafe. Nach der Lehre des mittelalterlichen Theologen Anselm von Canterbury konnte Gott nicht darauf verzichten, die Sünden der Menschheit zu bestrafen. Das war er seiner Gerechtigkeit schuldig. So wurde Jesu Kreuzestod gedeutet als Strafe Gottes, als Vergeltung an einem Schuldlosen. Jesus aber wurde gekreuzigt, weil er Gottes vergebende Güte predigte und das Bild vom Strafgott verwandelte in das Bild des Gottes, der uns gut ist und unserer Sünden nimmermehr gedenken will. Damit hat Jesus die Macht derer gebrochen, die den Strafgott brauchten, um den Menschen zu drohen und sie einzuschüchtern. Jesus ist also nicht Gott zum Opfer gefallen, sondern den Menschen. Er hat dieses Opfer bewusst gebracht. Immer, wenn wir unseren Schuldigern vergeben und uns versöhnen, erkennen wir sein Opfer an und tragen dazu bei, dass er es nicht umsonst gebracht hat.

Hans Reinhard Rapp

Das Wort

Keins seiner Worte
glaubte ich, hätte er nicht
geschrien: Gott, warum
hast du mich verlassen.

Das ist mein Wort, das Wort
des untersten Menschen.

Und weil er selber
so weit unten war, ein
Mensch, der „Warum“ schreit und
schreit „Verlassen“, deshalb könnte man
auch die andern Worte,
die von weiter oben, vielleicht
ihm glauben

Rudolf Otto Wiemer

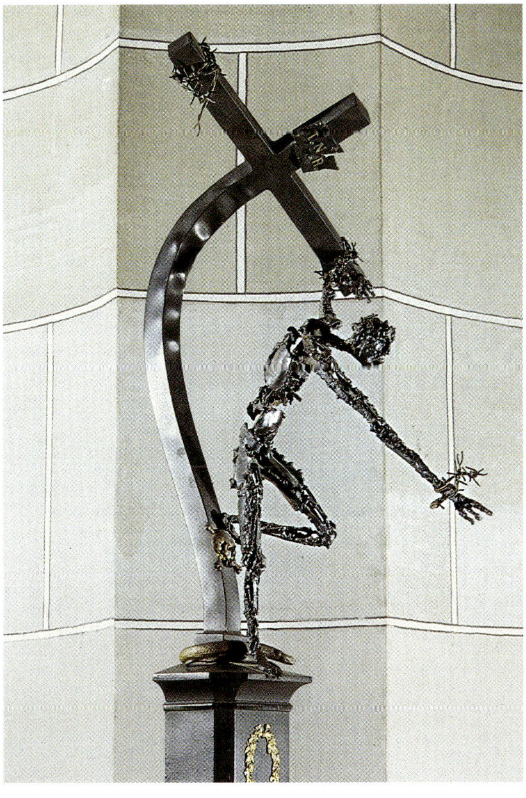

Johann-Peter Hinz, 1976

Caspar David Friedrich, 1828

Und als der Sabbat vergangen war, kauften Maria von Magdala und Maria, die Mutter des Jakobus, und Salome wohlriechende Öle, um hinzugehen und ihn zu salben. Und sie kamen zum Grab am ersten Tag der Woche, sehr früh, als die Sonne aufging. Und sie sprachen untereinander: Wer wälzt uns den Stein von des Grabes Tür?

Mk 16,1-3

Was wissen wir von der Auferstehung Jesu?

Aber am ersten Tag der Woche sehr früh kamen sie zum Grab und trugen bei sich die wohlriechenden Öle, die sie bereitet hatten. Sie fanden aber den Stein weggewälzt von dem Grab und gingen hinein und fanden den Leib des Herrn Jesus nicht. Und als sie darüber bekümmert waren, siehe, da traten zu ihnen zwei Männer mit glänzenden Kleidern. Sie aber erschraken und neigten ihr Angesicht zur Erde. Da sprachen die zu ihnen: Was sucht ihr den Lebenden bei den Toten? *Lk 24,1-5*

Saulus aber schnaubte noch mit Drohen und Morden gegen die Jünger des Herrn und ging zum Hohenpriester und bat ihn um Briefe nach Damaskus an die Synagogen, damit er Anhänger des neuen Weges, Männer und Frauen, wenn er sie dort fände, gefesselt nach Jerusalem führe. Als er aber auf dem Wege war und in die Nähe von Damaskus kam, umleuchtete ihn plötzlich ein Licht vom Himmel; und er fiel auf die Erde und hörte eine Stimme, die sprach zu ihm: Saul, Saul, was verfolgst du mich? Er aber sprach: Herr, wer bist du? Der sprach: Ich bin Jesus, den du verfolgst. Steh auf und geh in die Stadt; da wird man dir sagen, was du tun sollst. Die Männer aber, die seine Gefährten waren, standen sprachlos da; denn sie hörten zwar die Stimme, aber sahen niemanden. Saulus aber richtete sich auf von der Erde; und als er seine Augen aufschlug, sah er nichts. Sie nahmen ihn aber bei der Hand und führten ihn nach Damaskus; und er konnte drei Tage nicht sehen und aß nicht und trank nicht ... und er wurde wieder sehend; und er stand auf, ließ sich taufen und nahm Speise zu sich und stärkte sich. *Apg 9,1-9.18*

Als Erstes habe ich euch weitergegeben, was ich auch empfangen habe: Dass Christus gestorben ist für unsre Sünden nach der Schrift; und dass er begraben worden ist; und dass er auferstanden ist am dritten Tage nach der Schrift; und dass er gesehen worden ist von Kephas, danach von den Zwölfen. Danach ist er gesehen worden von mehr als fünfhundert Brüdern auf einmal ... *1.Kor 15,3-6*

Was soll man davon halten, dass es heißt, er lebe?

Joseph von Arimathia hat seine Grabstelle, die er für sich hat anlegen lassen, nach der Kreuzigung als Ruhestätte Jesu zur Verfügung gestellt.

Heute, am dritten Tag, höre ich Erstaunliches. Der Bote, den Ben Choreb mir schickte, will mit eigenen Augen gesehen haben, dass der Torstein fortgewälzt ist. Die Wächter sind geflohen. Und das Erschreckendste: Das Grab ist leer. Leer, wie es vordem gewesen.

Ich frage: Was soll das? Nicht den Boten frage ich, der das Ereignis kaum auf sich selber bezieht, nein, dazu hat er wenig Ursache. Doch ich, dessen Gesicht mir aus dem Spiegel bleich entgegenstarrt, dessen Hand zittert – ich, der ich offenbar gemeint bin, ich frage: Was habe ich mit der neuerlichen Öffnung des Grabes zu schaffen? Gehört es jetzt wieder mir? Wartet es von nun an auf keinen anderen als auf diesen Joseph aus Arimathia, der sich ihm leichtfertig entzog?

Was aber bedeutet es, dass unterdessen ein anderer darin lag? Wo ist er, dieser andere? Und was soll man davon halten, dass es heißt, er sei von den Toten auferstanden? Genau gesagt, er lebe? Hat er, dieser Mann aus Nazareth, eine andere Art von Leben begründet? Und diese Neugründung des Lebens, hat sie nicht stattgefunden in meinem Grab? In dieser Höhlung, die auch mich eines Tages aufnehmen wird, doch jetzt unter welch ungeheurem Vorausgang? Wo der Tod einmal besiegt wurde, kann er da je wieder Macht gewinnen?
Darüber grüble ich, seit der Bote vom Hof ging. Die Tatsachen werde ich prüfen. Doch spüre ich, dass weit über das Sichtbare hinaus hier eine Nachricht zu mir gelangt ist, die ich nicht heute und nicht morgen zu Ende denke.

Rudolf Otto Wiemer

 Benedikt Werner Traut, 1991

Mein jüdischer Freund Moische Weinstock

„Ich kann nicht denken, dass sich Gräber auftun, Posaunen schmettern, Scharen von Leibern umherziehen. Ich kann nur sagen, dass ihr Christen euch vielleicht zu lange mit dem Malen und Ausmalen dieser Bilder beschäftigt habt; so lange, bis ihr angefangen habt, an die Bilder zu glauben, und heute, wo ihr dies als Bilder und Phantasien erkennt, hängt ihr daran und merkt: Das Malen hat das Denken ersetzt. Und ihr merkt, dass ihr den Kern zugemalt habt. Da steht ihr nun: Ihr zweifelt an euren eigenen Bildern und findet den Kern nicht mehr."
„Und der Kern, was ist der Kern?", fragte ich, nun doch neugierig geworden.
„Der Kern, das ja – ja, das interessiert. Was bleibt, wenn ich dies alles wegwische, was bleibt dann?"
Moische machte eine bedeutungsvolle Pause.
„Weißt du", fuhr er dann fort, „es gibt etwas am Rabbi Jesus, das mich immer wieder beschäftigt und weswegen ich all eure Texte lese. Wenn ich es richtig lese – auch diesen Text des ehemaligen Juden Paulus, der ja immer auch jüdisch dachte – dann bleibt hinter den Bildern und Phantasien, den schönen und schlechten, ein Kern. Den kannst du nennen in deiner Predigt am Ostermontag und der kann meines Erachtens nur heißen: *Eure Auferstehung ist, dass ihr nicht fallt!*"
„Und was heißt das?", fragte ich etwas kleinlaut.
„Das heißt, was es heißt: Ihr werdet nicht fallen, ihr werdet nie fallen, im Leben und im Sterben nicht – sagte doch euer Rabbi. Es gibt eine Hoffnung, denke ich, die nicht totzukriegen ist. Eine Hoffnung, die, darum beschäftigt sie mich, nicht aus dieser Welt kommt, sonst wäre sie schon tot. Vielleicht muss man sie nicht Auferstehung nennen, vielleicht muss man sie gar nicht nennen, vielleicht muss man noch gar nicht mal Christ sein – vielleicht braucht man sie nur zu leben ...".
Und so haben es viele getan und tun es viele, im Großen und im Kleinen, Christen und Nichtchristen, dass sie auf vielerlei Weise die Hoffnung wach halten im Weiterfragen und Weitersagen: Wir fallen nicht, unter keinen Umständen.

Michael Becker

Wie werden die Toten auferstehen?

Es könnte aber jemand fragen: Wie werden die Toten auferstehen, und mit was für einem Leib werden sie kommen? Du Narr: Was du säst, wird nicht lebendig, wenn es nicht stirbt. Und was du säst, ist ja nicht der Leib, der werden soll, sondern ein bloßes Korn, sei es von Weizen oder etwas anderem. Gott aber gibt ihm einen Leib, wie er will, einem jeden Samen seinen eigenen Leib.
Nicht alles Fleisch ist das gleiche Fleisch, sondern ein anderes Fleisch haben die Menschen, ein anderes das Vieh, ein anderes die Vögel, ein anderes die Fische.
Und es gibt himmlische Körper und irdische Körper; aber eine andere Herrlichkeit haben die himmlischen und eine andere die irdischen. Einen andern Glanz hat die Sonne, einen andern Glanz hat der Mond, einen andern Glanz haben die Sterne; denn ein Stern unterscheidet sich vom andern durch seinen Glanz. So auch die Auferstehung der Toten. Es wird gesät verweslich und wird auferstehen unverweslich. Es wird gesät in Niedrigkeit und wird auferstehen in Herrlichkeit. Es wird gesät in Armseligkeit und wird auferstehen in Kraft. Es wird gesät ein natürlicher Leib und wird auferstehen ein geistlicher Leib. Gibt es einen natürlichen Leib, so gibt es auch einen geistlichen Leib.

1.Kor 15,35-44

Auferstehung

Manchmal stehen wir auf
Stehen wir zur Auferstehung auf
Mitten am Tage
Mit unserem lebendigen Haar
Mit unserer atmenden Haut.

Nur das Gewohnte ist um uns.
Keine Fata Morgana von Palmen
Mit weidenden Löwen
Und sanften Wölfen.

Die Weckuhren hören nicht auf zu ticken
Ihre Leuchtzeiger löschen nicht aus.

Und dennoch leicht
Und dennoch unverwundbar
Geordnet in geheimnisvolle Ordnung
Vorweggenommen in ein Haus aus Licht.

Marie Luise Kaschnitz

Die Treppe (nach Walter Wellenstein, 1950)

Da kannst du Osterspuren finden

Wenn mir einer die Frage stellt
nach Osterspuren in unsrer Welt,
muss ich nicht schweigen,
will ich ihm zeigen,
wo und wann
heute geschieht,
was damals begann,
als Ostern seinen Anfang nahm:

Wo einer dem andern neu vertraut
und mit ihm eine Brücke baut,
um Hass und Feindschaft zu überwinden,
da kannst du Osterspuren finden.

Wo einer am Ende nicht verzagt
und einen neuen Anfang wagt,
um Leid und Trauer zu überwinden,
da kannst du Osterspuren finden.

Wo einer im Dunkeln nicht verstummt,
sondern das Lied der Hoffnung summt,
um Totenstille zu überwinden,
da kannst du Osterspuren finden.

Wo einer das Unrecht beim Namen nennt
und sich zu seiner Schuld bekennt,
um das Vergessen zu überwinden,
da kannst du Osterspuren finden.

Wo einer das Unbequeme wagt
und offen seine Meinung sagt,
um Schein und Lüge zu überwinden,
da kannst du Osterspuren finden.

Wo einer gegen die Strömung schwimmt
und fremde Lasten auf sich nimmt,
um Not und Leiden zu überwinden,
da kannst du Osterspuren finden.

Wo einer dich aus der Trägheit weckt
und einen Weg mit dir entdeckt,
um hohe Mauern zu überwinden,
da kannst du Osterspuren finden.

Reinhard Bäcker

Helme Heine, 1995

„Kreuz-Katalog"
In Zeitschriften und Prospekten (in der Osterzeit!) Abbildungen von Kreuzen suchen und einen Katalog anfertigen und gliedern: Kreuze, die mich/uns positiv – negativ ansprechen!

„Kreuzgeschichten"
Fragt Menschen, die ein Schmuck-Kreuz tragen, nach ihren Beweggründen!

Jugendkreuzweg-Aktionen
(während der Passionszeit)
Informiert euch! Welche finden in eurer Umgebung statt? Nehmt an einer Prozession teil.

Kreuzformen
Welche gibt es? Zeichnet sie mit Beschriftung auf ein Plakat, das im Klassenraum aufgehängt wird!

Kreuz und/oder Auferstehung selbst gestalten
aus Resten von Bastelmaterial und Dingen, die „herumliegen" und verwendbar sind. Thema: das Kreuz/die Auferstehung Christi ist für mich wie …

Kreuzesdarstellungen
- von zu Hause mitbringen und eine Ausstellung gestalten
- einen Spaziergang machen und kath./ev. Kirchen besuchen und die vorhandenen Darstellungen von Kreuz und Auferstehung fotografieren oder zeichnen
- eine Darstellung, die dir besonders gefällt, auswählen, intensiv betrachten und ein Gebet, ein Lied, einen Psalm, ein Gedicht, einen Brief … schreiben. Stellt euch eure Tepte gegenseitig vor!

Recherche: Osterbräuche
Informiert euch über die in eurer Region bekannten Bräuche und erstellt eine Osterzeitschrift!

Von der Auferstehung Jesu wird im Neuen Testament in den *Evangelien* und in den *Briefen von Paulus* berichtet. Dabei darf als historisch gesichert gelten: Paulus war davon überzeugt, dass ihm der auferstandene Christus in einer Vision erschienen ist. Nach diesem Erlebnis änderte Paulus sein Leben grundlegend. Er wurde vom Christenverfolger zum Christusverkündiger.

Die Evangelien erzählen von leibhaftigen Begegnungen mit dem Auferstandenen und vom Auffinden des *leeren Grabes* durch Frauen. Bei allen Unterschieden stimmen alle Ostertexte in der Aussage überein: Jesus wurde nach seinem Tod von einzelnen Menschen und Gruppen wahrgenommen und dies hat den Betroffenen in ihrer Trauer und Resignation zu neuer Kraft verholfen.

Das *Kreuz*, das bis dahin Symbol für eine der grausamsten und erniedrigendsten Hinrichtungsarten war, gewinnt mit dem Tod und der Auferweckung Jesu eine neue Bedeutung: Es wird zum Symbol der Nähe Gottes zu den Menschen. Das Kreuz steht für das Leiden und die Angst, die Jesus durchlebt hat und die Menschen auch in ihrem Leben erfahren können. Es steht aber auch für die Hoffnung.

Wenn in der Bibel davon gesprochen wird, dass Jesus unschuldig anstelle der sündigen Menschheit *„für uns" gestorben* ist, so ist nicht eine Opferung oder eine stellvertretende Bestrafung gemeint, mit der Gott besänftigt wird: Mit Jesu Sterben und Auferstehung ist der Tod für uns überwunden worden. *Auferstehung* bedeutet: Gott will das Leben der Menschen, nicht ihre Bestrafung, sondern die „Vergebung der Sünden" und Versöhnung. Tod ist nicht Strafe und Vernichtung. Auch nach dem Tod bleibt der Mensch im Schutz Gottes gehalten und wird nicht in ein Nichts fallen, sondern vor Gott eine Identität behalten. Dabei ist nicht ein Weiterleben der Seele gemeint, sondern die Verwandlung des ganzen Menschen.

Über die Auferstehung lässt sich nur *bildhaft* sprechen, denn niemand weiß, wie es sein wird. Ein wesentlicher Anhaltspunkt sind die Erfahrungen der Auferstehungszeugen. Aufgrund dieser Erlebnisse kann Paulus ansatzweise eine Vorstellung vom Geschehen vermitteln. Auferstehung ist wie ein Samenkorn, das „stirbt" und sich verwandelt. Ebenso entsteht aus dem irdischen, vergänglichen Leib nach dem Tod etwas Neues, „ein geistlicher und ewiger Leib".

Die *Ostern* geschehene Verwandlung von Tod in Leben und von Leid in Hoffnung betrifft auch unser *Leben jetzt*. Verwandlungen dieser Art sind auch in alltäglichen Situationen erkennbar und jeder Mensch kann und soll sie im menschlichen Miteinander wirksam werden lassen. Jesus hat dies vorgelebt.

Leben, Sterben und Tod

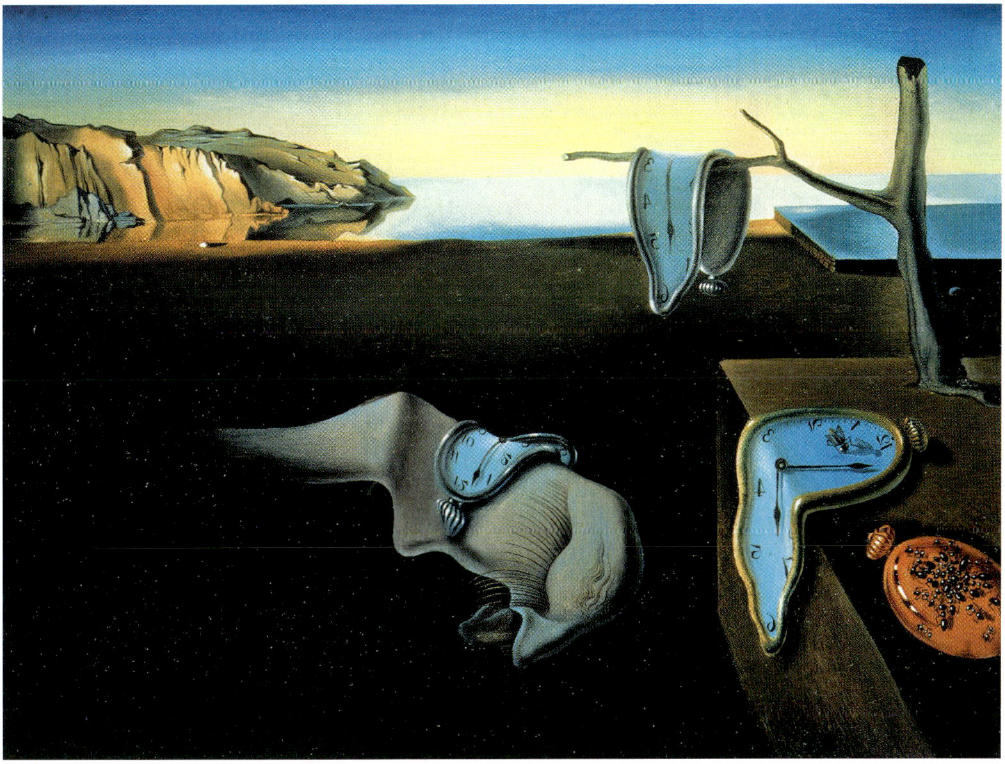

Salvador Dali, 1931

```
Die Zeit verrinnt
Die Zeit verrinnt
Die Zeit verrinnt
Die Zeit verrinnt
Die Zeit verrinnt
Die Zeit verrinnt
Die Zeit verrinnt
Die Zeit verrinnt
 Die Zeit verrin
  Die Zeit verr
   Die Zeit ve
    Die Zeit
     Die Zei
      Die Z
       Die
        D
        i
        e
        Z
        e
        i
        t
        v
        e
        r
        r
```

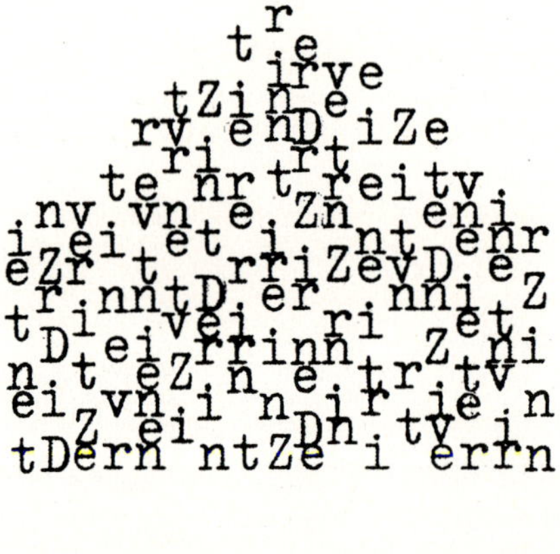

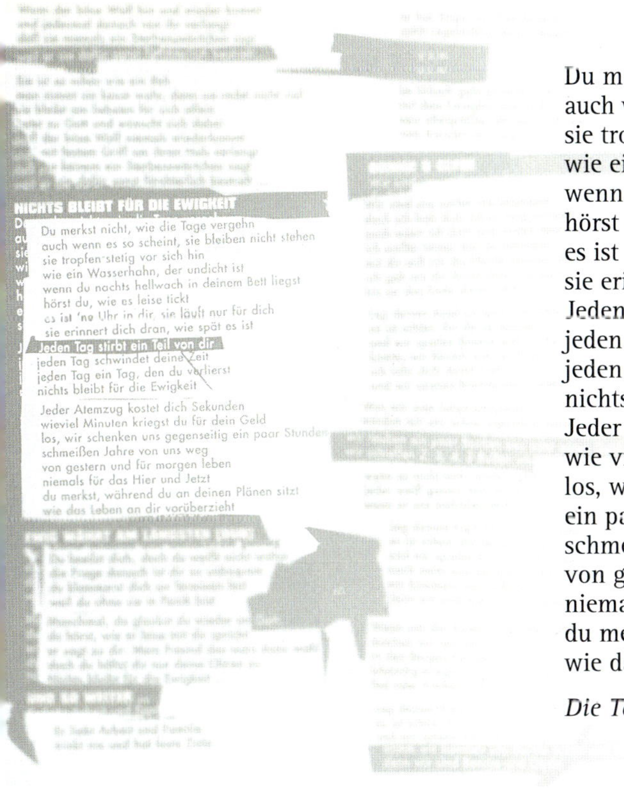

Du merkst nicht, wie die Tage vergehn
auch wenn es so scheint, sie bleiben nicht stehen
sie tropfen stetig vor sich hin
wie ein Wasserhahn, der undicht ist
wenn du nachts hellwach in deinem Bett liegst
hörst du, wie es leise tickt
es ist 'ne Uhr in dir, sie läuft nur für dich
sie erinnert dich dran, wie spät es ist
Jeden Tag stirbt ein Teil von dir
jeden Tag schwindet deine Zeit
jeden Tag ein Tag, den du verlierst
nichts bleibt für die Ewigkeit
Jeder Atemzug kostet dich Sekunden
wie viel Minuten kriegst du für dein Geld
los, wir schenken uns gegenseitig
ein paar Stunden
schmeißen Jahre von uns weg
von gestern und für morgen leben
niemals für das Hier und Jetzt
du merkst, während du an deinen Plänen sitzt
wie das Leben an dir vorüberzieht

Die Toten Hosen

Reklame

Wohin aber gehen wir
ohne sorge sei ohne sorge
wenn es dunkel und wenn es kalt wird
sei ohne sorge
aber
mit musik
was sollen wir tun
heiter und mit musik
und denken
heiter
angesichts eines Endes
mit musik
und wohin tragen wir
am besten
unsre Fragen und den Schauer aller Jahre
in die Traumwäscherei ohne sorge sei ohne sorge
was aber geschieht
am besten
wenn Totenstille

eintritt

Ingeborg Bachmann

Sterben und Tod

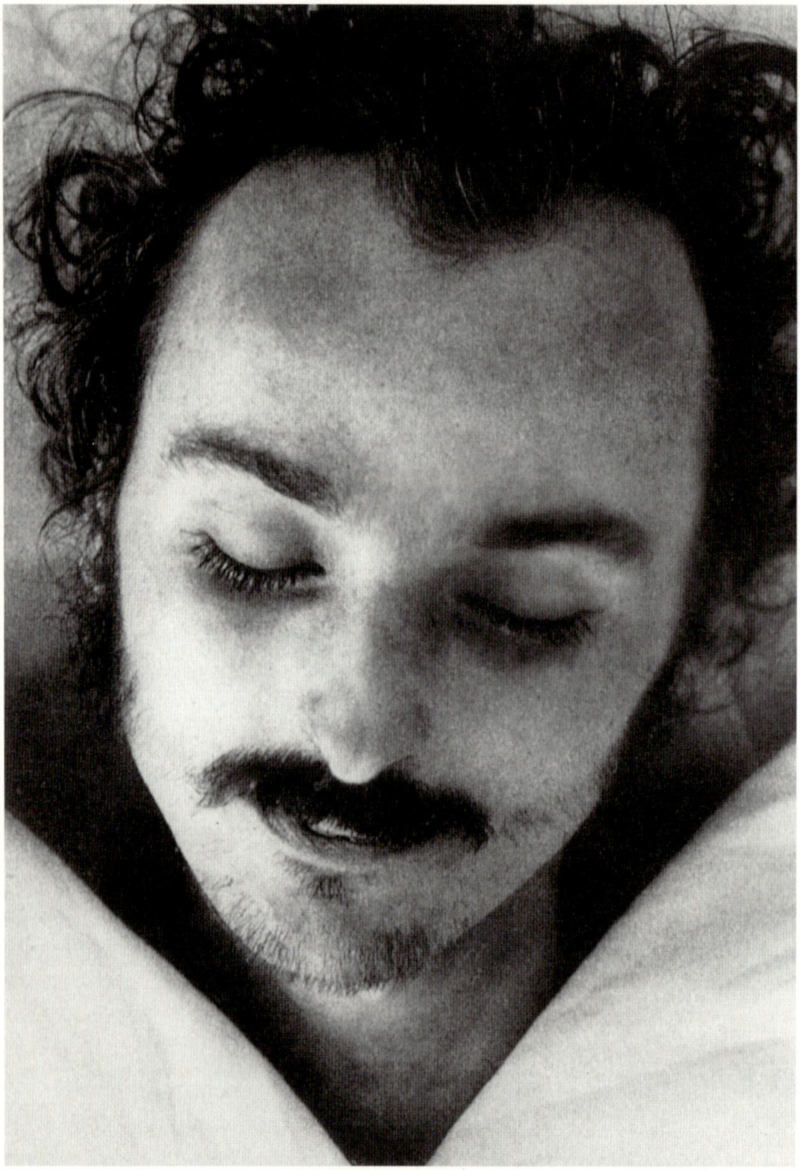

E-Mail von Carrie, 29. Juli

Liebste R.,
nein, nein, nein, nein, nein, nein, nein. Das kann einfach nicht wahr sein, Ruthie. Wieso kann weder moderne noch alternative oder traditionelle Medizin etwas gegen dieses Leiden ausrichten? Ich hasse diese Krankheit. Ich hasse es, dass du jung sterben wirst, dich der Zukunft mit deinen Kindern und mich der treuesten und liebsten Freundin beraubst. Ich hasse es, dass du so ohnmächtig dastehst: Sie zieht alle Fäden, und Du, Miss „Hat-ihr-Leben-immer-im-Griff"-Picardie, hast nichts mehr im Griff.
Ich habe mir einige Gedanken zum Thema J.'s & L.'s Erinnerung an dich gemacht. Ich denke, sie werden sich an dich erinnern. Du bist so sehr Mittelpunkt ihres kleinen Lebens, dass sie ständig nach dir fragen werden, und man wird ihnen Photos zeigen und Videos. Und man wird von dir sprechen.
Die ganze verdammte Angelegenheit bricht mir das Herz.
Am Boden zerstört und heulend wünsche ich dir jede erdenkliche Faser Mut und Kraft, die du brauchst. Tut mir so ungeheuer Leid, dass du das alles durchmachen musst. Wie unzulänglich sind doch Worte.

Liebe, Liebe xxC

E-Mail an Carrie, 30. Juli

Liebste, besteste Carrie,
danke für deine wundervolle E-Mail, in der all die richtigen Dinge standen. Ich schwanke zwischen Heulen, völliger emotionaler Leere gepaart mit physischer Erschöpfung und der Unfähigkeit zu glauben, dass ich dieses Jahr noch sterben werde (mag ich auch noch so viele Ziele ins Auge gefasst haben). Ich hoffe, dich auch aus dem Grab weiter mit E-Mails versorgen zu können.
War mit Matt Samstagabend in der Fire Station in der Nähe von Waterloo und hab viel geweint, was gut war, denn wir reden dieser Tage so gut wie gar nicht mehr zusammen. Essen war auch lecker. Mom will, dass ich die Gerson-Diät mache, aber das würde ich niemals durchhalten. Und Komplementärmedizin ist ganz klar ein Haufen Scheiße. Hab danach im Garten einen Joint geraucht, an der kühlen Luft, unterm mitternachtsblauen Himmel. Zu viel Licht, um viele Sterne sehen zu können.

Liebe Liebe Liebe Rxxx

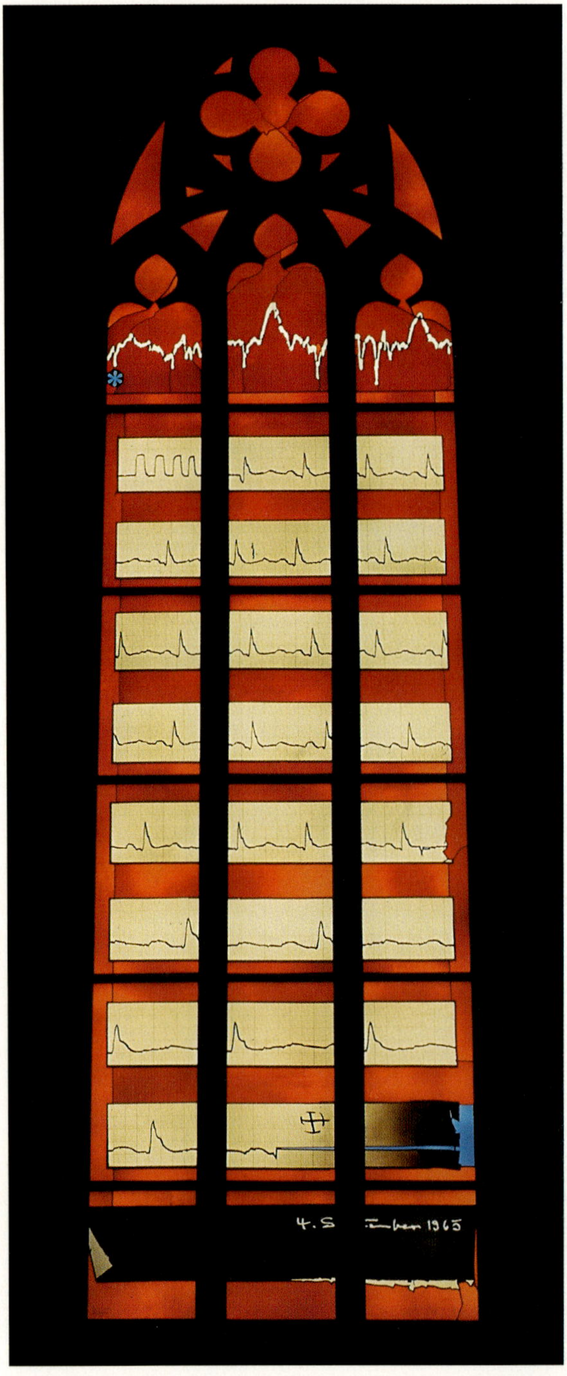

Johannes Schreiter, 1987

Christlicher Glaube und Ewiges Leben

Daran, ob einer an das Ewige Leben glaubt, lässt sich erkennen, ob er wahrhaft an Gott glaubt. Der Glaube an das Ewige Leben bildet keinen selbstständigen Glaubensartikel, sondern ist nur die durch die Unendlichkeit Gottes bedingte Perspektive des christlichen Glaubens: auf Seiten Gottes der von ihm durchgehaltene Bezug zum Menschen bis in den Tod hinein, auf Seiten des Menschen sein Vertrauen auf Gott und damit die Bereitschaft zum Empfangen bis in den Tod hinein. Der Glaube an das Ewige Leben führt mithin kein theologisches Sonderdasein, sondern er folgt mit innerer Logik aus dem christlichen Glauben an Gott. Martin Luther hat diesen Zusammenhang einmal so ausgedrückt: „Wo also und mit wem Gott redet, es sei im Zorn oder in Gnade, der ist gewiss unsterblich. Die Person Gottes, der da redet, und das Wort zeigen an, dass wir solche Kreaturen sind, mit denen Gott bis in die Ewigkeit und unsterblicherweise reden will."

Wir können dieselbe Antwort auch mit einem Bild der Bibel geben: „Der Herr wird vor euch herziehen und der Gott Israels euren Zug beschließen" (Jesaja 52,12). Mehr vermag christlicher Glaube über den Tod und das Ewige Leben nicht zu sagen. Christlicher Glaube beschwört nicht den Tod, sondern bezeugt Gott und redet darum vom Ewigen Leben. Das Ewige Leben des Einzelnen bedeutet nur eine Teilhabe an dieser Universalität der göttlichen Liebe. Wer mehr anbietet als Gemeinschaft mit Gott, betreibt einen religiösen Kramladen.

Alles in allem: Was den Ort und die Art des „Danach" betrifft, so kann hier nur der hamburgische Rat gelten: „Gar nicht um kümmern" – aber nun nicht als Ausdruck hanseatischen Gleichmuts, sondern als Bewährung christlichen Glaubens an Gott, als Folge jener Gelassenheit, die sich allein auf Gott verlässt. Wer in dieser Weise „unbekümmert" und „gelassen" lebt, der lebt richtig: Er verharmlost den Tod nicht, aber er verherrlicht ihn auch nicht. Er tut dafür etwas anderes: Statt sein Leben mit geschlossenen Händen als Leistung ängstlich an sich zu reißen und deshalb auch Angst vor dem Tod, dem schlechthin Unverfügbaren, zu haben, empfängt er es mit offenen Händen als Geschenk aus Gottes Hand. Darum kann ihm das Leben – trotz allem – bisweilen gelingen. Wem aber das Leben bisweilen gelungen ist, der kann „das Zeitliche segnen".

Heinz Zahrnt

Als die Hamburger Ärztin Magda B. spürte, dass es mit ihr zu Ende ging, hatte sie noch drei Wünsche. Sie wollte viel rauchen, nicht allein sterben und bis zum Schluss zu Hause bleiben.
Doch ihre erwachsenen Kinder wohnten auswärts und die Nachbarn wollten ihr nicht helfen. In der Not wandte sie sich an die Hamburger Beratungsstelle „Charon“, eine Initiative zur Begleitung Sterbender und ihrer Angehörigen. Seitdem bekam sie jeden Tag Besuch.
Die Krankenschwestern des Charon-Teams erschienen nicht nur zur Pflege, sondern auch zum Reden und Trösten, zum Lindern seelischer Schmerzen und zur Ermutigung der Moribunden. Und wenn nachts die Angst kam, klammerte sie sich an die Helferinnen wie ein Kind. Schließlich starb sie in den Armen einer ihrer Sterbebegleiterinnen.
„Wir wollen, dass die Menschen so sterben können, wie sie es wünschen“, sagt Uta Schroeder, 57, Leiterin der Hamburger Beratungsstelle. Charon ist eine von vielen Initiativen, die sich zur Zeit bundesweit bilden, um Sterbende und Todkranke aus den Kliniken heraus nach Hause zu holen. Die aus Großbritannien importierte Idee setzt dem zeittypischen Verdrängen des Todesgedankens soziales Engagement entgegen, um die Sterbenden in ihren letzten Tagen nicht einer anonymen Apparatemedizin zu überlassen.
Die Sterbebegleiter haben nichts mit Sterbehelfern gemein, obwohl sie gelegentlich mit ihnen verwechselt werden. „Schwester, geben Sie mir die Spritze!“, verlangen manche Todkranken, wenn die Schmerzen unerträglich werden. Doch sobald es gelingt, das Leiden mit Medikamenten zu lindern, schwindet bei den meisten der Wunsch nach einem schnellen Ende.
Dem gesellschaftlichen Kältetod wollen die Helfer bei den letzten Stunden mit Professionalisierung begegnen.
Experten rechnen in Deutschland mit „enormem Bedarf“. Nicht nur alte Leute, sondern auch immer mehr Aids- und Krebskranke benötigen diese Hilfe.

Der Spiegel

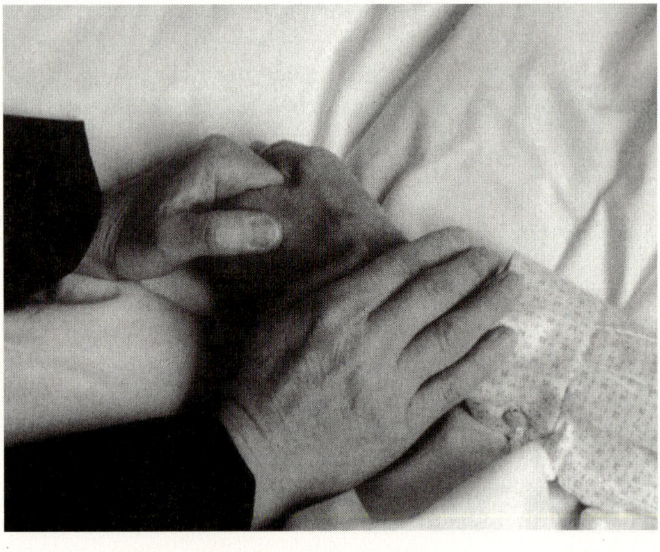

Du bist der großartigste und würdigste Mensch, den wir kennen
Du hast kompromißlos geliebt
Deine grandiose Inszenierung war eine Ode ans Leben
Ungestüm unrastig, detailversessen, menschlich, perfekt
Gott hat eifersüchtig den letzten Vorhang abgewartet
Ungeduldig Dein Wunderwerk verfolgt
Der Himmel wird sich zu den Zugaben erheben
Die Erde ahnt nicht den Verlust
Dein Lebenstank reicht uns für tausend Jahre
Deine Wahrheit noch für Stunden danach
Wir drei werden Dich in uns vertreten
Bist in jedem Lachen, jeder Faser, jedem Licht
Gott wird Dir seine Loge anbieten
Dirigier zurückgelehnt, wohlwollend unsere Wacht
Du bist das größte Glück auf Erden
In der neuen Welt sicher das Quentchen Königin mehr
Erzähl uns ab und zu von Deiner Reise
Wie man so fühlt, was man so tanzt, was man so trägt

Anna Henkel-Grönemeyer

geboren in Hamburg *5. November 1998

Liebe Anna, liebes Mamle
Dein Verlust sprengt alle Dimensionen, Werte, Phantasien
Der Schmerz ist Wüste voll brutalster Wucht
Leb uns mit unbändigem Vertrauen
Bis zum Wiedersehen
Wir lieben Dich!

Herbert, Felix und Marie Grönemeyer

Die Beisetzung fand im engsten Familien- und Freundeskreis statt.

Leben – ständiger Kreislauf

Das Leben ist ein ständiger Kreislauf.
Von Anfang und Ende.
Von Geben und Nehmen.
Nichts hört auf, ohne dass etwas anderes beginnt.

In sich scheint alles vergänglich.
Und doch ist das Ganze ewig.
Auch ich bin ein Teil dieser Ewigkeit.

Wenn ich einmal ein letztes Mal ausatme
und mein Herz ein letztes Mal schlägt,
wird irgendwo
ein anderes zu schlagen beginnen
und das neue Leben
bald seinen ersten Atemzug tun.

Autor unbekannt

Wiedergeburt

Der Buddhismus kennt die Vorstellung von der Wiedergeburt. Der Mensch wird so oft wiedergeboren, wie er noch nicht zu einer wirklichen Selbstlosigkeit gefunden hat. Nur so kann er dem Leiden der Welt entfliehen. Ursache allen Leidens in der Welt ist nach der Lehre Buddhas die Lebensgier. Heilung kann also nur durch Entsagung erfolgen. Nur der wunschlose Mensch, der nichts mehr will, weder Himmel noch Erde, weder Leben noch Tod, weder Freude noch Leid, wird nichts mehr verlieren können. So ist eben das Nichts die höchste Erlösung, das Nirwana. Sie kann zum Gleichmut, aber auch zur Gleichgültigkeit in diesem Leben führen.
Wer erkannt hat, von den Dingen dieser Welt und seinen egoistischen Wünschen abzusehen, der ist erlöst. So ist der Tod, der den Menschen alles wegnimmt, was er krampfhaft festhält, der beste Prediger der Wunschlosigkeit: Er lehrt loszulassen und darüber gelassen zu werden. Deshalb ist für buddhistische Mönche die Erinnerung des Todes von großer Bedeutung. Sie werden angewiesen, sich auf einem Friedhof oder in einem Grab niederzulassen und über die Asche der Körper, die verbrannt worden sind, und über die Leichen, die dort in verschiedenen Stadien des Verfalls liegen, nachzudenken.

Peter Neysters / Karlheinz Schmitt

Alles hat seine Zeit

Ein jegliches hat seine Zeit,
und alles Vorhaben unter dem Himmel hat seine Stunde:
geboren werden hat seine Zeit, sterben hat seine Zeit;
pflanzen hat seine Zeit, ausreißen, was gepflanzt ist, hat seine Zeit;
töten hat seine Zeit, heilen hat seine Zeit;
abbrechen hat seine Zeit, bauen hat seine Zeit;
weinen hat seine Zeit, lachen hat seine Zeit;
klagen hat seine Zeit, tanzen hat seine Zeit;
Steine wegwerfen hat seine Zeit, Steine sammeln hat seine Zeit;
herzen hat seine Zeit, aufhören zu herzen hat seine Zeit;
suchen hat seine Zeit, verlieren hat seine Zeit;
behalten hat seine Zeit, wegwerfen hat seine Zeit;
zerreißen hat seine Zeit, zunähen hat seine Zeit;
schweigen hat seine Zeit, reden hat seine Zeit;
lieben hat seine Zeit, hassen hat seine Zeit;
Streit hat seine Zeit, Friede hat seine Zeit.
Man mühe sich ab, wie man will, so hat man keinen Gewinn davon.
Ich sah die Arbeit, die Gott den Menschen gegeben hat,
dass sie sich damit plagen.
Er hat alles schön gemacht zu seiner Zeit,
auch hat er die Ewigkeit in ihr Herz gelegt;
nur dass der Mensch nicht ergründen kann das Werk, das Gott tut,
weder Anfang noch Ende.
Da merkte ich, dass es nichts Besseres dabei gibt
als fröhlich sein und sich gütlich tun in seinem Leben.
Denn ein Mensch, der da isst und trinkt
und hat guten Mut bei all seinem Mühen,
das ist eine Gabe Gottes.
Ich merkte, dass alles, was Gott tut, das besteht für ewig;
man kann nichts dazutun noch wegtun.
Das alles tut Gott, dass man sich vor ihm fürchten soll.
Was geschieht, das ist schon längst gewesen,
und was sein wird, ist auch schon längst gewesen;
und Gott holt wieder hervor, was vergangen ist.

Pred 3,1-15

Ein Gebet

Ich bitte nicht um Wunder und Visionen, Herr,
sondern um Kraft für den Alltag!
Lehre mich die Kunst der kleinen Schritte:
Mach mich erfinderisch,
um im täglichen Vielerlei und Allerlei
rechtzeitig meine Erkenntnisse und Erfahrungen zu notieren,
von denen ich betroffen bin.
Mach mich griffsicher in der richtigen Zeiteinteilung,
schenke mir Fingerspitzengefühl, um herauszufinden,
was erstrangig und was zweitrangig ist.
Lass mich erkennen, dass Träume nicht weiterhelfen,
weder über die Vergangenheit noch über die Zukunft.
Hilf mir, das Nächste so gut wie möglich zu tun
und die jetzige Stunde als die wichtigste zu erkennen.
Bewahre mich vor dem naiven Glauben,
es müsse im Leben alles glatt gehen.
Schenke mir die nüchterne Erkenntnis,
dass Schwierigkeiten, Niederlagen, Misserfolge, Rückschläge
eine selbstverständliche Zugabe zum Leben sind,
durch die wir wachsen und reifen!

Erinnere mich daran,
dass das Herz oft gegen den Verstand streikt.
Schick mir im rechten Augenblick jemanden, der Mut hat,
mir die Wahrheit zu sagen!
Ich möchte dich und die anderen immer aussprechen lassen.
Die Wahrheit sagt man sich nicht selbst,
sie wird einem gesagt.
Du weißt, wie sehr wir der Freundschaft bedürfen.
Gib, dass ich diesem schönsten, schwierigsten,
riskantesten und zartesten Geschäft des Lebens gewachsen bin!
Verleihe mir die nötige Phantasie,
im rechten Augenblick ein Päckchen Güte,
mit oder ohne Worte, an der richtigen Stelle abzugeben.
Bewahre mich vor der Angst,
ich könnte das Leben versäumen.
Gib mir nicht, was ich mir wünsche,
sondern was ich brauche!

Antoine de Saint-Exupéry

Schaffe dir ein Nebenamt...

Schafft euch ein Nebenamt, ein unscheinbares,
womöglich ein geheimes Nebenamt.
Tut die Augen auf und sucht,
wo ein Mensch ein bisschen Zeit,
ein bisschen Teilnahme,
ein bisschen Fürsorge braucht.
Vielleicht ist es ein Einsamer, ein Verbitterter,
ein Kranker, ein Ungeschickter,
dem du etwas sein kannst.
Vielleicht ist's ein Greis, vielleicht ein Kind.
Wer kann die Verwendungen aufzählen,
die das kostbare Betriebskapital,
Mensch genannt, haben kann!
An ihm fehlt es an allen Ecken und Enden.
Darum suche, ob sich nicht eine Anlage
für dein Menschtum findet.
Lass dich nicht abschrecken,
wenn du warten oder experimentieren musst.
Auch auf Enttäuschungen sei gefasst.

Wir müssen darauf vorbereitet sein,
dass das Leben uns den Glauben an das Gute
und Wahre und die Begeisterung dafür
nehmen will. Aber wir brauchen sie ihm nicht
preiszugeben. Dass die Ideale, wenn sie sich
mit der Wirklichkeit auseinander setzen,
gewöhnlich von den Tatsachen erdrückt werden,
bedeutet nicht, dass sie von vornherein
vor den Tatsachen zu kapitulieren haben,
sondern nur, dass unsere Ideale nicht
stark genug sind.

Aber lass dir ein Nebenamt,
in dem du dich als Mensch an Menschen ausgibst,
nicht entgehen.

Es ist dir bestimmt, wenn du nur richtig willst.

Albert Schweitzer

Die „lebenswichtigen Dinge"

Baut eine Lebensmauer aus Kartons, auf die ihr Dinge schreibt, die ihr für „lebenswichtig" haltet. Schreibt kurze Texte zu „den Dingen"!

Friedhöfe und Bestattungen

Besucht einen Friedhof und informiert euch über die Arbeit eines Bestattungsunternehmens. Besucht auch Friedhöfe anderer Religionen! (Um eine Führung bitten!)

Feldforschung „Trauerrituale"

Stellt solche Rituale in einer Tabelle zusammen: Ritual, Beschreibung, Region/Land, religiöse Bedeutung ... Sammelt oder erstellt Bilder dazu!

„Wenn ich noch einen Tag zu leben hätte ..."

Setzt euch in Form eines Schreibgespräches mit dem Satz auseinander!

Sterbebegleitung – Was genau ist das?

Besucht einen Sterbebegleiter und interviewt ihn!

Sich informieren:
http://www.hospiz.net/
Bundesarbeitsgemeinschaft Hospiz zur Förderung von ambulanten, teilstationären und stationären Hospizen und Palliativmedizin e.V.

Traueranzeigen sammeln

Sammelt Anzeigen aus verschiedenen Zeitungen und vergleicht die Symbole in den Anzeigen. Sprecht mit Beerdigungsunternehmern oder Anzeigenredakteuren welche Symbole verwendet werden und warum gerade diese!

Wortfeld „sterben"

Versucht es mal als „Gedankenkarte":
Thema in die Mitte schreiben und einkreisen.
Hauptäste mit den Oberbegriffen bzw. Hauptgedanken an das Zentrum zeichnen.
Nebenäste mit den Unterbegriffen an die Hauptäste hängen.
Verzweigungen und Verästelungen Unterunterbegriffe usw.
(Zeichnungen, verschiedene Farben, Einkreisungen verwenden).

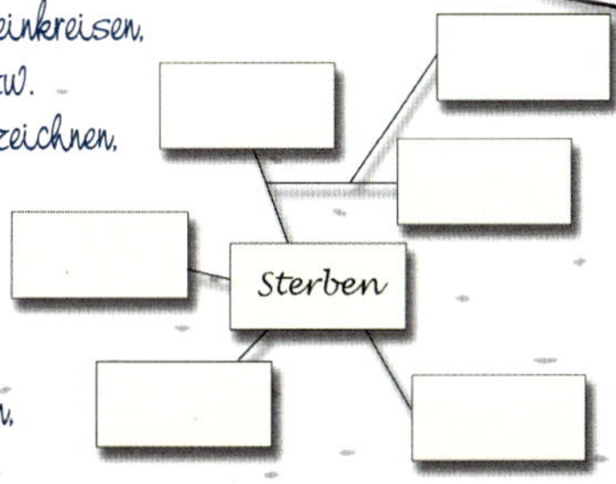

Sterben und *Tod* gehören zum *Leben* unmittelbar dazu. Sie bedingen die Einzigartigkeit unseres Lebens. Wer den Tod verdrängt, wird unempfindlich für das Leben. Das Nachdenken über die Dimension *Zeit* - über Zeit, die sichtbar verrinnt (Sanduhr), die Zeit-Punkte markiert („Ein jegliches hat seine Zeit") und Zyklen beschreibt (Jahreszeiten, Leben als „ständiger Kreislauf") - kann helfen, Endlichkeit und Unendlichkeit zu trennen und den Augenblick wertzuschätzen. „Lehre uns bedenken, dass wir sterben müssen, auf dass wir klug werden", betet ein Psalmdichter (Ps 90, 12).
▶ Kapitel „Zeit", S. 181 ff.

Beim *Umgang mit Sterbenden* steht eine menschenwürdige Behandlung im Vordergrund. Der Prozess des Sterbens kann von Angehörigen oder professionellen Sterbebegleitern mitgestaltet werden. In Hospizen können Sterbende versorgt werden, die nicht die Möglichkeit haben, zu Hause zu sterben. Bezüglich der Frage nach Sterbehilfe (Euthanasie) sind die Achtung des Lebensrechtes eines Menschen und die Würde des Menschen auf dem Hintergrund der christlich-abendländischen Tradition Grundlagen für eine ethische Entscheidung.

Der *Abschied von einem geliebten Menschen* fällt schwer. Ein solcher Verlust löst Schmerz, Wut und *Trauer* aus. Jede Gesellschaft hat Formen und Symbole entwickelt, die den Menschen zeigen, dass man trauert. Die Farbe „schwarz" und die Traueranzeige in der Zeitung gehören in unserer Gesellschaft dazu.

Die Frage, was nach dem Tod kommt, bewegte Menschen zu allen Zeiten und in allen Kulturen. Für den christlichen Glauben sind die Begriffe *Ewiges Leben und Auferstehung* zentral. Dabei geht es nicht um das buchstäbliche Für-Wahr-Halten von widernatürlichen Wundern oder Erscheinungen, sondern um das Vertrauen, dass die Bindung zwischen Gott und dem Menschen auch über den Tod hinaus trägt. „Darum: wir leben oder sterben, so sind wir des Herrn", sagt Paulus (Röm 14,8).

In den östlichen Religionen, z.B. dem Buddhismus, ist die Vorstellung einer permanenten *Wiedergeburt (Reinkarnation)* zentral. Sie erzwingt aber zugleich die Frage nach der „Erlösung": Wie verhindere ich meine Wiedergeburt, die nächste leidhafte Existenz?
▶ Kapitel „Der Weg des Buddhismus, S. 165 ff.

Schuld und Vergebung

Hans-Dieter Credé, 1988/90

Die Jäger

Eine Gruppe von Schülern landete nach einem Flugzeugunglück auf einer einsamen Insel. Kein Erwachsener hatte überlebt. Rasch bildete sich eine Gruppe von Jägern, die wilde Schweine erlegte. Das Gerücht von einem wilden Tier, das die Insel beherrsche, kam auf. Aber Simon entdeckte eines Abends die wahre Ursache: Im Wald hing die Leiche eines abgestürzten Fallschirmspringers, dessen Fallschirm bei Wind raschelte und Schatten warf. Erschrocken machte Simon sich auf, um der Gruppe von der Entdeckung zu berichten.

Da zog ein Gewitter auf. Die Jäger sahen ängstlich zum Himmel hinauf. Eine Welle der Unruhe brachte die Jungen in schwankende, rastlose Bewegung. Jack sprang auf den Sand hinunter. „Wir führen unseren Tanz auf! Los!" Nach jedem Blitzstrahl war die Luft dunkel und schrecklich. Roger machte das Schwein; er grunzte und ging auf Jack los, der zur Seite sprang. Die Jäger ergriffen ihre Speere, die Köche ihre Spieße. Sie tanzten im Kreis und die Schreie vereinigten sich zum Chor. „Stecht das Tier! Macht es tot! Blut fließt rot!" Sie tanzten jetzt im Takt und der Singsang erfasste sie immer mehr und fiel in festen Rhythmus. Roger verwandelte sich aus dem Schwein in einen Jäger, sodass die Mitte des Ringes frei war. Der Sang nahm an Verzweiflung zu. „Stecht das Tier! Macht es tot! Blut fließt rot!" Jetzt entstieg dem Entsetzen ein anderes, heißes, blindes Verlangen. Aus dem Kreis wurde ein Hufeisen.

Da kam vom Wald etwas gekrochen. Es kam dunkel, unsicher näher. Sie schrien schrill vor dem Tier auf. Das Tier taumelte in das Hufeisen hinein. Simon schrie etwas von einem Toten auf einem Berg. „Stecht das Tier! Macht es tot! Blut fließt rot!" Die Stöcke fielen herab und der neue Kreis war wie ein großes Maul, das schrie und mit den Zähnen knirschte. Das Tier lag in der Mitte auf den Knien und hatte die Arme vor das Gesicht geschlagen. Es schrie gegen den Höllenlärm an, es kämpfte sich vorwärts, durchbrach den Ring und fiel über die steile Felsstufe auf den Sand am Wasser. Sogleich wogte die Menge ihm nach, ergoss sich über den Fels, sprang das Tier an, schrie, schlug, biss, zerrte. Es fielen keine Worte, alle Bewegungen flossen zusammen zu einem einzigen Reißen von Zähnen und Klauen.

Da öffneten sich die Wolken und ließen einen Wasserfall hinabstürzen. Jetzt brach das Knäuel auseinander und einzelne Gestalten schwankten davon. Nur das Tier lag regungslos da, wenige Schritte vor dem Meer. Selbst durch den Regen konnten sie sehen, ein wie kleines Tier es war; schon färbte sein Blut den Sand. Die Flut ließ das Wasser steigen.

Leise glitt Simons lebloser Körper hinaus, dem freien Meer entgegen.

William Golding

Unaufhaltsam

Das eigene Wort,
wer holt es zurück,
das lebendige,
eben noch unausgesprochene
Wort?

Wo das Wort vorbeifliegt,
verdorren die Gräser,
werden die Blätter gelb,
fällt Schnee.
Ein Vogel käme dir wieder.
Nicht dein Wort,
das eben noch ungesagte,
in deinen Mund.
Du schickst andere Worte
hinterdrein,
Worte mit bunten, weichen Federn.
Das Wort ist schneller,
das schwarze Wort.
Es kommt immer an,
es hört nicht auf, an-
zukommen.

Besser ein Messer als ein Wort.
Ein Messer kann stumpf sein.
Ein Messer trifft oft
am Herzen vorbei.
Nicht das Wort.

Am Ende ist das Wort,
immer
am Ende
das Wort.

Hilde Domin

Ich schreibe dir, weil ich ein echtes Problem habe und nicht mehr weiter weiß. Ich habe Schulden und schaffe die Ratenzahlungen nicht mehr. Alles fing mit dem Urlaub im letzten Sommer an. Ich war mit unserer Clique auf Korsika. Der Urlaub war echt cool, vor allem wegen Benno, der war so süß. Aber die ganze Sache hat mich 700 Euro gekostet.
Eigentlich hätte ich mir den Trip nicht leisten können und von meiner Mam kann ich kohlemäßig nichts erwarten. Ich hab dann etwas gemacht, was mein Bruder auch schon probiert hat: Geld per Versandhandel! Ich habe eine Stereoanlage bestellt und gleichzeitig geschrieben, dass ich die Sache mit Raten bezahlen will. Man muss lediglich sagen, dass man über 18 ist. Die Stereoanlage habe ich dann originalverpackt ins Pfandhaus gebracht und genauso habe ich es mit einem TV gemacht. Mit dem Geld aus dem Pfandhaus war Korsika bezahlt.
Jetzt muss ich die Raten zurückzahlen und das ist schwierig geworden, weil ich den Job im Café nicht mehr habe. Mit den 50 Euro Taschengeld komme ich nicht weit. Ich weiß wirklich nicht, wie ich die Raten bezahlen soll. Du hast es gut als Studentin, kriegst BAFöG und kannst jobben. Ich hänge dagegen immer in den Miesen. Wenn man auf eine Party geht, kann man nicht in Klamotten von C&A ankommen. Die lachen dich aus, auch wenn die sonst so tun, als wäre ihnen Geld ganz egal. Ich habe es satt, immer Nein sagen zu müssen, bloß weil ich im Moment keine Kohle habe und meine Mam nicht so viel verdient.
Kannst du mir nicht helfen oder mir raten, was ich tun soll?

Bettina

Gebet in Verfolgung – Psalm 7

Herr, ich bin von der Menge der Nachrichten verwirrt:
Arbeitslose – Preise steigen – Menschen getötet bei einem Banküberfall –
Zugunglück mit 30 jungen Menschen –
Flugzeugabsturz mit 173 Touristen auf dem Rückflug –
und die Verkehrstoten
jeden Tag.

> Die Meldungen verfolgen mich:
> Menschliches Versagen – Egoismus – jeder hat Vorfahrt.
> Ich weiß mir nicht mehr zu helfen.
> Ich weiß nicht mehr ein noch aus.

Bewahre mich Gott vor lähmender Resignation.
Rette mich vor der zersetzenden „Man kann ja doch nichts tun"-Haltung.
Es gibt so viele Menschen, die das Gute wollen,
warum können sie es nicht verwirklichen?
Es gibt so viele gute Gedanken,
die die Menschen und die Welt bewegen könnten.
Warum setzen sie sich so wenig durch?

> O Herr, mein Gott,
> ich will an dem Untergang der Erde nicht mitarbeiten
> und nicht mitschuldig werden.
> Gib du mir neuen Boden unter die Füße,
> damit ich einen sicheren Halt
> und eine klare Linie habe.
> Gib mir ein Beispiel,
> nach dem wir uns alle richten können.

Uwe Seidel

Kains Brudermord

Und Adam erkannte sein Weib Eva, und sie ward schwanger und gebar den Kain und sprach: Ich habe einen Mann gewonnen mit Hilfe des HERRN. Danach gebar sie Abel, seinen Bruder, und Abel wurde ein Schäfer, Kain aber wurde ein Ackermann.

Es begab sich aber nach etlicher Zeit, dass Kain dem HERRN Opfer brachte von den Früchten des Feldes. Und auch Abel brachte von den Erstlingen seiner Herde und von ihrem Fett.

Und der Herr sah gnädig an Abel und sein Opfer, aber Kain und sein Opfer sah er nicht gnädig an. Da ergrimmte Kain sehr und senkte finster seinen Blick.

Da sprach der HERR zu Kain: Warum ergrimmst du? Und warum senkst du deinen Blick? Ist's nicht also? Wenn du fromm bist, so kannst du frei den Blick erheben. Bist du aber nicht fromm, so lauert die Sünde vor der Tür, und nach dir hat sie Verlangen; du aber herrsche über sie.

Da sprach Kain zu seinem Bruder Abel: Lass uns aufs Feld gehen! Und es begab sich, als sie auf dem Felde waren, erhob sich Kain wider seinen Bruder Abel und schlug ihn tot.

Da sprach der HERR zu Kain: Wo ist dein Bruder Abel? Er sprach: Ich weiß nicht; soll ich meines Bruders Hüter sein? Er aber sprach: Was hast du getan? Die Stimme des Blutes deines Bruders schreit zu mir von der Erde. Und nun: Verflucht seist du auf der Erde, die ihr Maul hat aufgetan und deines Bruders Blut von deinen Händen empfangen. Wenn du den Acker bebauen wirst, soll der dir hinfort seinen Ertrag nicht geben. Unstet und flüchtig sollst du sein auf Erden.

Kain aber sprach zu dem HERRN: Meine Strafe ist zu schwer, als dass ich sie tragen könnte. Siehe, du treibst mich heute vom Acker, und ich muss unstet und flüchtig sein auf Erden. So wird mir's gehen, dass mich totschlägt, wer mich findet.

Aber der HERR sprach zu ihm: Nein, sondern wer Kain totschlägt, das soll siebenfältig gerächt werden. Und der HERR machte ein Zeichen an Kain, dass ihn niemand erschlüge, der ihn fände.

So ging Kain hinweg von dem Angesicht des HERR und wohnte im Lande Nod, jenseits von Eden, gegen Osten.

Gen 4,1-16

William Blake, um 1826

Kain, mein bruderloser Freund

Kain, mein bruderloser Freund, was quält dich da hinter deiner Stirn?
Ist es deine Einsamkeit oder dein Computerhirn?
Kain, mein bruderloser Freund, du suchst Abel, fragst mich, wo er ist.
Was nützt es, wenn ich dir's sage,
wo du trotz schöner Augen doch ein Blinder bist?
Kain, mein bruderloser Freund, er stand vor dir an vielen hundert
Tagen, du hast ihn nie gesehen, aber hast ihn jedes Mal erschlagen.

Würde man dich sezieren, dein Herz fänd' man im Hirn,
und es wäre 'schaffen wie ein Stück Gletscherfirn.
Ich hör' dich immer klagen über Kälte weit und breit,
dabei ist diese nur deine eigene Wärmelosigkeit.

Kain, mein bruderloser Freund, du stocherst gern in Frühlingsbeeten,
und morgen machst du dich zum Richter
über die, die angeblich schlecht säten.
Kain, mein bruderloser Freund, dein Urteil ist immer ein Gericht.
Mit Scharfsinn kannst du das Außen fassen,
nur, Kain, das Innen leider nicht.
Kain, mein bruderloser Freund, die Körnchen der Wahrheit
sind so klein,
und für das Netz unserer Gedanken ist der Inhalt einer Sache
oft zu fein.

Nichts als Keulenschwingerei ist dein Tun in deiner Not.
Die Welt ist ja so schlecht, doch zum Glück schmeckt dir ihr Brot.
Und das gibt sie gerne, wenn auch hart mitunter.
Bau sie doch mit auf, reiß' sie nicht stets herunter.

Kain, mein bruderloser Freund, sei kein Menschenfresser,
wir brauchen deine Kritik, doch recherchier' ein bisschen besser.
Kain, mein bruderloser Freund, die Mitte ist beim Nabel.
Verzeih, dass ich gestört hab'.

In Liebe, dein Bruder Abel.

Peter Horton

Abel steh auf

Abel steh auf
es muss neu gespielt werden
täglich muss es neu gespielt werden
täglich muss die Antwort noch vor uns sein
die Antwort muss ja sein können
wenn du nicht aufstehst Abel
wie soll die Antwort sich je verändern

wir können alle Kirchen schließen und alle Gesetzbücher abschaffen
in allen Sprachen der Erde
wenn du nur aufstehst und es rückgängig machst
die erste falsche Antwort
auf die einzige Frage
auf die es ankommt
steh auf
damit Kain sagt
damit er es sagen kann:
Ich bin dein Hüter Bruder
wie sollte ich nicht dein Hüter sein
Täglich steh auf
damit wir es vor uns haben
dies Ja ich bin hier
ich
dein Bruder

Damit die Kinder Abels sich nicht mehr fürchten
weil Kain nicht Kain wird
Ich schreibe dies ich ein Kind Abels
und fürchte mich täglich vor der Antwort
die Luft in meiner Lunge wird weniger
wie ich auf die Antwort warte

Abel steh auf
damit es anders anfängt
zwischen uns allen

Die Feuer die brennen
das Feuer das brennt auf der Erde
soll das Feuer von Abel sein
Und am Schwanz der Raketen
sollen die Feuer von Abel sein

Hilde Domin

Jesus und die Ehebrecherin

Jesus aber ging zum Ölberg. Und frühmorgens kam er wieder in den Tempel, und alles Volk kam zu ihm, und er setzte sich und lehrte sie.

Aber die Schriftgelehrten und Pharisäer brachten eine Frau zu ihm, beim Ehebruch ergriffen, und stellten sie in die Mitte und sprachen zu ihm: Meister, diese Frau ist auf frischer Tat beim Ehebruch ergriffen worden. Mose aber hat uns im Gesetz geboten, solche Frauen zu steinigen. Was sagst du?

Das sagten sie aber, ihn zu versuchen, damit sie ihn verklagen könnten. Aber Jesus bückte sich und schrieb mit dem Finger auf die Erde.

Als sie nun fortfuhren, ihn zu fragen, richtete er sich auf und sprach zu ihnen:

Wer unter euch ohne Sünde ist, der werfe den ersten Stein auf sie. Und er bückte sich wieder und schrieb auf die Erde.

Als sie aber das hörten, gingen sie weg, einer nach dem anderen, die Ältesten zuerst; und Jesus blieb allein mit der Frau, die in der Mitte stand.

Jesus aber richtete sich auf und fragte sie: Wo sind sie, Frau? Hat dich niemand verdammt?

Sie antwortete: Niemand, Herr.

Jesus aber sprach: So verdamme ich dich auch nicht; geh hin und sündige hinfort nicht mehr.

Joh 8,1-11

Max Beckmann, 1917

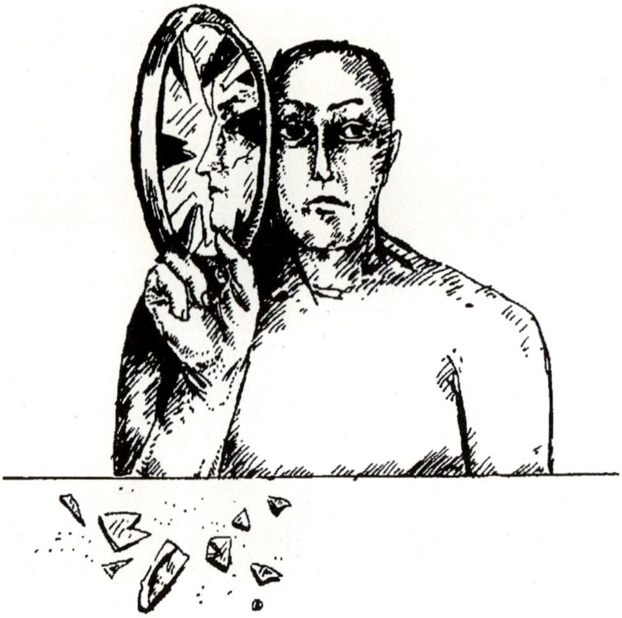

Gefängnisgedanken

Kann man die Jahre im Elend und der Abgeschlossenheit der Haft vergessen, wo wir Tag für Tag in unserer Zelle spürten, wie wir uns veränderten? Ja, wir sind nicht mehr wir, wir sind nicht mehr die Frauen und Männer, die wir einmal waren. Die Jahre haben uns zu dem geformt, was wir jetzt sind.

Die Frage ist, wozu diese Jahre in der Haft genutzt haben. Haben wir unsere Tat gebüßt, hat man uns also nur bestraft oder sollte die Zeit zur Heilung dienen? Zur Heilung der Gefühle und Krankheiten, die uns jeweils zu unserer Straftat brachten, Krankheiten, die die Gesellschaft nicht tragen wollte?

Das Besondere ist, dass sich ein Wiederholungsmotiv überhaupt erst in der Haft entwickelt. Will man uns Reue beibringen? Dazu braucht man nicht Jahre, auch kein halbes oder ein ganzes Leben im Kittchen, die Reue kommt unmittelbar nach der Tat.

Wenn man uns als neue Menschen für die Gesellschaft gewinnen will, ist dies, weiß Gott, nicht der richtige Weg. Das sehe ich hier und lebe tagtäglich in dieser kleinen eingeengten Welt, im Gefängnis.

Vorbestraft zu sein, bedeutet, immer wieder straffällig zu werden. Wir werden nach der Entlassung lernen müssen, damit zu leben.

Saliha Scheinhardt

… oder so?

Montag, 6.00 Uhr
Der Wecker klingelt. Noch halb verschlafen schalte ich das Radio ein. Als ich mit der Morgentoilette fertig bin, kocht auch schon das Wasser. Vor ein paar Wochen sind endlich die Tauchsieder genehmigt worden. Ich leiste mir den Luxus und filtere mir Bohnenkaffee.

7.00 Uhr
Ich gehe in die Schneiderwerkstatt, wo ich eine Lehre mache. Nach eigenen Vorstellungen nähe ich einen Hosenanzug. Das Schneidern war schon als Mädchen immer mein Traum gewesen, aber ich hatte nie Gelegenheit, an eine Nähmaschine zu kommen.

11.30 Uhr
Ich mache mich auf den Weg in die Zelle. Vorher schaue ich auf den Essensplan. Das Essen entspricht einem durchschnittlichen Kantinenessen. Nach dem Essen lese ich die Tageszeitung.

12.30 Uhr
Eine Stunde Hofgang, an dem ich mich nicht beteilige, es ist mir zu kalt und ich hasse diese verordnete Frischluft. Ich blättere in einem Modemagazin, das ich abonniert habe.

13.30 Uhr
Ich gehe wieder in die Werkstatt und arbeite an den Innentaschen, nachdem der Meister ein paar Fehler korrigiert und mir Ratschläge gegeben hat.

17.00 Uhr
Das Abendessen wird ausgegeben: Nudelsuppe mit Brot und Margarine. Danach ziehe ich mir den Trainingsanzug an. Die Sportlehrerin holt mich eine Viertelstunde später zum Volleyball ab.

18.30 Uhr
Wir gehen duschen, ich muss mich beeilen, um 19.00 Uhr kommt ein alter Schauspieler, der die Theatergruppe leitet. Ich habe übernommen, für die Kostüme und die Maske zu sorgen.

22.00 Uhr
Allmählich bin ich ganz schön fertig. Als ich alle Kostüme und den Schminktisch aufgeräumt habe, gehe ich noch in den Fernsehraum, aber das Programm langweilt mich.

23.30 Uhr
Das Licht geht aus. Ich bin sehr müde.

Im Übrigen meine ich,
dass Gott uns das Geleit geben möge.
Immerdar.

Auf unserem langen Weg zu unserer Menschwerdung,
auf dem endlos schmalen Pfad zwischen Gut und Böse.
Er möge uns die vielen Streitigkeiten
von morgens bis abends
verzeihen.

Das Hin- und Herlaufen zwischen den vielen Fronten.
All die Vorwürfe,
die wir uns gegenseitig machen,
möge Er in herzhaftes Gelächter verwandeln
und unsere Bosheiten in viele Witze auflösen.

Wir bitten ihn Zeichen zu setzen und Wunder zu tun,
dass wir von all unseren Schuldzuweisungen ablassen
und jedwedem Gegner ein freier Gastgeber sind.

Er möge uns von seiner Freiheit ein Lied singen,
auf dass wir alle gestrigen Vorurteile außer Kraft
und alle Feindseligkeiten außer Gefecht setzen.
Ja, Er möge sich zu uns an den Tisch setzen
und erkennen,
wie sehr wir ihn alle brauchen.

Hanns Dieter Hüsch

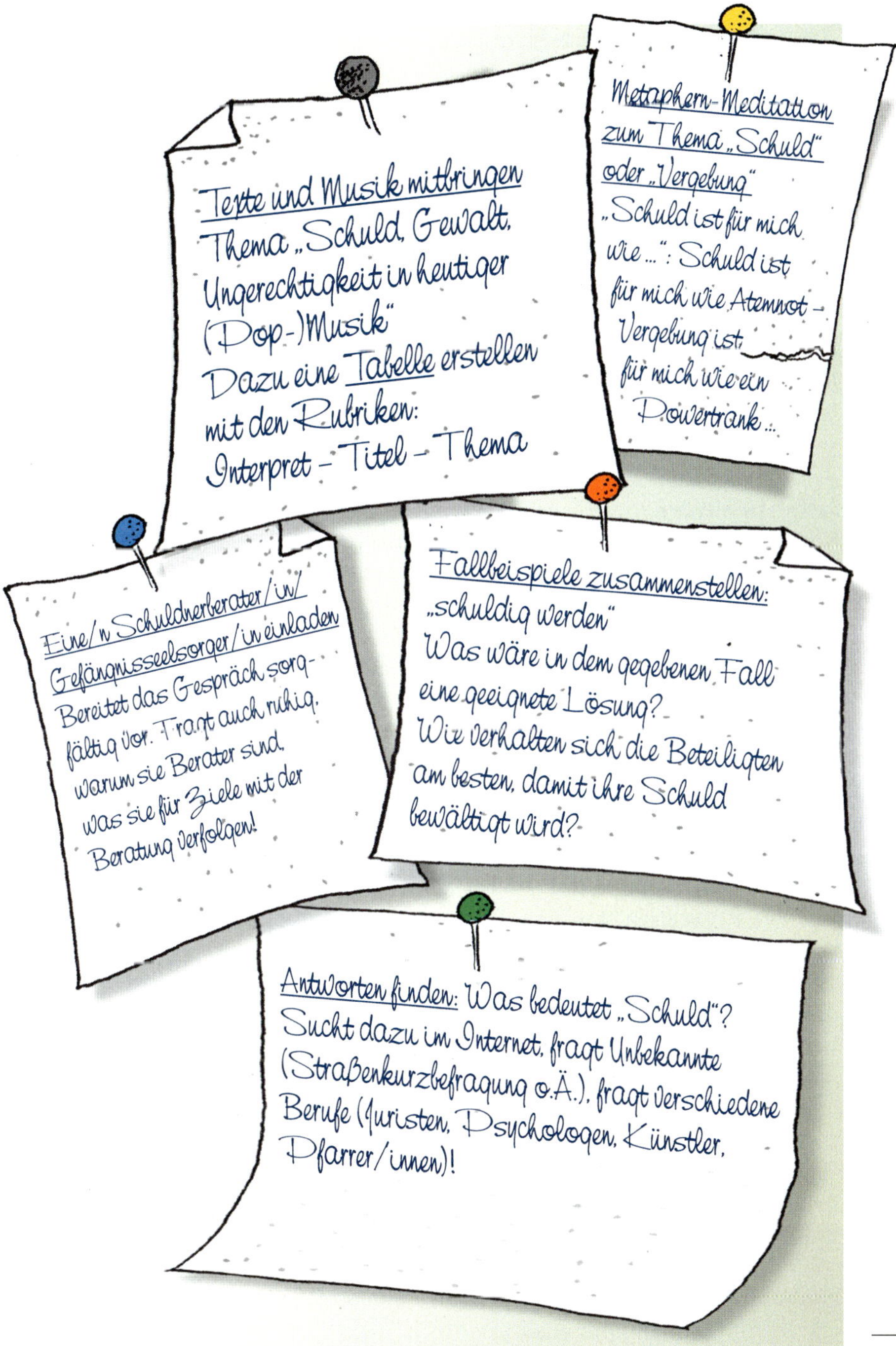
Texte und Musik mitbringen
Thema „Schuld, Gewalt, Ungerechtigkeit in heutiger (Pop-)Musik“
Dazu eine Tabelle erstellen mit den Rubriken:
Interpret – Titel – Thema
Metaphern-Meditation zum Thema „Schuld“ oder „Vergebung“
„Schuld ist für mich wie ...“: Schuld ist für mich wie Atemnot – Vergebung ist für mich wie ein Powertrank ...
Eine/n Schuldnerberater/in/ Gefängnisseelsorger/in einladen
Bereitet das Gespräch sorgfältig vor. Fragt auch ruhig, warum sie Berater sind, was sie für Ziele mit der Beratung verfolgen!
Fallbeispiele zusammenstellen: „schuldig werden“
Was wäre in dem gegebenen Fall eine geeignete Lösung?
Wie verhalten sich die Beteiligten am besten, damit ihre Schuld bewältigt wird?
Antworten finden: Was bedeutet „Schuld“? Sucht dazu im Internet, fragt Unbekannte (Straßenkurzbefragung o.Ä.), fragt verschiedene Berufe (Juristen, Psychologen, Künstler, Pfarrer/innen)!

Auch wenn den meisten Menschen das Empfinden von Schuld eher unangenehm ist, kann man nicht die Augen davor verschließen, dass wir durch unser Tun und Lassen immer wieder an anderen *schuldig werden.* Dies geschieht auf unterschiedlichste Weise: Die direkteste Art ist der *körperliche Übergriff* in Form von Gewalt. Etwas verdeckter, aber oft genauso verletzend, ist der *seelische Übergriff* in Form von Drohung, Beleidigung und Demütigung durch Worte oder stumme Feindschaft (Ausgrenzung). Durch Schulden, die man macht, wird man letztlich *an sich selbst schuldig:* Man treibt sich in die Enge. Manche Menschen geraten auch unschuldig in Schuld und tragen ein Leben lang daran schwer.

Bei allen Formen des (un)bewussten Übergriffs geht es letztlich darum, seinem Mitmenschen das Lebensrecht beschneiden oder sogar bestreiten zu wollen. Tiefster Beweggrund zu diesem schuldhaften Handeln ist das *Gefühl, missachtet zu sein und nicht oder zu wenig anerkannt zu werden.*

Von dieser Grunderfahrung des Menschen berichtet die Geschichte von *Kain und Abel.* Kains Opfergabe wird nicht so anerkannt wie Abels Gabe und dieses Zurückgesetztsein löst eine blinde Wut aus, die sich im Mord am Bruder entlädt. Der Brudermord ist der Übergriff auf den Mitmenschen, der die eigene Lebensentfaltung zu bedrohen scheint. Die mangelnde Anerkennung wird in der Erzählung nicht zur Diskussion gestellt, sie gehört als schmerzhafte Erfahrung zum Menschsein dazu. Auch heute gibt es Kain, verstanden als Prototyp eines Menschen, der als Nörgler oder Zerstörer anderen das Leben missgönnt – oft aus eigener Not.

Die Erzählung *Jesus und die Ehebrecherin* greift das Thema *Vergebung* auf. Im Zentrum der Begegnung zwischen Jesus, der Ehebrecherin und den Pharisäern steht die Einsicht, dass jede Verurteilung, die man vornimmt, auf dem Hintergrund des eigenen Handelns geprüft werden sollte. Damit wird keine Laisser-faire-Haltung befürwortet. Jesus spielt das Handeln der Ehebrecherin nicht herunter, er wendet sich nur gegen ein heuchlerisches Erhabensein über jegliche Verfehlung. Die nüchterne Selbsteinschätzung ist Voraussetzung für eine Vergebungsbereitschaft, die dem anderen, der schuldig geworden ist, einen Weg zurück in die Gemeinschaft eröffnet.

Dieses sollte für Streit und Auseinandersetzungen im zwischenmenschlichen Bereich gelten, aber auch für Straftäter, die rechtmäßig verurteilt wurden. Das *Konzept der Resozialisierung* entspricht dem Versuch einer Wiedereingliederung in die Gesellschaft mit dem Ziel, dass die Verurteilten eine sinnvolle, finanziell eigenständige Lebensführung wieder aufnehmen können.

Warum? – Menschen im Leid

Caspar David Friedrich, 1810

Schmetterling und Taucherglocke

Heimlich beobachte ich meine Kinder, zusammengesunken in meinem Rollstuhl, den ihre Mutter durch die Krankenhausflure schiebt. Ich bin zwar ein etwas zombiehafter Vater geworden, aber Théophile und Céleste sind ganz wirklich, ständig in Bewegung und am Meckern, und ich werde nicht müde, sie gehen, einfach nur neben mir gehen zu sehen, wobei sie das Unbehagen, das auf ihren kleinen Schultern lastet, mit selbstsicherem Getue kaschieren.
Im Gehen wischt Théophile die Speichelfäden, die aus meinem geschlossenen Mund rinnen, mit Papierservietten ab. Seine Geste ist verstohlen, zugleich zärtlich und furchtsam, so als habe er ein Tier mit unvorhersehbaren Reaktionen vor sich. Sobald wir langsamer werden, legt Céleste ihre nackten Arme um meinen Kopf, bedeckt meine Stirn mit schallenden Küssen und sagt immer wieder und wieder: „Das ist mein Papa, das ist mein Papa", wie einen Zauberspruch.
Wir feiern Vatertag. Bis zu meinem Hirnschlag hatten wir nicht das Bedürfnis, dieses aufgezwungene Miteinander in unseren Gefühlskalender einzutragen, aber jetzt verbringen wir diesen symbolischen Tag zusammen, wahrscheinlich um zu bezeugen, dass eine Andeutung, ein Schatten, ein Stückchen Papa immer noch ein Papa ist.
Ich bin hin- und hergerissen zwischen der Freude, sie ein paar Stunden lang zu sehen, sich bewegen, lachen oder weinen zu sehen, und der Befürchtung, dass der Anblick dieses ganzen Leids nicht gerade die ideale Unterhaltung für einen zehnjährigen Jungen und seine achtjährige Schwester ist.
„Spielen wir was? Vielleicht Galgenmännchen?", fragt Théophile.
Eine Welle von Kummer hat mich überwältigt. Théophile, mein Sohn, sitzt brav neben mir, sein Gesicht ist fünfzig Zentimeter von meinem entfernt und ich, sein Vater, habe nicht das simple Recht, mit der Hand über sein dichtes Haar zu streichen, ihn in seinen flaumigen Nacken zu zwicken, seinen glatten, warmen kleinen Körper ganz fest zu umarmen. Was soll ich dazu sagen? Ist es ungeheuerlich, ungerecht, eine Sauerei oder entsetzlich? Plötzlich bringt es mich um. Tränen steigen auf und meiner Kehle entringt sich ein krampfhaftes Röcheln, bei dem Théophile erschauert. Keine Angst, kleiner Mann, ich liebe dich. Immer noch bei seinem Galgenmännchen, beendet er die Partie. Noch zwei Buchstaben, er hat gewonnen und ich habe verloren. Auf einem Stück Papier zeichnet er den Galgen, den Strick und den Hingerichteten zu Ende.

Jean-Dominique Bauby

Predigt für die Opfer eines Flugzeugabsturzes

Wir gedenken der Menschen, die in den Urlaub flogen, voller Freude und Erwartung. Und die so von einem Augenblick zum anderen aus der Freude in den Schrecken und Tod gerissen wurden. Wir stellen uns uns selbst vor, wie wir in den Urlaub fliegen. Welch entsetzliche Verwandlung ist möglich. Furchtbar. Wir gedenken der Angehörigen, wir denken an ihre Verzweiflung und Lähmung. Wir erleben es ja ständig. Als Autounfall, als Betriebsunfall. Nur, wenn so viele Leben auf einmal herausgerissen werden – es sind alles Einzelne, die Frauen, die Männer, die Kinder; aber es machen die vielen abgebrochenen Leben den Schrecken viel größer und die Frage nach dem Warum viel lauter. Warum, warum muss es so laufen?

Das ist keine Frage nach den Unfallursachen, über die wir, weil es uns die Sprache verschlägt, viel reden. Technisch wird die Frage eine Antwort finden; wahrscheinlich.

Nun, warum musste es so laufen, lieber Gott, warum? Das ist eine Frage an Gott. Es wird keine Antwort gegeben. Ich weiß es auch nicht. Und doch müssen wir fragen, hadern und zweifeln, fluchen und bewusst verstummen, wenn wir Menschen bleiben wollen. Weil wir diese Welt verstehen wollen, unser Leben zu begreifen suchen, nicht einem sinnlosen Schicksal ausgeliefert sein wollen. Weil wir das Verstehen unseres Lebens einklagen möchten. Darum müssen wir von Gott reden, vom Geheimnis unseres Lebens und dieser Welt. Sind wir denn nur kümmerliche Eintagsfliegen, vom Winde schnell verweht?

Was heißt es, wenn Jesus, der Gott vertreten hat und den Menschen, den Verzweifelten helfen konnte, wenn der selbst schreit, mein Gott, mein Gott, warum hast du mich verlassen?

Es heißt, sagt Paulus, dass er dich in deiner Gottverlassenheit, in deiner Antwortlosigkeit aufsucht.

Horst Hirschler

Mein Gott, mein Gott,
warum hast du mich verlassen?
Ich schreie, aber meine Hilfe ist ferne.
Mein Gott, des Tages rufe ich,
doch antwortest du nicht,
und des Nachts, doch finde ich keine Ruhe.
Du aber bist heilig, der du thronst über den
Lobgesängen Israels.
Unsere Väter hofften auf dich;
und da sie hofften, halfst du ihnen heraus.
Zu dir schrien sie und wurden errettet,
sie hofften auf dich
und wurden nicht zuschanden.
Ich aber bin ein Wurm und kein Mensch,
ein Spott der Leute und verachtet vom Volke.
Alle, die mich sehen, verspotten mich,
sperren das Maul auf und schütteln den Kopf:
„Er klage es dem Herrn, der helfe ihm heraus
und rette ihn, hat er Gefallen an ihm."
Du hast mich aus meiner Mutter Leibe gezogen;
du ließest mich geborgen sein
an der Brust meiner Mutter.
Auf dich bin ich geworfen von Mutterleib an,
du bist mein Gott von meiner Mutter Schoß an.
Sei nicht ferne von mir, denn Angst ist nahe;
denn es ist hier kein Helfer.

Ps 22,1-12

Johannes Schreiter, 1993/97,
Kirchenfenster in St. Jacobi, Göttingen

Warum denn ich?

Ganz laut ruf' ich um Hilfe –
niemand kann es hören.

Um einen Blick nur betteln meine Augen –
niemand hält ihm stand.

Mein Herz krampft sich zusammen, schmerzt und blutet –
niemand kann es sehn.

Nach einem Wort des Trostes lauschen meine Ohren –
niemand spricht es aus.

Oh, diese Not! So hilflos, so allein.
Es ist zu viel.
Und niemand kann's ertragen.
Wer hört mein „unerhörtes" Fragen:
Warum denn ich?

Sabine Niebuhr

Maskenloses Leid

Niemand hat gerne Krebs, ich auch nicht.
Der Hass und die Verzweiflung in mir hören nicht mehr auf.
Sie sind wie ein Vulkan, der in mir explodiert
und nie mehr erlöschen kann, solange ich noch lebe.
Wenn ich nachts nicht schlafen kann und mich schweißgebadet ächzend und brüllend in meinem Bett herumwälze, wenn ich sinnlos schreiend in meiner Wohnung herumrenne und meine Zimmerwände anheule, dann ist dieser Vulkan tätig.
Immer wieder erleide ich auch vor allem zwei bestimmte körperliche Sensationen. Oft ist mir, als ob man ein Schwert langsam durch meine Wirbelsäule bis zu den letzten Lendenwirbeln versenkte; und oft werde ich plötzlich am ganzen Körper vor Schmerz geschüttelt.
Das ist kein Schüttelfrost, das ist nicht die Hitze und nicht die Kälte, das ist nicht das Wetter und nicht das Frühaufstehen am Montagmorgen, das mich schüttelt.
Das ist das unverhüllte, maskenlose Leid der Seele, das den Körper herumwirft in ohnmächtiger und hoffnungsloser Verzweiflung.

Fritz Zorn

Hiobs Prüfung

Es begab sich aber eines Tages, da die Gottessöhne kamen und vor den Herrn traten, kam auch der Satan unter ihnen.
Der Herr aber sprach zu dem Satan: Wo kommst du her? Der Satan antwortete dem Herrn und sprach: Ich habe die Erde hin und her durchzogen.
Der Herr sprach zum Satan: Hast du Acht gehabt auf meinen Knecht Hiob? Denn es ist seinesgleichen nicht auf Erden, fromm und rechtschaffen, gottesfürchtig und meidet das Böse.
Der Satan antwortete dem Herrn und sprach: Meinst du, dass Hiob Gott umsonst fürchtet?
Hast du doch ihn, sein Haus und alles, was er hat, ringsumher beschützt. Du hast das Werk seiner Hände gesegnet, und sein Besitz hat sich ausgebreitet im Lande.
Aber strecke deine Hand aus und taste alles an, was er hat: was gilt's, er wird dir ins Angesicht absagen!
Der Herr sprach zum Satan: Siehe, alles, was er hat, sei in deiner Hand; nur an ihn selbst lege deine Hand nicht. Da ging der Satan hinaus von dem Herrn.

Hiob 1,6–12

Erich Grün, 2001

Die Erklärungen der Freunde Hiobs

Eliphas

Bedenke doch: Wo ist ein Unschuldiger umgekommen?
Oder wo wurden die Gerechten je vertilgt?
Wohl aber habe ich gesehen: Die da Frevel pflügten und Unheil säten, ernteten es auch ein.
Durch den Odem Gottes sind sie umgekommen und vom Schnauben seines Zorns vertilgt.
Siehe, selig ist der Mensch, den Gott zurechtweist;
darum widersetze dich der Zucht des Allmächtigen nicht.
Denn er verletzt und verbindet; er zerschlägt, und seine Hand heilt.
Du sprichst zwar: „Was weiß Gott? Sollte er durchs Gewölk hindurch richten können?"
So vertrage dich nun mit Gott und mache Frieden; daraus wird dir viel Gutes kommen.
Nimm doch Weisung an von seinem Munde und fasse seine Worte in dein Herz.
Denn er erniedrigt die Hochmütigen; aber wer seine Augen niederschlägt, dem hilft er.

Hiob 4,7-9; 5,17-18; 22,13.21-22.29

Bildad

Haben deine Söhne vor ihm gesündigt, so hat er sie verstoßen um ihrer Sünde willen.
Wenn du aber dich beizeiten zu Gott wendest und zu dem Allmächtigen flehst,
wenn du rein und fromm bist, so wird er deinetwegen aufwachen und wird wieder aufrichten deine Wohnung, wie es dir zusteht.
Herrschaft und Schrecken ist bei ihm, der Frieden schafft in seinen Höhen.
Wer will seine Scharen zählen? Und über wem geht sein Licht nicht auf?
Und wie kann ein Mensch gerecht sein vor Gott?

Hiob 8,4–6; 25,2–4a

Zophar

Meinst du, dass du weißt, was Gott weiß, oder kannst du alles so vollkommen treffen wie der Allmächtige?
Die Weisheit ist höher als der Himmel: was willst du tun?, tiefer als die Hölle: was kannst du wissen?

Hiob 11,7-8

Rons Lektion

Nehmen wir den Fall Ron. Mit einem älteren Partner führte er eine Apotheke. Eines Tages, als Ron schließen wollte, zog ein Junkie einen Revolver, zielte auf ihn und verlangte Geld und Drogen. Ron wollte lieber die Einnahmen eines Tages hergeben, als ein Held zu sein. Er wollte die Ladenkasse öffnen, dabei zitterten seine Hände. Der Räuber meinte, er griffe nach einer Waffe, und schoss. Die Kugel drang in Rons Unterleib und blieb im Rückenmark stecken. Ron konnte nie wieder gehen. Freunde versuchten, ihn zu trösten. Sie erzählten ihm von Kuren. Andere versuchten, mit ihm eine Antwort auf die Frage „Warum gerade ich?“ zu finden.
„Man muss glauben“, sagte ein Freund, „dass alles, was im Leben geschieht, zu einem ganz bestimmten Zweck geschieht. Was und wie auch immer – alles, was geschieht, ist zu unserem Besten. Versuch’, es so zu nehmen: Du warst immer ein selbstbewusster junger Mann, hattest immer Mädchen, tolle Wagen und hast eine Menge Geld gemacht. Du hast dir niemals Zeit genommen, dich um Menschen zu kümmern, die mit dir nicht Schritt halten konnten. Mag sein, dass Gott dir auf diese Weise eine Lektion erteilen will, um dich dazu zu bringen, etwas mehr über alles nachzudenken und mehr mit anderen Menschen zu empfinden. Mag sein, dies ist Gottes Art, dir Stolz und Arroganz auszutreiben und aus dir einen besseren, mitfühlenderen Menschen zu machen.“

Harold Kushner

Menschen ohne Leid

Manchen Menschen
bleibt alles Schwere
erspart.
Sie kennen keine Enttäuschung,
keine Angst,
kein Leid.
Sie sterben auch nicht.
Sie verdorren
wie Früchte,
die bei der Ernte
vergessen werden.

Norbert Mussbacher

Der Mensch sieht nur die Unterseite

Der Diakon richtete seinen Blick auf einen hausgewirkten Teppich zu seinen Füßen und Rogers Augen folgten den seinen. Der Teppich war sehr alt, aber eine komplizierte, labyrinthische Zeichnung in Braun und Schwarz war noch erkennbar.
„Mr. Ashley, heben Sie freundlichst den Teppich hoch und schlagen Sie ihn um."
Roger tat das. Keine Zeichnung ließ sich auf der Rückseite verfolgen. Sie zeigte eine Unmenge von Knoten und zerfransten, lose hängenden Fadenenden. Mit einer Handbewegung wies der Diakon Roger an, den Teppich wieder hinzubreiten.
„Das sind die Fäden und Knoten des menschlichen Lebens. Die vorbestimmte Zeichnung vermögen wir nicht zu sehen."

Thornton Wilder

Marianne Haas, 1999

Auflehnung gegen das Leid

Da stand Hiob auf und zerriss sein Kleid und schor sein Haupt und fiel auf die Erde und neigte sich tief und sprach: Ich bin nackt von meiner Mutter Leibe gekommen, nackt werde ich wieder dahinfahren. Der Herr hat's gegeben, der Herr hat's genommen; der Name des Herrn sei gelobt!
Haben wir Gutes empfangen von Gott und sollten das Böse nicht auch annehmen?

Ich bin unschuldig! Ich möchte nicht mehr leben; ich verachte mein Leben. Es ist eins, darum sage ich: Er bringt den Frommen um wie den Gottlosen.
Wenn seine Geißel plötzlich tötet, so spottet er über die Verzweiflung der Unschuldigen.
Ich soll ja doch schuldig sein! Warum mühe ich mich denn so vergeblich?
Denn er ist nicht ein Mensch wie ich, dem ich antworten könnte, dass wir miteinander vor Gericht gingen.
Dass es doch zwischen uns einen Schiedsmann gäbe, der seine Hand auf uns beide legte!

Warum bleiben die Gottlosen am Leben, werden alt und
nehmen zu an Kraft?

Ich schreie zu dir, aber du antwortest mir nicht; ich stehe da,
aber du achtest nicht auf mich.
Du hast dich mir verwandelt in einen Grausamen und streitest gegen mich mit der Stärke deiner Hand.
O hätte ich einen, der mich anhört –
hier meine Unterschrift! Der Allmächtige antworte mir! –,
oder die Schrift, die mein Verkläger geschrieben!
Wahrlich, dann wollte ich sie auf meine Schulter nehmen und wie eine Krone tragen.

Hiob 1,20-21; 2,10b; 9,21-23.29.32; 21,7; 30,20-21; 31,35-36

Und Hiob antwortete dem Herrn und sprach:
Ich erkenne, dass du alles vermagst, und nichts, das du dir vorgenommen, ist dir zu schwer.
Darum hab ich unweise geredet, was mir zu hoch ist und ich nicht verstehe.
„So höre nun, lass mich reden; ich will dich fragen, lehre mich!"
Ich hatte von dir nur vom Hörensagen vernommen; aber nun hat mein Auge dich gesehen.
Darum spreche ich mich schuldig und tue Buße in Staub und Asche.

Hiob 42,1-2.3b-6

Erich Grün, 1983

Behalt das Leben lieb

Der 13-jährige Beer ist bei einem Unfall erblindet und liegt im Krankenhaus.

„Ich komm' ein bisschen plaudern." Es war der Student. Er sprach leise, um die anderen nicht zu stören.

„Willst du nicht studieren? Es ist doch gerade schön still."

„Ich bin jetzt nicht in Stimmung."

„Ist Studieren schwer?"

„Das nicht, aber..." Die Antwort blieb in der Luft hängen.

„Musst du noch lange studieren?"

„Nein." Und plötzlich klang die Stimme des Studenten wieder so traurig: „In ein paar Wochen bin ich mit allem fertig."

Irgendetwas ist nicht in Ordnung, dachte Beer. Gerne hätte er jetzt das Gesicht des Studenten gesehen. Es lag etwas in seiner Stimme, das den Worten eine andere Bedeutung verlieh. War es etwas, das Beer noch nicht begriff? „Bist du nicht froh, dass das Studium jetzt bald zu Ende ist?"

„Es ist nicht nur das, Beer. Auch alles andere ist bald zu Ende."

Schnell, ganz schnell nahm Beer die letzten Worte in sich auf. Dann drang die schreckliche Wahrheit allmählich in sein Bewusstsein. „Meinst du ... nein, du meinst doch nicht ..." Bestürzt hielt Beer den Atem an. Der Student packte ihn am Arm. Er sprach jetzt wieder mit jener ruhigen Vertraulichkeit, die Beer so gut an ihm kannte. „Ja, das meine ich. Ich hab nur noch ein paar Wochen."

„Aber..."

„Du darfst nicht erschrecken, Beer. Ich bin nicht der Erste und ich werd auch nicht der Letzte sein. Wir denken immer, der Tod ist ein erbarmungsloser Feind. Aber wenn man ganz dicht vor ihm steht, so wie ich, dann gleicht er eher einem liebenswerten Freund."

„Ich..." Beer wusste nicht, was er sagen sollte. Es würgte ihn.

„Sprich nicht mit den anderen darüber. Es soll ein Geheimnis zwischen uns bleiben."

„Aber ..." Beer schluckte. „Warum erzählst du es gerade mir?"

„Weil es dir helfen kann. Weil ... wenn sogar der Tod ein Freund sein kann, dann kann auch die Blindheit ein guter Kamerad werden. Ich möchte so gern, dass du das Leben lieb behältst, wenn es auch manchmal enttäuscht."

An diesem Abend wollte der Schlaf nicht kommen. Immer wieder dachte Beer an das Gespräch mit dem Studenten. Sterben. Das schien das Schlimmste zu sein, was es gab. Aber warum? War das Leben denn etwas so unentbehrlich Schönes? Und wieder: warum?

„Seltsam", flüsterte Beer. Es gab viel mehr schlimme, traurige, schreckliche als schöne Dinge im Leben. Aber deswegen wollte man doch nicht gleich sterben.

Was gab dem Leben dann eigentlich so viel Sinn? Dass man Vater und Mutter liebte, obwohl sie einander manchmal kaum mochten? Und Annemiek? Und Goof und Ben ...? Ja, das war es. Unentbehrlich im Leben waren die Menschen, die man liebte. Und alles andere – die schönsten und hässlichsten Dinge – kamen erst an zweiter Stelle.

Jaap ter Haar

Mit-Leid

„Es gibt eben zweierlei Mitleid. Das eine, das schwachmütige und sentimentale, das eigentlich nur Ungeduld des Herzens ist, sich möglichst schnell freizumachen von der peinlichen Ergriffenheit vor einem fremden Unglück, jenes Mitleid, das gar nicht Mit-leiden ist, sondern nur instinktive Abwehr des fremden Leidens von der eigenen Seele.
Und das andere, das einzig zählt – das unsentimentale, aber schöpferische Mitleid, das weiß, was es will, und entschlossen ist, geduldig und mitduldend alles durchzustehen bis zum Letzten seiner Kraft und noch über dies Letzte hinaus."

Stefan Zweig

Ich lebe und ihr sollt auch leben

Ich möchte etwas sagen über das, was vielen als ein großes Unglück erschien und für das ich keinen Namen gefunden habe: der Tod meiner beiden Kinder und der sich anschließende Tod meiner Ehe. Die Kinder starben beide an der gleichen Krankheit, einem angeborenen Immunmangel im Blut.

Mit dem zweiten Kind lebte ich fast zwei Jahre lang im Krankenhaus, bis es starb. Zu jener Zeit hing ein gelbes Poster mit einem Bild von Oskar Kokoschka an meiner Wand. Es stellte Jesus dar, der, obwohl ans Kreuz genagelt, mit der einen Hand sich zu den Kindern herabbeugt. Daneben stand als späterer Aufdruck auf das Poster der Bibelvers: „Ich lebe und ihr sollt auch leben."

Und als die Kinder tot waren und unsere Kraft verbraucht, brachen wir entzwei – aus Schwäche, aus Blutverlust der Liebe, der Atem ging aus, unheilbar: Exitus einer Ehe. „Ich lebe und ihr sollt auch leben."

Eines Tages stand ich aus dem Grab des Schmerzes und der Verzweiflung auf, aus Gnade, ermutigt von einem gelben Poster und den vielen Menschen, die geholfen hatten, die Steine wegzurollen, die mir den Weg zurück ins Leben versperrt hatten.

Was hatte dies alles zu bedeuten? Ich kann es nicht nennen. Nur dies: Es hat mich tiefer in die christliche Tradition eingefügt, mich vorsichtiger und hoffentlich ehrlicher mit anderen Menschen gemacht. Es hat meinem Leben eine eindeutige Richtung gegeben: Widerstand und Ergebung, mich eingereiht in die unsichtbare Gemeinschaft der Schmerzverletzten, der ich mich für immer zugehörig fühle.

Bärbel von Wartenberg-Potter

Eine Wandzeitung gestalten
Gestaltet aus aktuellen Zeitungsnotizen, Artikeln und Fotos das Thema „Menschen leiden“!

Musikbeispiele suchen, die Leiden thematisieren!

Interviews
Erstellt Fragebögen für Interviews mit Menschen, die beruflich mit „Leidenden“ zu tun haben: Notfallseelsorger/innen, Notfallärzte, Katastrophenhelfer/innen, Feuerwehrleute, Polizist/inn/en, Pastor/inne/en, Mitarbeiter/innen bei der Telefonseelsorge, beim Jugendnotruftelefon, bei psychologischen Diensten

Klagemauer im Klassenzimmer
Im Klassenraum wird aus Kartons eine Klagemauer errichtet. Beschriftet und bebildert die Mauer!
Am Ende der Unterrichtseinheit kann überlegt werden, wodurch Mauerelemente aus der Klagewand entfernt werden könnten.

„Organisationen der Hilfe“
Stelle eine Liste von Organisationen/Selbsthilfegruppen zusammen, die sich um „Leidende“ kümmern, z.B. amnesty international, Misereor, Brot für die Welt, Hilfe für verwaiste Eltern, Institut für Trauerarbeit, Weißer Ring .... Wähle eine der Einrichtungen aus und informiere dich genauer. Stellt euch gegenseitig die Organisationen vor.
Nutzt auch das Internet!

Aus den Zeitungen, aus dem Fernsehen, überall erfahren wir jeden Tag, dass Menschen in aller Welt schlimmes Leid ertragen müssen. Es kann aber auch uns persönlich jederzeit treffen. Manches Leid haben wir selbst zu verantworten, aber wir können auch unvermittelt und unverschuldet davon betroffen werden. Ob es der Verlust eines Menschen ist, eine Krankheit, Trennungen oder ein Unfall: Leid berührt unser Leben tiefgreifend und kann es grundlegend verändern. Plötzlich ist Gewohntes nicht mehr da oder nicht mehr möglich. Im Leid fühlen sich Menschen hilflos, einsam und ausgeliefert und müssen sich neu orientieren.

Jede/r reagiert unterschiedlich auf Leiderfahrungen. Manche tragen ihre Klage an Freunde oder Gott heran und bitten um Hilfe, andere drohen an ihrem Schicksal zu verzweifeln, sehen keine Perspektive mehr und klagen Gott an, dass er ihnen das Leid nicht erspart oder es ihnen gar zugefügt hat. Allen gemeinsam aber ist die Frage: „Warum denn ich?" Da liegt es nahe, Erklärungen für das Leiden und eine verborgene Bedeutung hinter dem Schmerz zu vermuten. Diese Fragen beschäftigen die Menschen seit langem. Die fragwürdige Auffassung, dass Gott uns aufgrund guter Taten vor Leid bewahrt, wird in der Gestalt Hiobs als falsch erkannt. Dieser „Tun-Ergehen-Zusammenhang" bietet also ebenso wenig eine schlüssige Erklärung für das Leiden wie andere Versuche, Gott verantwortlich zu machen. Der Mensch muss – wie Hiob – einsehen, dass er zu wenig von den Zusammenhängen der Welt versteht, um einen Plan oder eine Absicht Gottes erkennen zu können. Entscheidend ist also nicht das Fragen nach dem Woher und Wozu, sondern einen Weg zu finden, das Leben trotz des Leids lieb zu behalten. Wir sollen ein uns treffendes Unglück nicht schicksalergeben hinnehmen, sondern uns gegen das Leiden wehren, rebellieren gegen die Ungerechtigkeit, die der Verlust eines Menschen darstellt, oder uns gegen die Krankheit, die uns quält, auflehnen.

Helfen kann dabei der Glaube, dass Gott die Leidenden nicht allein lässt, sondern sie begleitet und stärkt und schließlich die Überwindung des Leids in Aussicht stellt.

Zur Bewältigung von Leidsituationen sind Menschen notwendig, die den Schmerz mittragen. Außerdem ist wichtig, das Leben weiter gestalten zu wollen und zu erkennen, was im Leben wirklich bedeutsam ist. Wenn es gelingt, die Leiderfahrung zu einem Bestandteil des Lebens werden zu lassen, zerstört Leiden nicht nur, sondern festigt auch.

Der Weg des Buddhismus

wer
nimmt mir
meine traurigkeit
und
öffnet
mein vergittertes gesicht

der richtige schlüssel
genügt nicht
mehr
das schloss ist verbogen

Utha Thomsen

Samuel Bak

Die Vier Ausfahrten

Nachdem zahlreiche Tage verflossen waren, befahl der junge Gautama seinem Wagenlenker, die Prunkwagen reisefertig zu machen. Als der junge Fürst so zum Park fuhr, begegnete er einem Greis, gebeugt wie der Giebel eines Hauses, vom Alter geschwächt, auf einen Stock gestützt. Als Gautama ihn sah, sagte er: „Was hat dieser Mann getan, guter Wagenlenker, dass seine Haare und sein Körper nicht wie bei anderen Menschen aussehen?" „Er ist, was man einen Greis nennt, mein Gebieter!" „Und warum nennt man ihn einen Greis?" „Man nennt ihn einen Greis, mein Gebieter, weil er nicht mehr lange zu leben hat." „So bin ich also auch dem Altern ausgesetzt, guter Wagenlenker? Bin auch ich vom Altern bedroht?" „Du, mein Gebieter, und ich, wir sind beide vom Alter bedroht. Wir sind beide dem Altern ausgesetzt." „Dann, guter Wagenlenker, habe ich heute vom Park genug. Bringe mich zurück in meine Gemächer!"
Einige Zeit darauf befahl der junge Gebieter seinem Wagenlenker wieder, die Wagen zur Ausfahrt vorzubereiten, und er fuhr erneut hinaus. Und auf dem Wege zum Park begegnete Gautama einem kranken Mann: Leidend und abgezehrt lag er am Boden und wälzte sich in seinen Exkrementen, er nährte sich von dem, was ihm diese, und kleidete sich mit dem, was ihm jene gaben. Als er ihn sah, fragte Gautama: „Was hat dieser Mann getan, guter Wagenlenker, dass seine Augen nicht wie die anderer Menschen aussehen, dass seine Stimme nicht wie die anderer Menschen klingt?" „Er ist, was man einen Kranken nennt, mein Gebieter!" „Was versteht man unter einem Kranken?" „Einen Mann, mein Gebieter, der nur schwer die Gesundheit wiedererlangt." „Aber ich, guter Wagenlenker, bin auch ich der Krankheit ausgesetzt? Bin auch ich davon bedroht, krank zu werden?" „Du, mein Gebieter, und ich, wir sind beide von der Krankheit bedroht. Wir sind beide der Krankheit ausgesetzt." „Dann, guter Wagenlenker, habe ich für heute vom Park genug. Bringe mich zurück in meine Gemächer!"
Einige Zeit darauf fuhr der junge Gautama wieder im Wagen aus. Und auf dem Wege zum Park erblickte er eine mit bunten Gewändern bekleidete Menge, die einen Scheiterhaufen aufrichtete. Da fragte er den Wagenlenker: „Warum haben sich diese in bunte Kleider gehüllten Menschen hier versammelt, um einen Scheiterhaufen aufzurichten?" „Weil jemand seine Lebensbahn abgeschlossen hat." „So fahre mich zu dem, der seine Lebensbahn abgeschlossen hat!" „Ja, mein Gebieter", erwiderte der Wagenlenker und er tat, wie ihm aufgetragen worden war. Und Gautama sah die Leiche dessen, der seine Lebensbahn beendet hatte, und fragte: „Was bedeutet, guter Wagenlenker, der seine Lebensbahn beendet hat?"„Das bedeutet, mein Gebieter, dass ihn weder sein Vater noch seine Mutter noch andere Verwandte jemals wiedersehen werden!" „Bin auch ich dem Tode ausgesetzt, bin auch ich vom Tode bedroht?" „Ja, mein Gebieter, du und ich, wir sind beide dem Tode ausgesetzt, wir sind beide vom Tode bedroht. Weder der König noch seine Gemahlin werden dich wiedersehen und du wirst sie niemals wiedersehen!" „Dann, guter Wagenlenker, habe ich für heute genug vom Park. Bringe mich zurück in meine Gemächer."

nach einer Buddha-Legende

Die Vier Edlen Wahrheiten

Ruhig und gelassen begann der Buddha zu sprechen:
„Brüder, es gibt vier edle Wahrheiten: Die erste Wahrheit ist die von der Existenz des Leidens. Geburt, Alter, Krankheit und Tod sind Leiden. Trauer, Zorn, Eifersucht, Sorge, Unruhe, Angst und Verzweiflung sind Leiden. Getrennt sein von denen, die man liebt, ist Leiden. Vereint sein mit solchen, die man hasst, ist Leiden. Begehren, Anhaften und Festhalten an den Fünf Daseinsgruppen ist Leiden.
Brüder, die zweite Wahrheit ist die von der Ursache des Leidens. Weil die Menschen unwissend sind, können sie die Wahrheit über das Leben nicht erkennen und werden wieder geboren. Und auch dann sind sie in den Flammen des Begehrens, des Zorns, der Eifersucht, Trauer, Sorge, Angst und Verzweifelung eingeschlossen.
Brüder, die dritte Wahrheit ist die von der Aufhebung des Leidens. Die Wahrheit des Lebens zu verstehen, führt zur Aufhebung jeden Kummers, jedes Leids und lässt Frieden und Freude entstehen.
Brüder, die vierte Wahrheit ist die von dem Pfad, der zur Aufhebung des Leidens führt. Es ist dies der Edle Achtfache Pfad. Er wird unterstützt durch ein Leben in Achtsamkeit. Achtsamkeit führt zu Konzentration und Verstehen und dies befreit euch von jedem Kummer und Schmerz; es führt schließlich zu Frieden und Freude. Ich will euch auf diesem Pfad der Verwirklichung leiten."

Buddha, nach Tich Nhat Hanh

Eine Person besteht in der buddhistischen Psychologie aus den Fünf Daseinsgruppen: Körper, Empfindungen, Wahrnehmungen/Sinneseindrücke, Geistesregungen/seelische Formkräfte, Bewusstsein:

Was denkt ihr, Mönche, ist der Körper beständig oder unbeständig?
Unbeständig, Herr.
Sind Empfindungen, Wahrnehmungen, Geistesregungen, Bewusstsein beständig oder unbeständig?
Unbeständig, Herr.
Was aber unbeständig ist, ist das leidhaft oder freudvoll?
Leidhaft, Herr.
Was aber unbeständig, leidhaft, dem Gesetz des Untergangs unterworfen ist, ist es recht, das anzusehen als: Dies ist mein, dies bin ich, dies ist meine Seele?
Gewiss nicht, Herr.

Buddha, Suttapitaka

Der Edle Achtfache Pfad

Vollkommene Erkenntnis –
die Erkenntnis der buddhistischen Vier Wahrheiten, dass eine Seele nicht mein und, was entsteht und vergeht, nur leidhaft ist.

Vollkommener Entschluss –
der Entschluss zur Entsagung, zum Wohlwollen und zur Nichtschädigung von Lebewesen.

Vollkommene Rede –
solche, die nicht aus Lüge, Klatsch, Schmähung und Geschwätz besteht.

Vollkommenes Handeln –
nicht töten, nicht stehlen und nicht ausschweifend sexuell leben.

Vollkommener Lebenserwerb –
einem Broterwerb nachgehen, der anderen kein Leid verursacht.

Vollkommene Anstrengung –
die Bemühung zur Abwehr unheilsamer und zur Erzeugung heilsamer Geistesinhalte.

Vollkommene Achtsamkeit –
alle Verrichtungen und alle Abläufe ins volle Licht des Bewusstseins zu heben.

Vollkommene Sammlung –
vollkommene Meditation.

Buddha, Suttapitaka

DER UNTER DEM BODHI-BAUM MEDITIERENDE BUDDHA

Eine besondere Möglichkeit, die Achtsamkeit zu üben, besteht in einer Meditation, die einen festen Platz in meinem Tagesablauf hat. Auf einem Kissen sitze ich entspannt, aber aufrecht. Ich beobachte, was jetzt in meiner Person, im Körper und im Geist ist. Gedanken werden nicht verfolgt, sondern nur wahrgenommen, Körperliche Vorgänge wie die Atmung gespürt. Dadurch entsteht Sammlung, Ruhe, welche die Achtsamkeit erleichtern.

Helmut Witte

THICH NHAT HANH WURDE VOR ÜBER 70 JAHREN IN VIETNAM GEBOREN.
MIT 16 JAHREN WURDE ER MÖNCH UND ORGANISIERTE SPÄTER DEN GEWALTLOSEN WIDERSTAND GEGEN DIE BESATZUNGSMACHT.

Schau dir den Apfelbaum in deinem Garten an.

Sieh ihn dir mit ganzer Aufmerksamkeit an.
Er ist wirklich ein Wunder.
Wenn du es bemerkst, wirst du gut für ihn Sorge tragen und dann bist auch du ein Teil seiner Großartigkeit. Auch wenn du ihn nur eine Woche lang pflegst, dann sind seine Blätter schon grüner und glänzender.

Genauso verhält es sich mit den Menschen, die um dich herum sind. Unter der wirkenden Kraft von Gewahrsein wirst du aufmerksamer, verständnisvoller und liebevoller und deine Anwesenheit nährt nicht nur dich und macht dich liebenswerter, sie macht auch sie besser und schöner.

Unsere ganze Gesellschaft kann durch die friedliche Gegenwart eines Menschen geändert werden.

Thich Nhat Hanh

Gautama begegnet dem „Hauslosen"

Einige Zeit danach fuhr Gautama wieder im Wagen aus. Auf dem Wege zum Park begegnete er einem Mann mit geschorenem Haupt, einem „Hauslosen", der ein gelbes Gewand trug. Da fragte er den Wagenlenker: „Was hat dieser Mann getan, guter Wagenlenker? Sein Kopf gleicht nicht dem der anderen Männer und seine Kleider sind anders!" „Man nennt ihn einen ‚Hauslosen', mein Gebieter, denn er hat sein Haus verlassen." „Wahrlich, mein Freund und Wagenlenker, führe mich zu dem Mann, der sein Haus verlassen hat!" „Ja, mein Gebieter", sagte der Wagenlenker und führte ihn zu dem „Hauslosen". Gautama wandte sich an den Mann und sagte zu ihm: „Warum, Meister, gleicht dein Kopf nicht denen anderer Männer, warum trägst du andere Kleider?" „Herr, ich bin ein Mann, der sein Haus verlassen hat." „Was bedeutet das?" „Das bedeutet, Herr, dass ich mein Leben der Frömmigkeit, dem friedlichen Dasein, den guten Taten geweiht habe, dass ich verdienstvoll leben, niemandem Unrecht zufügen, allen Geschöpfen Wohlwollen entgegenbringen will."

Einige Zeit später verließ Gautama den Palast, auch seine Frau und sein Kind, um selbst in der Hauslosigkeit zu leben. Er kehrte nie mehr zurück.

nach der Buddha-Legende über „Die Vier Ausfahrten"

Kopfrasur eines Mönchs

Regeln für die Mönche

Nach dem Eintritt ins Kloster wird man in die klösterliche Zucht eingeführt und studiert die buddhistischen heiligen Schriften. Mit etwa zwanzig Jahren muss man sich einem Examen unterziehen über die Lehren des Buddhismus und dann wird man ordiniert. Erst jetzt ist man richtiger Mönch. Jeder Novize wird einem Mönch zugeteilt. Beide stehen um fünf Uhr morgens auf und beginnen ihren Tagesablauf mit einer einstündigen Meditation. Danach verrichten sie die notwendigen täglichen Arbeiten, wie Reinigung der Räume und andere notwendige Arbeiten in Kloster und Garten. Am Vormittag geht man nach altem Brauch als Bettelmönch durch die Straßen und erbittet sein Essen, das man zurückträgt und miteinander teilt. Der tiefe Sinn ist der, dass man sich in der Demut übt und bereit wird, alles anzunehmen, was einem angeboten wird.
Der Rest des Tages gilt dem Studium der heiligen Schriften.

Die Mönche müssen sich völlig von Drogen und Alkohol enthalten. Manche gestatten sich das Rauchen, die meisten verzichten aber auch darauf. Weder Mönch noch Novize dürfen von Mittag an bis zum folgenden Morgen feste Nahrung zu sich nehmen. Wird er hungrig, darf er Tee trinken und Zucker, Honig oder Butter essen. Gewöhnlich erhält der Mönch seine Nahrung, indem er mit seiner Bettelschale von Haus zu Haus geht und schweigend bettelt. Er darf jede Nahrung, die ihm gegeben wird, annehmen. Er darf aber kein Fleisch essen, das extra für ihn zubereitet wurde. Ein Mönch darf keine Frau berühren oder mit ihr sprechen, es sei denn, eine dritte Person wäre anwesend. Ein Mönch darf rechtmäßig acht Dinge besitzen: Unterkleidung, zwei Roben, einen Gürtel, eine Almosenschale, ein kleines Messer oder Rasiermesser, eine Nadel und ein Wassersieb (um mit dem Trinkwasser keine Insekten zu verschlucken und damit Leben zu vernichten). Seine Gewänder sollen aus Stoff verfertigt sein, den ihm Laien geschenkt haben, oder aus abgelegten Kleidern. Der Stoff muss zuerst in Stücke gerissen werden; dann werden diese zusammengenäht und gelb oder gelblichbraun gefärbt, um sie nicht verkaufen zu können. Bücher und andere Dinge, auch Häuser und Land, dürfen angenommen werden; sie werden als gemeinsames Eigentum des Mönchsordens betrachtet. Manche Mönche, zum Beispiel in Thailand, rühren nie Geld an. Wenn ein Laienanhänger ihnen Geld spenden will, gibt er es einem Verwalter, der es nach ihren Weisungen ausgibt.

Balangoda Ananda Maitreja (Mönch auf Sri Lanka)

Der eigentliche Zweck einer Religion

Und wenn Sie mich persönlich fragen würden, welche Religion für mich persönlich die beste ist, würde ich ohne zu zögern antworten: „Der Buddhismus!" Aber das heißt nicht, dass es für jeden anderen auch die beste ist – ganz sicher nicht. Wenn ich daher im Verlauf der Erklärungen sage, dass ich den Weg des Buddhismus für den besten halte, sollten Sie das nicht missverstehen.
Es geht nicht darum, ob wir die philosophischen Anschauungen anderer Religionen persönlich mögen oder nicht. Für einen Nicht-Buddhisten mag die Vorstellung von nachfolgenden Existenzen und einem Zustand, der Nirvana genannt wird, vielleicht absurd klingen; Buddhisten wiederum erscheint die Idee von einem Schöpfergott unlogisch. All das ist jedoch im Grunde genommen unwichtig, denn in Wirklichkeit geht es darum, dass ein Mensch mit negativen Eigenschaften durch die Herangehensweise dieser unterschiedlichen Traditionen und Systeme zu einem guten, positiven Menschen werden kann. Das ist der eigentliche Zweck einer Religion und auch das Ergebnis der Anwendung von Religion. Schon allein deswegen sollte man andere Religionen respektieren.

Dalai Lama

Der Dalai Lama auf dem Kirchentag mit C.F. v. Weizäcker, dem evangelischen Theologen J. Miksch und seinem Übersetzer, 1993

Max Rüedi, 1991

Keine gönnerhafte Schulterklopferei

Für den interreligiösen Dialog aus christlicher Perspektive heißt das: Alle religiösen Alternativen, auch die großen Weltreligionen (das real existierende Christentum freilich zuerst) sind unter dieses eine Sachkriterium zu stellen: Leisten sie der Beförderung des im Geiste Christi „neuen Menschen" Vorschub oder hindern sie dessen Entwicklung? Wo immer die Beförderung dieses „neuen Menschen" im Geist geschieht, da herrscht (christlich gesprochen) der Geist Christi. Wo immer Güte, Demut, Milde und Geduld gelebt wird, wo immer Vergebung herrscht, Liebe und Frieden, da wird der Geist Christi konkret. Und wer wollte empirisch bestreiten, dass auch ein Jude aus jüdischer Tradition, ein Muslim aus muslimischem Geist, ein Hindu aus hinduistischem Denken und ein Buddhist aus buddhistischer Überzeugung etwas von diesem „neuen Menschen", von diesem „Geist" sichtbar und hörbar machen kann? Das ist keine gönnerhafte Schulterklopferei, sondern die Anerkennung der theologisch bedeutsamen Tatsache, dass auch für Christen Gottes Geist universal in allen Völkern und Religionen präsent ist. Es gehört zur biblischen Gotteserfahrung unlösbar dazu, dass Gott sich allen Menschen als der Schöpfer, Bewahrer und Vollender geoffenbart hat, dass jeder Mensch Abbild Gottes ist und von daher über eine unveräußerliche Würde verfügt, dass Gott allen Menschen ethische Grundgebote mitgegeben hat, die ihre Existenz auf Erden sichern.

Karl-Josef Kuschel

Die Reise nach innen

Ich sitze hier vor dir, Herr,
aufrecht und entspannt, mit geradem Rückgrat.
Ich lasse mein Gewicht
senkrecht durch meinen Körper hinuntersinken
auf den Boden, auf dem ich sitze.

Ich halte meinen Geist fest in meinem Körper.
Ich widerstehe seinem Drang,
aus dem Fenster zu entweichen,
an jedem anderen Ort zu sein als an diesem hier,
in der Zeit nach vorn und hinten auszuweichen,
um der Gegenwart zu entkommen.

In diesem gegenwärtigen Augenblick
lasse ich alle meine Pläne, Sorgen und Ängste los.
Ich lege sie jetzt in deine Hände, Herr.
Ich lockere den Griff, mit dem ich sie halte,
und lasse sie dir.

Ich beginne die Reise nach innen.
Ich reise in mich hinein,
zum innersten Kern meines Seins, wo du wohnst.

An diesem tiefsten Punkt meines Wesens
bist du immer schon vor mir da,
schaffst, belebst, stärkst ohne Unterlass
meine ganze Person.

Und nun öffne ich meine Augen,
um dich in der Welt
der Dinge und Menschen zu schauen.
Ich nehme die Verantwortung für meine Zukunft
wieder auf mich.

Mit neuer Kraft trete ich die Reise nach außen wieder an,
nicht mehr allein,
sondern mit meinem Schöpfer zusammen.

Dag Hammerskjöld (christlicher Philosoph)

Mein Weg

Ob auf dem Weg
eine Spur bleiben wird
oder nicht –
bedachtsam
will ich meinen Weg gehen.

Sasaki Nobutsuna

Nicht eins – nicht zwei

„Wie sucht man Einheit mit Gott?“
„Je mehr du suchst, umso größer wird die Entfernung
zwischen Ihm und dir.“ „Wie überwindet man diese Entfernung?“
„Begreife, dass sie nicht wirklich vorhanden ist.“
„Bedeutet das, Gott und ich sind eins?“
„Nicht eins, nicht zwei.“
„Wie ist das möglich?“
„Die Sonne und ihr Licht, der Ozean und die Welle,
der Sänger und sein Lied – nicht eins. Nicht zwei.“

Anthony de Mello

Weltkonferenz der Religionen für den Frieden (WCRP)
– ein Gremium, in dem die verschiedenen Weltreligionen intensiv und weltweit zusammenarbeiten. Über die Internet-Seiten der deutschen Gruppe könnt ihr Kontakt aufnehmen und euch über den aktuellen Stand des Dialogs informieren: www.wcrp.de

Meditation ausprobieren
Verständnis für buddhistische Glaubenspraxis könnt ihr gewinnen, wenn ihr euch unter Anleitung eines „Fachmanns" auf den Weg der Meditation einlasst und verschiedene Arten ausprobiert.

Ein **Podiumsgespräch** zwischen Vertretern christlicher Kirchen und buddhistischen Lehrern organisieren; Thema: die Lehre des Buddhismus und buddhistisches Leben im Alltag.

Mit Buddhisten Kontakt aufnehmen
- durch einen Besuch in einem buddhistischen Kloster
- durch ein Interview, das ihr mit einem Buddhisten führt, den ihr in den Unterricht eingeladen habt
- im Internet: Unter www.buddhismus.de und www.dharma.de könnt ihr euch informieren und Verbindung zu buddhistischen Zentren bzw. einzelnen Buddhisten aufnehmen, ebenso unter: www.buddhanet.net oder www.buddhanetz.de

Der Buddhismus als „Religion des fernen Ostens" kommt uns nah, weil der Ausgangspunkt seiner Lehre Fragen sind, die auch in unserem Kulturkreis eine wesentliche Rolle spielen: Wie kann man das Leid überwinden und für sein Leben eine positive Perspektive gewinnen? Wie kann man einen Zustand erreichen, der durch Zufriedenheit und Glück gekennzeichnet ist? Eine für die damalige Zeit neue und auch heute für viele Menschen faszinierende Antwort hat *Gautama Siddharta* (ca. 560–480 v.Chr.) gefunden; deshalb wurde und wird er als *Buddha* (d.h. „Erleuchteter/Erwachter") verehrt.

Die Kernpunkte seiner Erkenntnis hat er in den *Vier Edlen Wahrheiten* formuliert, die als Ursache für das Leiden die Gier des Menschen nach Befriedigung aller triebhaften Wünsche benennen. Als Weg der Erlösung lehrte und praktizierte Buddha den *Edlen Achtfachen Pfad*, der aus dem Leiden herausführt und den Menschen schließlich in das „Nirvana" – übersetzt: „Erlöschen (von Gier, Hass und Verblendung)" – führt. Dieser Pfad soll sowohl von den Mönchen als auch von Laien beschritten werden. Voraussetzung dafür ist ein neues Bewusstsein, das durch *Meditation* erreicht werden kann.

Durch den *Dalai Lama* und dessen vielfältige Besuche bei politischen und kirchlichen Vertretern der abendländisch-christlichen Kultur ist besonders der tibetische Buddhismus in das Zentrum des öffentlichen Interesses gerückt. Der begonnene Dialog ist dabei von gegenseitigem Respekt gekennzeichnet; deshalb können Unterschiede benannt werden: wie der Glaube an einen Schöpfergott in der christlichen Lehre oder aber die Vorstellung vom Erreichen des Nirvana als Erfüllung des Lebens im Buddhismus. Deutlich erkennbar ist aber auch das Bemühen bei der Suche nach Gemeinsamkeiten: Beide Religionen wollen dem einzelnen Menschen helfen, zu einem neuen, guten Menschen voll Güte, Demut, Milde und Geduld zu werden, der mit den Problemen der Zukunft verantwortungsvoll umgeht.

Einen weiteren Anknüpfungspunkt bieten darüber hinaus die Formen gelebter Frömmigkeit, die die Gläubigen in den jeweiligen Religionen praktizieren: Sowohl meditative Versenkung im Buddhismus als auch christliche Suche nach Gott im Gebet gelangen zu ihrem Ziel, wenn Menschen die Gewissheit der Einheit mit Gott in sich selbst erfahren.

Zeit

Manfred Ludes, 1998

Bleiben, wo ich nie gewesen bin

Was ich habe, will ich nicht verlieren, aber
Wo ich bin, will ich nicht bleiben, aber
Die ich liebe, will ich nicht verlassen, aber
Die ich kenne, will ich nicht sehen, aber
Wo ich lebe, da will ich nicht sterben, aber
Wo ich sterbe, da will ich nicht hin, aber
Bleiben will ich, wo ich nie gewesen bin.

Thomas Braasch

...und ich begann zu leben

Als mir endgültig klar wurde, dass ich sitzen bleiben würde, ging ich direkt von der Schule in die Firma, in der der Vater arbeitete. Ich dachte mir, dass es leichter wäre, erst einmal den Vater zu informieren, der dann wiederum die Mutter aufklären sollte.
Die Eltern waren nicht so fürs Sitzenbleiben. Die Eltern waren auch nicht fürs Auffallen, fürs „Aus-der-Reihe-tanzen", fürs „Aus-der-Rolle-fallen". Jahrelang war ich der festen Ansicht, ich müsse adoptiert worden sein. Nie im Leben wollte ich so werden wie die Mutter. Der Vater murmelte zwar von Zeit zu Zeit etwas von hauseigenen Terroristinnen, aber der Vater ging ja noch.
Aber die Mutter mit ihrem „Was nur die Nachbarn denken?", mit dem „Tue nichts, was du später bereuen musst", dem „Wie siehst du denn aus?", dem ewigen Besserwissen.
Sonntags zwangen mich die Eltern mit ihnen spazieren zu gehen ...
Als die Eltern nach einigen Jahren sagten, nun sei ich über das Gröbste hinweg, war ich um einige Illusionen, um einige Ideen, um einige Ideale ärmer – und ich begann zu leben.

Regina Springmann

Jean-Jaques Dournon, 1998

Modern Times, 1936

Nie an die ganze Straße auf einmal denken

„Manchmal hat man eine sehr lange Straße vor sich. Man denkt, die ist so schrecklich lang; das kann man niemals schaffen, denkt man." Er blickte eine Weile schweigend vor sich hin, dann fuhr er fort: „Und dann fängt man an, sich zu eilen. Und man eilt sich immer mehr. Jedes Mal, wenn man aufblickt, sieht man, dass es gar nicht weniger wird, was noch vor einem liegt. Und man strengt sich noch mehr an, man kriegt es mit der Angst, und zum Schluss ist man ganz außer Puste und kann nicht mehr. Und die Straße liegt immer noch vor einem. So darf man es nicht machen."

Er dachte einige Zeit nach. Dann sprach er weiter: „Man darf nie an die ganze Straße auf einmal denken, verstehst du? Man muss nur an den nächsten Schritt denken, an den nächsten Atemzug, an den nächsten Besenstrich. Und immer wieder nur an den nächsten."

Wieder hielt er inne und überlegte, ehe er hinzufügte: „Dann macht es Freude; das ist wichtig, dann macht man seine Sache gut. Und so soll es sein."

Und abermals nach einer langen Pause fuhr er fort: „Auf einmal merkt man, dass man Schritt für Schritt die ganze Straße gemacht hat. Man hat gar nicht gemerkt wie und man ist auch nicht außer Puste." Er nickt vor sich hin und sagt abschließend: „Das ist wichtig."

Michael Ende

Roger van Akelyen, 1984

Ein Tag, um zu sich zu kommen

Gedenke des Sabbattages, dass du ihn heiligest. Sechs Tage sollst du arbeiten und alle deine Werke tun.
Aber am siebten Tag ist der Sabbat des Herrn, deines Gottes. Da sollst du keine Arbeit tun, auch nicht dein Sohn, deine Tochter, dein Knecht, deine Magd, dein Vieh, auch nicht dein Fremdling, der in deiner Stadt lebt.
Denn in sechs Tagen hat der Herr Himmel und Erde gemacht und das Meer und alles, was darinnen ist, und ruhte am siebten Tag. Darum segnete der Herr den Sabbattag und heiligte ihn.

Ex 20,8-11

Du sollst den Sabbat eine Wonne nennen

Es kann sein, dass eine oder einer oder zwei oder auch mehrere inmitten des Getümmels der Stadt und der Hektik der Geschäfte sich niedersetzen und rasten und aufatmend Ruhe halten, und das ist ihre Wonne und ein Stück Sabbat mitten im Alltag.
Es kann sein, dass einzelne oder einige oder ganze Gruppen in den Gottesdienst gehen, und sie werden in der Kirche offen für Gott und für die Menschen und für die geschaffene Welt und erfahren sich aufgerichtet durch Kräfte der Auferstehung, und das ist ihre Wonne und ein Stück Sabbat mitten im Sonntag, dem Tag der Auferstehung.
Es kann sein, dass eine Familie in der Wohnung sich zusammenfindet, und die Mutter des Hauses hat am Freitagabend zwei Kerzen entzündet, und der Tisch ist festlich gedeckt, und zwei Brote liegen darauf, und der Kelch steht da und Salz, und der Hausvater wird den Segen - den Kiddusch - sprechen, und es gibt Gesänge und Lieder und Lesungen, und das ist ihre Wonne und ein Stück Sabbat mitten im „Schabbat" oder im „Schabbes" unter denen, die die Stammhalter des Sabbats sind, die Bewahrer seiner geprägten Form.
Es kann sein, dass Menschen ergriffen oder überwältigt oder durchdrungen werden von der ungeheuren Freude und dem wunderbaren Bewusstsein, einfach da zu sein oder auch füreinander, miteinander, ineinander da zu sein, dass sie von Liebe erfüllt sind und etwas aufstrahlt wie ein Schöpfungsmorgen, und das ist ihre Wonne und ein Stück Sabbat in einer weithin trübe und trist anmutenden Welt.
Es kann sein, dass eine oder einer einzeln für sich oder dass Zusammenwohnende sich am Abend eine Stunde herausnehmen und im Bilderbuch des vergangenen Tages blättern und einer unverhofften Szene oder Begegnung nachsinnen und eine freie Seite ihres Notizbuches beschreiben oder bemalen oder dass sie mit ihren Augen auf Farben schauen oder dass sie mit ihren Ohren Töne hören oder dass sie mit ihrer Nase Düfte riechen oder dass sie mit ihren Händen Gestalthaftes tasten, und das ist ihre Wonne und ein Stück Sabbat beim Übergang des Abends in die Nacht und weiter in den neuen Morgen.

Zu Jesaja 58,13 (nach Hans Walter Wolff)

Der reiche Kornbauer

Und er sagte ihnen ein Gleichnis und sprach: Es war ein reicher Mensch, dessen Feld hatte gut getragen. Und er dachte bei sich selbst und sprach: Was soll ich tun? Ich habe nichts, wohin ich meine Früchte sammle. Und sprach: Das will ich tun: Ich will meine Scheunen abbrechen und größere bauen und will darin sammeln all mein Korn und meine Vorräte und will sagen zu meiner Seele: Liebe Seele, du hast einen großen Vorrat für viele Jahre; habe nun Ruhe, iss, trink und habe guten Mut. Aber Gott sprach zu ihm: Du Narr! Diese Nacht wird man deine Seele von dir fordern; und wem wird dann gehören, was du angehäuft hast?
So geht es dem, der sich Schätze sammelt und ist nicht reich bei Gott.

 Lk 12,16-21

Leb in der Gegenwart

Leb in der Gegenwart! Zu leer ist und zu weit
Der Zukunft Haus, zu groß das der Vergangenheit.

In beiden weißt du nicht den Hausrat einzurichten
Der ungeschehenen und geschehenen Geschichten.
Doch dass die Gegenwart nicht eng dir sei und klein,
Zieh die Vergangenheit und Zukunft mit herein.
Die beiden mögen dir erfüllen und erweitern
Die Wohnung und mit Glanz die dunkle schön erheitern.

Friedrich Rückert

Ich werde

Gerhard Richter, 1965

Jung sein

Was heißt das eigentlich, jung sein, fragt mich mein Freund Jens. Das heißt, sage ich, dass man noch alles vor sich hat. Was heißt noch alles vor sich haben, fragt Jens. Das heißt, sage ich, dass du z.B. Arzt werden kannst oder Jurist oder - nun, du kannst wählen, dich frei entscheiden. Als ich mich entschieden habe, sagt Jens, wurde ich entschieden. Jetzt bin ich etwas geworden, was mir ein Freund vorschlug, meine Mutter vorschlug, mein Vater vorschlug, mein Lehrer vorschlug. Ich hätte alles werden können, sagt Jens, aber ich konnte nicht wählen. Denn wenn man nicht kennt, was man wählt, wählt man nicht. Man tut etwas.

Und gefällt dir das nicht, was du tust?

Ich habe die Prüfungen bestanden, sagt Jens. Ich habe alle Examen gemacht, sagt Jens. Und was ich vor mir habe, ist ein Leben, in dem ich alle Examen gemacht habe und alle Examen machen werde und meine Kinder wieder alle Examen machen werden. Vielleicht habe ich ein paar Hobbys. Ich wollte mal Pianist werden. So spiele ich jetzt noch etwas Klavier. Meine Mutter wollte mal Sängerin werden. Jetzt singt sie beim Tischdecken. Mein Freund wollte mal Maler werden. Jetzt streicht er mein Bücherbord an. Was heißt das, jung sein und ein Examen machen und Klavier spielen? Jens fragt. Und wenn ich ihn jetzt frage, an was er glaubt, außer an sein Examen, wird er lachen.

Man müsste raus, sagt Jens.

Wohin, sage ich.

Etwas Eigenes tun, etwas Neues.

Man müsste jung sein, sagt Jens. Dann könnte man.

Heike Doutiné

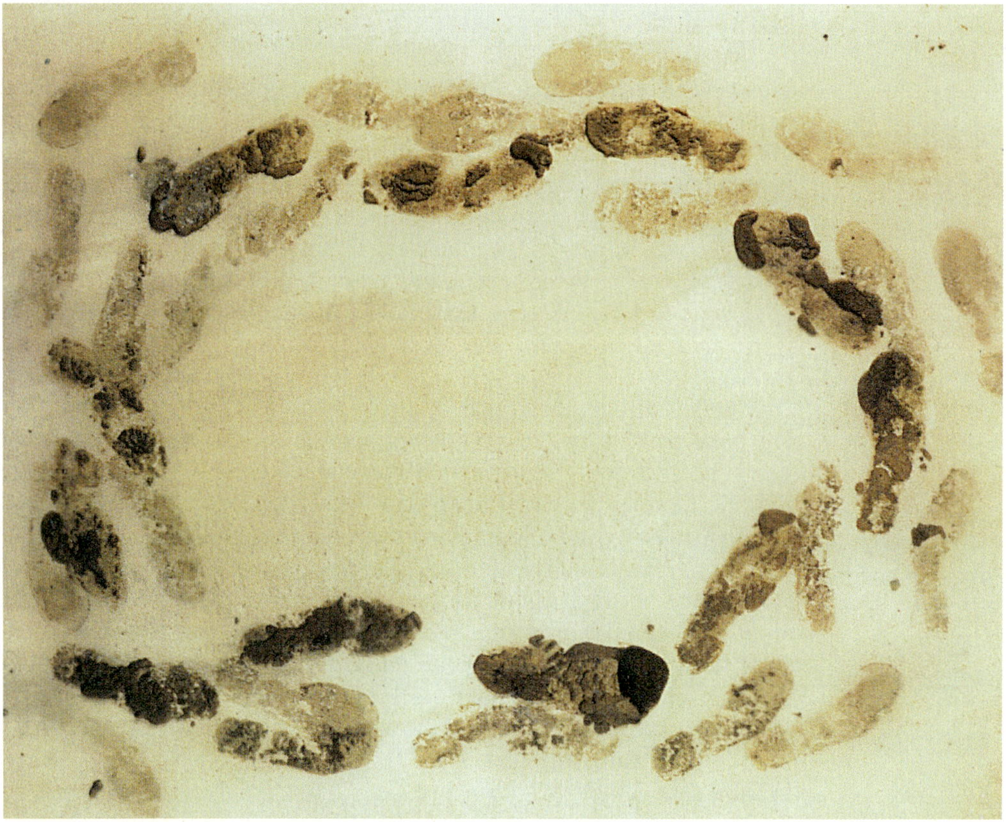

Nicht Kreis
oder Strecke
ist meine **Zeit,**
sondern Kreis
und Strecke.

Vorschlag

Ramme einen Pfahl
in die dahinschießende Zeit.

Durch deine Hand rinnt der Sand
und bildet Formlosigkeiten,
die sogleich auf Nimmerwiedersehen
in sich selbst einsinken:
vertanes Leben.

Was du nicht erschaffst, du
bist es nicht. Dein Sein in der
Gleichung
nur für Tätigsein: Wie will denn,
wer nicht Treppen zimmert,
über sich hinausgelangen?
Wie will heim zu sich selber finden,
der ohne Weggenossen?

Hinterlass mehr als die Spur
deiner Tatze, das Testament
ausgestorbener Bestien, davon die Welt
übergenug schon erblickt.

Ramme einen Pfahl ein. Ramme
einen einzigen, einen neuen Gedanken
als geheimes Denkmal
deiner einmaligen Gegenwart
in den Deich
gegen die ewige Flut.

Günter Kunert

Herr meiner Stunden

Herr meiner Stunden und meiner Jahre,
du hast mir viel Zeit gegeben.
Sie liegt hinter mir
und sie liegt vor mir.
Sie war mein und sie wird mein
und ich habe sie von dir.
Und ich danke dir für jeden Schlag der Uhr
und für jeden Morgen, den ich sehe.

Ich bitte dich nicht, mir mehr Zeit zu geben.
Ich bitte dich aber um viel Gelassenheit
sie zu füllen, jede Stunde,
mit einem Gedanken über mich.

Ich bitte dich,
dass ich ein wenig dieser Zeit
frei halten darf von Befehl und Pflicht,
ein wenig für Stille,
ein wenig für das Spiel,
ein wenig für die Menschen am Rand meines Lebens,
die einen Tröster brauchen.

Ich bitte dich um Sorgfalt,
dass ich meine Zeit nicht töte,
nicht vertreibe, nicht verderbe.
Segne du meinen Tag.

Jörg Zink

Ein Jugendbuch oder einen Roman zum Thema „Zeit“ lesen
Ein Zeittagebuch anlegen, in dem besonders intensiv erlebte Momente festgehalten werden
Bewerbungsrelevante Lebensläufe schreiben und durch persönliche Lebensläufe ergänzen
Einen „Zeiterfahrungsraum“ als Angebot für die Projektwoche planen und betreuen
Bilder und Gegenstände zum Thema Zeit sammeln und eine Ausstellung arrangieren
Phantasiegeschichten schreiben: Was wäre, wenn die Zeit stehen bliebe...
wenn der Tag 48 Stunden hätte ...
wenn man an zwei Orten gleichzeitig sein könnte
Eine Erinnerungskiste für später packen mit Gegenständen, Texten und Symbolen, die dir heute wichtig sind. Nicht vor Ablauf von zwei Jahren öffnen.
Sich Lebensgeschichten von älteren Menschen erzählen lassen und auf den „roten Faden“ achten

Zeit: Mitten in der Zeit stehen wir als Menschen und leben, mitten in einem Zeitenwirbel, der unseren Atemzug in der Gegenwart mit denen der Vergangenheit und der Zukunft verbindet. Es macht schwindelig, sich vorzustellen, wie Menschen und ihre Gefühle und Gedanken in einer endlosen Zeitspirale miteinander verbunden sind, sich beeinflussen und in die Zukunft hineinwirken. Wenig bedeutsam erscheint – von außen betrachtet – ein Mensch in diesem Zeitenwirbel. Doch der Einzelne erlebt sich selbst anders: als Zentrum seines Lebens, einmalig und fähig, etwas ganz Besonders zu sein oder zu schaffen. Unglücklich, wenn dies nicht zu gelingen scheint.

Wir erleben Zeit als vergangen, gegenwärtig und zukünftig.

Gestalten können wir immer nur den gegenwärtigen Moment.
Trotzdem sind unsere Gedanken oft mit dem beschäftigt, was hinter uns liegt oder was uns bevorsteht. Mit dem Gleichnis vom reichen Kornbauern macht Jesus auf die Gefahr einer absoluten Lebensplanung aufmerksam.
Zwar können wir einen Zeitplan für den Tag – oder auch für unser Leben machen – aber der Zeitrahmen, der unser Leben begrenzt, sozusagen die „Eckdaten“ unseres Lebens, sind nicht von uns selbst zu bestimmen: Unsere Lebenszeit ist gegebene Zeit. Nicht die Länge unseres Lebens, wohl aber dessen Tiefe können wir beeinflussen.

Es fällt uns schwer, ganz im „Hier und Jetzt“ zu leben.
Unsere Lebensbedingungen zwingen uns ein bestimmtes Maß an Verplanung auf. Soziale und gesellschaftliche Verpflichtungen entfremden uns unsere Zeit – sie wird zur Herrscherin über uns, zur „Schere im Kopf“.

Wie können wir die Balance halten zwischen fremdbestimmter Zeit und selbst gelebter Zeit?
Der „Sabbat im Alltag“, als gestaltetes Fest oder als einfacher bewusst wahrgenommener Augenblick, verschafft uns einen Freiraum, in dem wir uns Zeit wieder aneignen können. Verlangsamung gehört dazu. Muße. Ein bedachtsamer Umgang mit mir selbst und mit anderen. Bewusstheit für das, was mich umgibt.

Arbeitsvorschläge

Sehnsucht nach Gerechtigkeit

(S. 5) Herz-Bild von Helge Ackermann

- Stell dir vor, das vorliegende Bild sei das Plakat eines Films. Entwirf eine Handlung für diesen Film, lege Drehort und Titel fest!
- Interpretiere das Bild im Kontext des Themas „Gerechtigkeit“!
- Diskutiere: Ist das Bild an dieser Stelle richtig platziert? Welches Motiv hättest du für dieses Thema gewählt?

(S. 6) Text: Zeitung lesen heißt sich entsetzen

- Gestalte eine Collage aus Zeitungsmeldungen und Annoncen im Sinne des Textes. Berücksichtige dabei besonders die „kleinen Verhältnisse“!
- Analysiert eure Werke: Wie stellt sich die menschliche Gemeinschaft dar? Welche Verhältnisse gilt es zu ändern?
- Lies die begonnene Geschichte vom Menschen, der unter die Räuber fiel (Lk 10,25-37)! Inwieweit kann sie als Anweisung für das Leben dienen?

(S. 7) Bild von Michael Raka Weckerle

- Schreibe deinen ersten Eindruck von diesem Bild auf!
- Beschreibe die verschiedenen Bereiche des Bildes!
- Welche Fragen hast du an den liegenden Menschen im Vordergrund? Was möchtest du ihm sagen?

(S. 8) Liedtext: Du musst ein (Schwein sein) / Herz-Bild von Letizia Volpi

- Verfasse eine weitere Strophe, in der „erfolgreiches“ Verhalten in Familie, Schule oder Freundeskreis beschrieben wird!
- Formuliere Weltsicht und Lebenseinstellung des Ichs!
- Wie sähe ein passendes Herzsymbol für den Sänger aus (z.B. als Tatoo, Schmuck oder Glücksstein)?
- Erörtere, inwieweit das abgebildete Herz passend erscheint!

(S. 9) Text: Steinmeditation

- Notiere alle Parallelen, die sich zwischen Stein und Mensch ziehen lassen!
- Welche Redewendungen oder Sprichwörter kennst du zum Begriff „Stein“?
- Beschreibe dich in einem kurzen Text selbst: Was für ein Stein wärst du?

(S. 10) Text: Glückselig nenne ich …

- Lest den Text szenisch vor (Aufteilen in mehrere Sprecher, Positionierung im Raum, Lautstärke und Tonfall, Wiederholungen etc.)!
- Suche konkrete Beispiele für Aktionen und Menschen, denen die Verheißung gilt!
- Versuche zu klären: Was ist eigentlich eine Verheißung und wie wirkt sie?
- Der vorliegende Text greift auf eine berühmte Rede zurück, die so genannte Bergpredigt (Mt 5-7). Lies die Rede im Original! Notiere spontane Fragen, Auffälligkeiten und kritische Anmerkungen! Arbeite die Gliederung des Textes heraus: Welche Bedeutung kommt den einzelnen Teilen zu – was steht am Anfang, im Zentrum, am Ende der Rede?
- Suche dir eine Passage der Rede aus und schreibe sie in deine eigene Sprache um!
- Lest die Bergpredigt laut vor – vielleicht von einem Berg oder Hügel in eurer Nähe? – und bringt an den passenden Stellen eure eigenen Texte ein! Welche Bedeutung kommt dem Ort „Berg“ zu?
- Über die Auslegung der Bergpredigt ist viel gestritten worden: Soll man sie wörtlich, als allgemeine Leitlinie oder als unerfüllbares Ideal, das die Schwäche des Menschen aufzeigt, verstehen? Formuliere deine Position!

(S. 10) Bild von Danielle Kwaaitaal

- Stellt als „Herzspezialisten“ eine Diagnose und schlagt eine Behandlung des Patienten vor:
  1. Notieren des spontanen ersten Eindrucks des Patienten!
  2. Analyse: Was genau ist auf der Aufnahme zu sehen?

3. Diagnose: Was liegt vor? (vermutete Krankheitsgeschichte, Lebenserwartung etc.)
4. Behandlungsvorschlag
- Begründet eure Maßnahme!

(S. 11) Text: Erneuerte Menschen
- Analysiere die Stellen, an denen Beifall geklatscht wird: Wofür wird bei den jeweiligen Aussagen applaudiert?
- Zeichne eine Strukturskizze, die die damalige Situation kennzeichnet: Welche Elemente behindern, welche befördern Veränderung?
- Interpretiere den letzten Satz des Textes!

(S. 12) Text: Das Vaterunser aus Guatemala
- Schreibe als Vorbereitung auf den Text deine Gedanken, Gefühle und Fragen zu den ersten drei Teilsätzen des Vaterunsers auf (Vater unser / im Himmel / geheiligt werde dein Name)!
- Vergleiche deine Gedanken mit denen des guatemaltekischen Gebetes!
- Lies einen Teil des Gebetes laut: Wie wirkt diese Art des Gebetes auf dich? Welche Bedeutung gewinnt es in einem guatemaltekischen Gottesdienst?

(S. 13) Bild von Willibald Kramm
- Beschreibe das Bild einem Partner, der es nicht vor Augen hat!
- Untersucht im Anschluss gemeinsam, wie die Atmosphäre des Bildes zu Stande kommt (evtl. Abdecken einzelner Bildelemente)!
- Verfasse ein kurzes Gedicht, einen Aufruf oder ein Gebet als Gegentext zu dem Bild!

(S. 14/15) Text: Ein Interview mit Dorothee Sölle
- Formuliere in eigenen Worten: Worin besteht das Problem, sich Gott gleichzeitig allmächtig und liebend vorzustellen?
- Erläutere den Standpunkt D. Sölles in dieser Frage! Von welchem Gottesbild geht sie aus?
- Kläre die Herkunft des Begriffes „Vision"!
- Worin liegt die Stärke einer Vision, z.B. gegenüber einem Gedanken?

(S. 15) Bild von Janet Wilkens
- Entschlüssele das Bild: Welche Elemente erkennst du? Welche Besonderheiten in Form und Farbe fallen dir auf?
- Suche eine Sprachform, in der du den Gehalt des Bildes ausdrücken kannst, sodass möglichst wenig verloren geht!

(S. 16) Text: Gegenreden
- Bereitet den Text als Lesevortrag vor: Probiert unterschiedliche Inszenierungen aus!
- Welche Haltung nimmt der Angesprochene in den Stationen des Gespräches ein?
- Erläutere die Überschrift! Wer sind deiner Ansicht nach die Sprecher?

(S. 17) Text: Zivilcourage als Bürgerpflicht
- Stelle Situationen vor, in denen deiner Ansicht nach ein Mensch mutig gehandelt hat!
- Trage die Hinweise zusammen, die Ute Leichsenring zum Erlernen von Mut gibt, und ergänze sie aus deinen Erfahrungen!
- Diskutiere die Idee, der Staat solle Zivilcourage wie Steuerzahlen als Bürgerpflicht einfordern!

(S. 18) Text: Wir verkaufen nur den Samen
- Schreibe die Geschichte so um, wie der junge Mann sie abends einem Freund erzählen könnte: „Also, der Laden sah von außen nach nichts aus ..."!
- Fertige deine „Einkaufsliste" für den Laden an!
- Überlege mit anderen gemeinsam, wie die gewünschten Früchte als Samen aussehen könnten!
- Mit was wird „bezahlt"?

(S. 18) Plakat: Hoffnung
- Beschreibe das Plakat und erläutere seine Pointe!
- Deute die einzelnen Elemente des Bildes (Apfel, Mauer, Fenster, Schatten ...)!
- Welche Rolle spielen die Größenverhältnisse?
- Wo erkennst du Parallelen, wo Unterschiede zwischen der oben stehenden Geschichte und dem Plakat ?

Zukunft braucht Erinnerung – Juden und Christen

(S. 21) Bild von Samuel Bak
- Wie wirkt das Bild auf dich?
- Wie sind die Personen und der Bildhintergrund im Einzelnen dargestellt?
- Wähle dir eine Person aus, die du schriftlich genau beschreibst!
- Das Bild wirkt wie ein erinnerndes Gruppenfoto. Woran will der Maler erinnern?

(S. 22) Text: Überlebende

- Lies diesen autobiografischen Text, entscheide dich für einen Abschnitt und gestalte ihn, z.B. in Form eines Antwortschreibens an Rosa Fischer, eines öffentlichen Leserbriefes dazu, einer Zeichnung oder Collage, eines selbst geschriebenen Gedichts oder eines dazu passenden aus dem Deutschbuch!
- Stell dir vor, Rosa Fischer kommt in euren Religionsunterricht und erzählt dies alles in ähnlicher Weise. Was würdest du sie fragen/ihr sagen?

(S. 23) Foto: „The Void"

- Versetze dich gedanklich in diesen Leerraum (Void) und schau dich um! Was empfindest du?
- Versuche das Licht- und Schattenspiel in dem Raum zu deuten!
- Erkläre, was der Architekt Daniel Libeskind mit dieser „Verräumlichung von Geschichte" ausdrücken will!
- Informiere dich über den Grundriss des Jüdischen Museums in Berlin! (www.jmberlin.de)

(S. 24) Text: Begegnungen

- Erscheint dir ein Einsatz in Israel für eine gewisse Zeit nach dem Abitur sinnvoll?
- Warum hat Martin nach seinem Freiwilligeneinsatz mehr Sicherheit in Bezug auf sein „Deutschsein"?
- Informiere dich über „Aktion Sühnezeichen Friedensdienst"! Ihr könnt einen Vertreter von ASF in den Unterricht einladen und darüber einen Artikel in der Schülerzeitung oder im Jahrbuch schreiben. (http://www.asf-ev.de/)

(S. 25) Texte: „Ist nicht endlich Schluss mit Sühne?"

- Organisiert einen „Talk im Klassenraum" mit einer Diskutanten- und einer Zuhörergruppe! Die Diskutanten übernehmen jeweils „ihr" Statement und bleiben ihrer Überzeugung während der (gespielten) Diskussion treu. Die Zuhörer ordnen sich anschließend den für sie überzeugenden Positionen zu.
- Schreibe „Subtexte" zu den einzelnen Äußerungen! Weswegen sagt jemand dieses oder jenes Statement?

(S. 26/27) Foto: Denkmal für die ermordeten Juden

- Mit welchen Mitteln versucht das Mahnmal in Berlin an die Vergangenheit zu erinnern?
- Halte(t) ein Referat über einzelne Themengruppen des Mahnmals (Architektur, Stelenfeld, Ort der Information)! (www.jmberlin.de)

(S. 27) Interview: Mahnmale sind Orte beschädigter Menschenwürde

- Was bedeutet die Formulierung „Mahnmale sind Orte beschädigter Menschenwürde"?
- Finde Argumente für eine Lösung „pur" und für die Lösung mit Dokumentationszentrum!
- Welche Bedeutung hat die Unterscheidung von „Vergangenheitsbewältigung" und „Vergangenheitsbewahrung"?
- Wie würdest du ein Mahnmal zum Thema Bücherverbrennung gestalten?
- Welche Mahnmale gibt es in eurer Umgebung? Besucht sie und bewertet ihre Wirkung!

(S. 28/29) Text: Jüdische Kinder erzählen

- Kläre bei dem Artikel von Hadar, warum die Ausländerproblematik von manchen Menschen so schnell mit den Juden verbunden wird!
- Gestaltet ein Rollenspiel, in dem Dan und Filip ihre Positionen darlegen und von Mitschüler/inne/n dazu befragt werden!

(S. 30) Text: Ansätze zum christlich-jüdischen Gespräch

- Tragt zusammen, was ihr aus dem Geschichtsunterricht über antijüdische Verunglimpfungen in der deutschen Geschichte wisst!
- Erkläre die drei Beispiele, die gemeinsame theologische Wurzeln von Christentum und Judentum deutlich machen!
- Welche ethischen Impulse für unsere Gesellschaft könnte man jeweils daraus ableiten?

(S. 31) Werbeplakat „Wir glauben dran"

- Erkläre, welchen Bekenntnissen bzw. Religionen diese fünf Menschen angehören!
- Wofür könnten diese Glaubensrichtungen mit dem Werbeslogan „Wir glauben dran" gemeinsam eintreten?
- Welche Wirkung will bzw. kann ein solches Plakat in der Hauptstadt Berlin auslösen?

(S. 32) Text: Steht einfach da, aufrecht und gerade...

- Schreibe einen inneren Monolog einer Person deiner Wahl in der Geschichte!

- Stellt pantomimisch einzelne Szenen dieser dramatischen Begegnung nach (Standbilder)!
- Schreibe einen Zeitungsartikel für den nächsten Tag, als wäre dies wirklich passiert!

(S. 33) Text: Wenn nicht ich, wer? – Wenn nicht jetzt, wann?
- Am Abend des Tages denkt Sussja über diese merkwürdige Antwort Gottes nach („Das weiß ich nicht, aber dir hätte es genützt"). Schreibe seine Gedanken dazu auf!
- Muss „Erkenne dich selbst" und „Liebe deinen Nächsten" ein Gegensatz sein?
- Beantworte die Fragen des Textes zu „Gott lieben": Wie macht man das? Wer tut es? Wer lässt es, wer vermeidet es?
- Informiere dich über ein Projekt aus deiner Umgebung, das dem Appell der Textaussage entspricht!

▶ Im Kapitel „Sehnsucht nach Gerechtigkeit" (SB, S. 5 ff.) findest du noch mehr Informationen zu diesem Thema.

(S. 34) Gedicht: Poem
- Schreibe das Gedicht auf ein DIN-A4-Blatt ab und gestalte es collagenartig mit den Gesichtern möglichst unterschiedlicher Menschen!
- Versuche die im Gedicht genannten konkreten Bilder (bunte Bälle, Lippen, ansteigende Straße, Wald etc.) wie auch die abstrakten (Sehnsucht, Liebe, Freiheit; Quelle: Werbeanzeigen) in die Collage aufzunehmen!
- Tragt das Gedicht laut vor!

Kirche

(S. 37) Abbildung Kirchenfenster
- Betrachte das Bild! Beschreibe die Wirkung, die es auf dich hat!
- Überlege, mit welchen Mitteln diese Wirkung erzeugt wird!
- Welche Vorstellungen von Kirche sind in dem Bild zu entdecken?
- Was würdest du hinter so einem Fenster, in der Kirche erwarten?

(S. 38) Bild von Felix Droese
- Teile deinen ersten Eindruck des Bildes mit!
- Beschreibe die Bauweise des Schiffes!
- Deute das Bild Droeses! Was könnten Themen des Bildes sein? In welchen Zusammenhängen könnte das Bild eine Aussage machen?

(S. 38) Text: Willst du ein Schiff bauen
- Markiere Wörter im Text, die du als Kernbegriffe des Gedichtes ansiehst!
- Formuliere deine Meinung: Hat Exupéry Recht mit seinem Vorschlag?

(S. 39) Cartoons von Werner Tiki Küstenmacher
- Erklärt euch gegenseitig die Spitzen der Cartoons!
- Stellt zusammen, welche Aussagen über „Kirche" gemacht werden!
- Greife auf deine eigenen Erfahrungen zurück: Welche „Kirchen-Schiffe" kennst du?
- Beschreibe oder zeichne weitere Cartoons, die Erfahrungen mit Kirche ausdrücken!

(S. 39) Lied: Ein Schiff, das sich Gemeinde nennt
- Nimm dir Zeit beim Lesen des Liedtextes – lass dir, wenn möglich, die Melodie vorsingen oder vorspielen!
- Benenne einzelne Themen!
- Betätige dich als Detektiv: Welche Hinweise auf den Sprecher des Liedes lassen sich finden?

(S. 40) Text: 2.Kor 3,2-3
- Charakterisiere die beiden Brief-„Formen", die in 2.Kor 3,2-3 angesprochen werden!
- Beschreibe in einem kurzen Text einen Menschen, den du dir als „Empfehlungsbrief Gottes" vorstellen kannst!
- Ein Gedankenspiel: Wenn jeder Mensch ein Brief für eine bestimmte Sache an andere wäre – wie würdest du dich selbst als Brief beschreiben?
- Überlege, wovon es abhängt, ob ein Brief richtig verstanden wird!

(S. 40/41) Text: Brief
- Um den folgenden Text zu verstehen, sind Kenntnisse über Martin Luther von Nutzen: Informiert euch durch ein Referat, mit Hilfe von Schulbüchern der Fächer Religion oder Geschichte oder über www.MartinLuther.de!
- Schreibe einen Brief an Dorothea, in dem du auf die von ihr geschilderten Erlebnisse und ihre Kommentare dazu eingehst!
- Greife Dorotheas Idee auf: Entwirf ein Transparent, das du über einer Kirchentür aufspannen würdest!
- Lies zum Vergleich die ersten der 95 Thesen Luthers: Worum ging es ihm? Lassen sich Bezüge zwischen euren und seinen Kommentaren feststellen?

(S. 41) Zeichnung von Dorothea
- Deute die Zeichnung, die Dorothea an das Ende ihres Briefes gesetzt hat!

(S. 42) Bild von Thomas Zacharias
- „Wandere“ mit deinen Augen in alle Ecken des Bildes: Verfasse einen Bericht über die dargestellte Situation aus der Sicht eines der Körperteile: „Ich bin der Fuß ...“!
- Stell dir vor, das Bild sollte koloriert werden: Was würdest du vorschlagen? Warum?

(S. 43) Text: 1.Kor 12, 12-21; 26f.
- Formuliere das Gemeinde-Programm, das hinter dem Bild vom Leib steht, mit eigenen Worten!
- Beschreibe am Beispiel „Klassengemeinschaft“, was konkret passieren würde, wenn eine Klasse das Bild vom Leib umsetzen wollte!

(S. 43) Text: Modell „Kirchentag“
- Vergleiche D. Sölles Beschreibung des Kirchentages mit dem Programm aus 1.Kor 12,12-21.26f.: Wo siehst du Ähnlichkeiten, wo Unterschiede?
- Diskutiere die Brauchbarkeit beider „Kirchenbaupläne“ für eine Weiterentwicklung der evangelischen Kirche!
- Im letzten Absatz des Textes ist von „Herrn Glaube“ und „Frau Zweifel“ die Rede, die den Kirchentag seit Jahren gemeinsam besuchen. Wie verstehst du diese Ausdrücke?
- Schreibe einen Dialog zwischen den beiden genannten Personen! Mögliche Themen: Glaubensbekenntnis, Vaterunser, Taufe als Kind, Weihnachten ...

(S. 43) Abb.: Logo der Evangelischen Kirchenprovinz Sachsen
- In der grafischen Gestalt des Logos drücken sich Vorstellungen aus, wie Kirche sein will. Verfasse eine Legende für das Logo! (Tipp: Falls du eine Kopie des Bildes hast, kannst du Linien zu den einzelnen Stellen des Bildes einzeichnen und diese beschriften.)

(S. 44) Bild von Hugo Simberg
- Notiere deine ersten Assoziationen beim Betrachten des Bildes!
- Betrachte das Bild genauer: Wie kommt es zu der dargestellten Szene?
- Stelle eine Sammlung von Fragen zusammen, die Kinder an dieses Bild stellen würden!
- Überlege dir, wie du mit ihnen über das Bild sprechen würdest!

(S. 45) Text: Verantwortung für eine Kultur des Helfens
- Beschreibe, wie du dir einen „olympischen“ Menschen von heute vorstellst! Du kannst deine Vorstellungen auch in einer Collage zum Ausdruck bringen.
- Denk dir eine passende Bezeichnung für die Kultur aus, die unsere Gesellschaft bestimmt!
- Überlege, welche Verbindungen zwischen dem Bild von Hugo Simberg und dem Text von Wolfgang Huber bestehen!
- Wolfgang Huber unterscheidet zwei verschiedene Arten des Helfens: Suche für beide ein anschauliches Alltagsbeispiel!

(S. 45) Helfen konkret: Why not
- Suche in deiner Umgebung ähnliche Einrichtungen bzw. Menschen, die diese „Kultur des Helfens“ praktizieren. Mache ein Interview mit ihnen über ihre Arbeit und die Gründe, warum sie sich gerade an dieser Stelle engagieren!

(S. 46) Erklärung der Propsteisynode / Anonyme Postkarte
- Ein Rollenspiel: Du bist Mitglied des Kirchenvorstandes einer Kirchengemeinde. Nach dem anonymen Leserbrief an ein Gemeindemitglied beratet ihr in der Kirchenvorstandssitzung, wie ihr darauf reagiert. Entwerft zunächst in Kleingruppen eine Pressemitteilung oder formuliert ebenfalls einen Leserbrief; tragt dann euren Vorschlag dem Kirchenvorstand vor und beratet über eine *gemeinsame* Stellungnahme! Vergleicht eure Stellungnahme mit der Erklärung der Propsteisynode.

(S. 47) Text: 1940: Ein Kirchenmann erhebt Einspruch
- Beschreibe die Problematik der geschilderten Situation!
- Notiere alle Wörter, die die Vernichtung der kranken Menschen „legitimieren“! Welche der im Text verwendeten Begriffe hältst du im Zusammenhang mit kranken Menschen für unangemessen? Welchen Begriff setzt Braune dagegen?

▸ Du kannst weiteren Stoff zu dieser Thematik in den Kapiteln „Leben, Sterben und Tod“ und „Warum? – Menschen im Leid“ finden.

(S. 48) Text und Abb.: Zerrissene Gemeinschaft
- Welche Rolle sieht Hitler für die Kirche(n) vor?
- Lasst in einem Schreibgespräch die beiden Männer auf dem Bild miteinander ins Gespräch kommen!

(S. 49) Text: Bekennende Kirche, Barmen – 1934
- Übersetze die Aussagen des Textes in deine Sprache!
- Entwickle ein am Text orientiertes Schaubild, aus dem das Verhältnis folgender Begriffe zueinander hervorgeht: Gott, Jesus Christus, Kirche, Gottes Reich, Staat, Wort Gottes!

(S. 49) Text: Sind wir noch brauchbar?
- In dem Textausschnitt stellt D. Bonhoeffer einige direkte bzw. indirekte Fragen. Kläre, warum für ihn gerade diese Fragen so wichtig sind, indem du dich über seine Person und seine Situation innerhalb der Bekennenden Kirche informierst!
- Wo wäre deiner Meinung nach „Standhalten" heute wichtig?

(S. 50) Abb.: Credo
- Auf dieser Seite findest du drei verschiedene Credos: das mit Bildern gefüllte Kugelkreuz der Evangelischen Jugend, eine moderne, sehr persönliche Fassung und den 3. Artikel des Apostolischen Glaubensbekenntnisses: Was wollen die Verfasser ausdrücken?
- Gestalte dein eigenes Credo als Collage oder als Text!

Identität – Liebe – Partnerschaft

(S. 53) Bild von Helmut Ammann
- Welchen Titel würdest du dem Bild geben?
- Masken haben Funktionen: Welche sind das?
- Was zeigt eine Maske (bei dir)? Was steckt (bei dir) hinter einer Maske?
- Vergleiche das Bild mit dem Text auf S. 56!
- Zeichne Masken, die unterschiedliche Gefühlszustände eines Menschen ausdrücken!

(S. 54/55) Text: Wer bist du?
- Gehe selbst der Frage „Wer bin ich?" nach und versuche, dich selber möglichst genau zu charakterisieren!
- Überlege, wie andere Menschen dich wohl charakterisieren würden. Vergleiche die beiden Ergebnisse!
- Sammle Fotos aus deinem bisherigen Leben und stelle eine Bild-Biografie her!

(S. 55) Gedicht: my own song
- Lest den Text nacheinander vor und versucht, durch die Betonung den Sinn des Gedichtes zu verdeutlichen!
- Streiche auf einer Kopie alle Textstellen, die nicht zur Hauptaussage gehören!
- Fertige eine Collage zu einer der beiden Aussagen an: „Ich will nicht sein wie..." oder: „Ich will sein wie..."!

(S. 56) Text: Masken
- Lies den Text in Ruhe durch und versetze dich in das Ich hinein!
- Stelle mit Farben und Formen dar, wie es im Inneren der Person aussieht!
- Schreibe an das Ich einen fiktiven Brief, der zeitlich *vor* dem Text liegt und möglicherweise Auslöser für diese Äußerung ist!

(S. 57) Bild von René Magritte
- Betrachte das Bild und beschreibe, was du alles erkennen kannst! Was ist das Besondere?
- Bilde eine Assoziationskette zum Begriff „Spiegel"!
- Setze das Bild in Beziehung zu dem Ausspruch „Erkenne dich selbst!" und zeige die Schwierigkeiten der menschlichen Selbsterkenntnis auf!

(S. 57) Text: Vergiss dein nicht
- Lies den Text laut vor! Was heißt „Einzigartigkeit" für dich?
- Ergänze bzw. verändere die Aufforderungssätze so, dass man sie konkret umsetzen kann!
- Fertige eine Collage unter der Überschrift „Ich bin einzigartig" an! Verbindet die einzelnen Collagen zu einer Kurs- oder Klassencollage!

(S. 58) Texte: Liebe ist...
- Lies die Textstellen und wähle die Textstelle aus, die dir am besten gefällt!
- Schreibe eine eigene Definition zum Begriff „Liebe" auf!
- Nehmt ein DIN-A1-Blatt, schreibt in die Mitte des Blattes „Liebe ist..." und beginnt ein Schreibgespräch in einer Kleingruppe!

(S. 59) Bild von Edvard Munch / Text: Nähe
- Beschreibe genau, was auf dem Bild zu erkennen ist, und benenne die Stimmung!
- Vergleiche das Bild mit dem Text von Erich Fried! Wo liegen die Gemeinsamkeiten? Wie wird Liebe beschrieben? Welche Szene des Textes stellt das Bild dar?
- Versucht mit Standbildern „Nähe" auszudrücken!

(S. 59) Text: Das Hohelied Salomos 7,11–13
- Lies den Text! Welche Symbole werden in der Bibelstelle genannt?
- Versuche, die Symbole aufzuschlüsseln, indem du andere Umschreibungen findest!

(S. 59) Text: Nähe
- Unterstreiche mit verschiedenen Farben den Text auf einer Kopie und versuche auf diese Weise, die Stimmungen im Text auszudrücken!
- Verfasse ein eigenes Liebesgedicht! Veranstaltet einen Liebesgedicht-Wettbewerb!

(S. 60) Text: Verliebt sein
- Lies den Text laut! Was versteht der Autor unter dem Begriff „verliebt sein"?
- Bildet eine „Satzkette" mit dem Anfang „Wenn ich verliebt bin, dann ..."!

(S. 61) Bild von Walter Müller
- Betrachte das Bild genau! Welche Formen und Personen erkennst du?
- Welchen Titel würdest du dem Bild geben?
- Male eine SW-Kopie des Bildes mit Buntstiften oder Ölkreide so aus, dass das „Verliebtsein" möglichst stark ausgedrückt wird!

(S. 62) Text: Lächeln im Regen
- Lest den Text mit verteilten Rollen! Was fällt euch auf?
- Schreibt den Dialog heraus und spielt die Szene mit verteilten Rollen!
- Ergänzt die Geschichte um einen Anfang oder Schluss!
- Verändert den Dialog so, dass die beiden Partner „wirklich" miteinander reden!

(S. 63) Liedtext: Nur mir
- Welche Liedstellen sind dir in besonderer Erinnerung geblieben?
- Versucht, den Text als Rap zu sprechen!
- Welche Gründe für das Scheitern einer Beziehung werden angeführt?
- Welche Erwartungen an eine Beziehung haben die beiden Partner?
- Produziert einen eigenen Rap zu den Themen „Verliebt sein", „Miteinander gehen", „Partnerschaft", „Zärtlichkeit" o.Ä.!

(S. 64) Foto: Brautpaar
- Beschreibe und deute das Foto!
- Sammelt und erläutert Symbole und Rituale zu den Themen „Hochzeit" und „Ehe"!

(S. 64) Texte: Bis dass der Tod uns scheidet ...?
- Lies die Informationen zum Thema „Ehe und Partnerschaft" durch!
- Fertige eine Wandzeitung oder eine Infoseite zum Thema „Ehe und Partnerschaft" an!

(S. 65) Text: Heiraten – wozu?
- Lies den Text und informiere dich in der Bibliothek, der Mediothek oder dem Internet über „eheähnliche Partnerschaften" in unserer und anderen Kulturen!
- Sammelt Pro/Contra-Argumente zum Thema „Heiraten – wozu?" und führt ein Streitgespräch durch!

(S. 65) Abb.: Heiratsanzeigen
- Vergleiche die abgebildeten Anzeigen miteinander! Welche Formen und Symbole werden gebraucht? Welche Funktion haben Heiratsanzeigen?
- Erstelle eine eigene Anzeige!

(S. 66) Texte: Homosexualität und Kirche
- Informiere dich in der Bibliothek, der Mediothek oder dem Internet über das Thema „Homosexualität"!
- Formuliere einen Antwortbrief einer Pfarrerin/eines Pfarrers an das homosexuelle Paar! Führt eine Umfrage zum Thema „Homosexualität" durch!

Der Mensch in der Schöpfung

(S. 69) Abb.: Schöpfung
- Nenne den ersten Eindruck, den das Bild dir vermittelt. Beschreibe danach die Darstellung!
- Diese Darstellung soll das Titelbild eines Buches über die Entstehung der Welt werden. Die Redaktion ist sich nicht einig. Sammle Argumente und übernimm die Rolle eines Redaktionsmitglieds!
- Formuliere eine Gesamtaussage dieses Bildes!

(S. 70) Text: Ein Bild, das uns gleich sei ...
- Erhebe aus dem Text, was Gott zur Erschaffung des Menschen veranlasst hat!
- Erläutere, welche Bedeutung es für den Menschen hat, dass er ein „Bild Gottes" ist!
- Beurteile den Auftrag, den Gott den Menschen erteilt!

(S. 70) Bild von Michelangelo
- Vergleiche die Gestaltung Adams und Gottes (Körperhaltung, Ausdruck)!
- Überlege, was die Berührung mit dem Finger für Adam bedeutet!
- Zeichne eine Kompositionsskizze des Bildes. Deute deine Beobachtung!
- Vergleiche das Bild mit Gen 1 („Ein Bild, das uns gleich sei ...")!

(S. 71) Text: Im Garten Eden
- Entnimm dem Text alle Aussagen, die über den Menschen getroffen werden!
- Überlege, warum Gott dem Menschen das Essen vom Baum der Erkenntnis des Guten und des Bösen verboten hat!
- Vergleiche die Geschichten von der Erschaffung des Menschen (Gen 1 und Gen 2)!

(S. 71) Text: An Meiner statt
- Stelle zusammen, was in diesen Suren des Koran über den Menschen ausgesagt wird!
- Ein Moslem und ein Christ (oder Jude) sprechen über die jeweiligen Schöpfungserzählungen. Gestaltet zu zweit das Gespräch und stellt dabei Gemeinsamkeiten und Unterschiede heraus!

(S. 72) Abb.: Vulkanausbruch
- Beschreibe deine Eindrücke beim Betrachten des ausbrechenden Vulkans!
- Der Ausbruch eines Vulkans kann naturwissenschaftlich beschrieben werden. Er kann aber auch mit einer mythologischen Erzählung erklärt werden. Erfinde eine Erzählung zu den Ursachen des Vulkanausbruchs! Welche Möglichkeiten eröffnet eine solche Darstellung?

(S. 72) Text: Eine unbekannte Kraft
- Formuliere die Beobachtung der Wissenschaftler mit eigenen Worten! Worin liegt das Überraschende der Beobachtungen?
- Überlege, auf welche Fragen die Naturwissenschaft Antwort gibt und auf welche Fragen nicht!
- Ein Naturwissenschaftler und ein Theologe sprechen über die Existenz eines Schöpfergottes. Übernimm eine Rolle!

▶ Im Kapitel „Glaube und Naturwissenschaft" (SB, S. 85 ff.) findest du noch mehr Informationen zu diesem Thema.

(S. 73) Text: Psalm 104
- Erläutere, wie der Psalmist die Welt beschreibt!
- Vergleiche die Sichtweise des Psalmisten mit der eines Naturwissenschaftlers! Welche Konsequenzen für den Menschen ergeben sich jeweils aus der unterschiedlichen Beschreibung der Welt? Es geht nicht darum, wer Recht hat!
- Formuliere eine aktualisierte Fassung des Psalms! Welche Gesichtspunkte siehst du heute anders und welche sollten aus heutiger Sicht ergänzt werden?

(S. 74) Text: Die Versuchung
- Die Schlange verheißt dem Menschen: Ihr werdet sein wie Gott und wissen, was gut und böse ist. – Erläutere das Verlockende an diesem Angebot!
- Nachdem Gott Adam gefunden hat, kommt es zu einer Diskussion zwischen Gott, dem Menschenpaar und der Schlange. Versetze dich in eine der Personen und rechtfertige dein Verhalten!
- Angenommen, die Menschen hätten der Versuchung widerstanden und nicht vom Baum der Erkenntnis gegessen: Überlege, was sich für den Menschen geändert hätte!

(S. 74) Text: Die Bedeutung des Sündenfalls
- Erläutere, was sich für den Menschen durch den Sündenfall verändert hat!
- Erörtere den Zusammenhang, den Schiller zwischen „Freiheit" und „Schuld" sieht!
- Stimmst du mit Schillers Auffassung vom Menschen überein?

(S. 75) Bild von H. Armstrong Roberts
- Gib dem Bild einen Titel. Interpretiere es!
- Übertrage das Bild auf ein großes Blatt Papier und gestalte ein Plakat zu dem Thema „Die Freiheit des Menschen – Gefahren und Chancen"!

(S. 76/77) Text: Und Gott besah sich seinen Apfelbaum

- Formuliere die Kernaussage des Textes! Welche aktuellen Bezüge lassen sich finden?
- „Gott erkannte, dass er einen Fehler gemacht hatte.“ Erläutere diesen Satz!
- Sammle Argumente verschiedener Interessengruppen für den Erhalt des Gartens oder den Bau des Erlebnisparks. Diskutiert in Gruppen!

(S. 76/77) Abb.: Verfremdung der Erschaffung Adams

- Die Abbildungen sind im Original auf einem T-Shirt aufgedruckt. Der Hersteller bittet dich, einen angemessenen Text dafür zu entwerfen.
- Wie wird sich das Verhältnis zwischen Gott und Mensch weiterentwickeln? Setze die Bilderreihe fort!
- Nenne Beispiele im Verhalten und Denken der Menschen, die diese Behandlung durch Gott verdient erscheinen lassen!

(S. 78) Text: Es liegt in unserer Hand

- Erläutere die Bedrohung und die Gründe, die der Autor in dem Text beschreibt!
- Nenne weitere Beispiele dafür, dass der Einzelne durch sein Verhalten einen Beitrag zum Schutz der Umwelt leisten kann.
- Informiere dich über Möglichkeiten in eurer Nähe, ökologisch angebaute Produkte zu kaufen!

(S. 78) Abb.: Die Erde als Apfel

- Der Grafiker dieses Bildes erklärt, aus welchen Gründen er die Erde als Apfel dargestellt hat – Was sagt er wohl?
- Die Abbildung soll für eine Werbung genutzt werden. Überlege dir, in welchem Zusammenhang du sie einsetzen kannst, und entwirf den Werbetext dazu!
- Stelle zusammen, womit der Mensch zum dargestellten Zustand der Erde beiträgt!

(S. 79) Text: Die Selbstverständlichkeit des Grauens

- Überlege, welche Entscheidung der Kaiser getroffen hätte. Wäge die Argumente ab und begründe die Entscheidung!
- Amery beschreibt die Autokultur mit Begriffen aus der Religion. Suche diese Begriffe im Text und erläutere ihre Bedeutung in diesem Zusammenhang!
- Fasse Amerys Ansicht in deinen Worten zusammen und beurteile sie!
- Entwickle ähnlich dem Text ein Gespräch, in dem du einem Entscheidungsträger eine andere Errungenschaft der Zivilisation vorstellst! Du kannst auch eine neue Erfindung präsentieren.

(S. 80) Text: Am Anfang steht die Wahl

- Beschreibe, welche Veränderungen in der Einstellung zu Behinderten die Autorin befürchtet!
- „Aber gibt es eine freie Entscheidung?“ Erläutere, aus welchen Gründen die Autorin die freie Entscheidung der Eltern in Frage stellt!
- Angenommen, ein Elternpaar verzichtet bewusst auf die Untersuchungen und ihr Kind kommt mit einer unheilbaren Behinderung zur Welt. Freunde machen den Eltern den Vorwurf, dass die Behinderung durch eine rechtzeitige Untersuchung erkannt worden wäre und sie die Geburt dieses Kindes hätten verhindern können. – Arbeitet in Gruppen. Übernimm eine der Rollen und sammle Argumente für deine Position. Spielt die Diskussion in einer Szene vor!

(S. 80) Text: Der Traum vom Paradies

- „Der Weg zum Menschen nach Plan ist beschritten.“ Wäge mögliche Chancen und Gefahren dieser Möglichkeit ab!
- Beurteile die Zukunftsvision und überlege, inwiefern sie deiner Vorstellung von einem paradiesischen Leben entspricht!
- Angenommen, du hast eines Tages die Möglichkeit, bestimmte Gene deines Kindes bestimmen zu dürfen. Notiere, welche Eigenschaften du auf jeden Fall wünschst. Vergleiche mit deiner Nachbarin/deinem Nachbarn. Diskutiert eure Wahl!

(S. 80/81) Abb.: Werbung eines Brillenglasherstellers

- Erläutere im Zusammenhang mit dieser Werbung den Begriff „gläserner Mensch“!
- Überlege, inwiefern die genetische Information eines Menschen für eine Kranken- oder Lebensversicherung von Interesse sein kann! Hat sie ein Anrecht auf die Informationen?
- Angenommen, du bewirbst dich um eine Stelle. Der Arbeitgeber stellt dir frei, eine Genanalyse einzureichen. Sammle Argumente dafür oder dagegen und diskutiere deine Entscheidung mit anderen!

(S. 81) Text: Zur neuen Schöpferrolle des Menschen
- Erläutere die Folgen, die aus der „Enttabuisierung der Welt" erwachsen sind!
- Jonas fordert „Furcht und Zittern" und die „Scheu vor dem Heiligen". Begründe seine Forderung und nimm Stellung zu ihr!
- Eine Kommission soll Richtlinien für genetische Eingriffe formulieren, in denen die Möglichkeiten, Ziele und eventuell Grenzen festgelegt werden. Sammle Argumente für deine Meinung und vertritt sie in der Kommission!

(S. 82) Text von Erich Fried
- Die genannten Aussagen sind „Gründe dafür, dass..." Vervollständige den Satz!
- Wähle einen der „Gründe" und entwirf dazu eine Situation, in der er vorgebracht werden könnte! Beurteilt in der Klasse, ob der Einwand in der jeweiligen Situation berechtigt ist!
- Suche Bereiche und Möglichkeiten, in denen ein Handeln gegen die „Gründe" wichtig wäre!

(S. 82) Bild von Ivan Steiger
- Gib der Zeichnung einen Titel!
- Interpretiere die Zeichnung im Zusammenhang mit dem Text von Erich Fried!

(S. 82) Text von Martin Luther
- Begründe die Absicht Luthers und interpretiere den Satz!
- Setze den Ausspruch Luthers in Bezug zu der Karikatur von I. Steiger!

Glaube und Naturwissenschaft

(S. 85) Foto: Earthrise
- Betrachte das Foto! Welche Gedanken gehen dir durch den Kopf?
- Gib dem Foto einen Titel!
- Beginnt ausgehend von diesem Foto eine Fantasiereise durch unser Universum! (s. Ideenecke)

(S. 86) Texte: Weltbilder
- Wähle die Textstelle, die dir am besten gefällt!
- Begründe deine Wahl!
- Definiere mit eigenen Worten dein Weltbild!
- Schaut zu diesem Thema den Film „Eine kurze Geschichte der Zeit" von S. Hawking und diskutiert das im Film vorgestellte Weltbild!

(S. 87) Abb.: Wandel der Weltbilder
- Arbeite die Weltbilder durch und vergleiche sie miteinander!
- Informiere dich (Internet!) über diese und andere Weltbilder!

(S. 88) Bild von Lucas Cranach
- Betrachte das Bild und beschreibe, was du erkennen kannst!
- Welches von den dir bekannten Weltbildern liegt hier zugrunde?
- Gehe in dem Bild auf Fehlersuche! Finde heraus, welche Dinge auf der Grundlage heutiger Erkenntnisse anders dargestellt werden müssten!
- Fertige ein Bild an, das dem heutigen Kenntnisstand entspricht!

(S. 89) Text der Creation Research Society
- Lies den Text und arbeite die Position der Kreationisten heraus!
- Informiert euch über die Kreationisten!

(S. 89) Text: Grundzüge der Evolutionstheorie
- Beschreibe die Position der Evolutionstheoretiker aus dem Text!
- Informiert euch über die Evolutionstheorie!
- Stellt die beiden Positionen in einer Tabelle einander gegenüber!
- Ladet eure/n Biologielehrer/in in der Religionsunterricht ein und diskutiert die Problematik!
- Simuliert eine Podiumsdiskussion zum Thema „Verbot des Unterrichtens der Evolutionstheorie an deutschen Schulen"!

(S. 90) Text: Naturwissenschaft und Modellbildung
- Lies den Text und versuche, S. Hawkings Gedankengänge nachzuvollziehen!
- Welche Frage wird seiner Ansicht nach das Ziel wissenschaftlicher Beschäftigung sein?
- Wie würdest du diese Frage zum jetzigen Zeitpunkt beantworten?

(S. 91) Bild von M.C. Escher
- Beschreibe, was du auf dem Bild siehst und wie es auf dich wirkt!
- Gib dem Bild einen Titel!
- Warum hat der Künstler das Bild gemalt?

(S. 92) Zeichnung von Thomas Zacharias
- Fasse die Aussage der Zeichnung in zwei Sätzen zusammen!

(S. 92) Text: Genesis 11,1-9
- Lest den Text laut!
- Wozu dient der Turmbau?

(S. 93) Bild von Bernhard Heisig
- Beschreibe alle Bildelemente! Was kommt dir bekannt vor?
- Verbinde die Aussage des Bildes mit dem vorhergehenden Bibeltext!
- Wie würde der heutige „Turm zu Babel" aussehen?

(S. 94) Text: Hiroshima, 6. August 1945, 8.15 Uhr
- Informiert euch im Geschichtsunterricht über die Ereignisse der beiden Atombombenabwürfe im Jahr 1945!
- Inszeniert eine Expertenrunde oder Podiumsdiskussion zu diesem Thema!
- Was würde der amerikanische Verteidigungsminister sagen, was ein Anwalt der Opfer?
- Interviewt ältere Menschen, die diesen Tag noch in Erinnerung haben! Was haben sie empfunden?

(S. 95) Text: Gespräch zweier Physiker
- Lest den Text mit verteilten Rollen!
- Arbeitet die Position zum Thema „Schuld" heraus!
- Klärt die Frage nach der Schuld in Form einer szenischen Interpretation, z.B. durch die Darstellung eines fiktiven Prozesses gegen die beteiligten Physiker!
- Besucht das Theaterstück „Die Physiker" (Frdr. Dürrenmatt) oder „In der Sache Robert Oppenheimer" (H. Kipphardt)!

(S. 96/97) Text: Die Entscheidung liegt bei uns
- Lies den Text des amerikanischen Präsidentschaftskandidaten Al Gore und notiere Schlüsselbegriffe!
- Welche Konsequenzen sind deiner Meinung nach aus dem Text zu ziehen?
- Welche Rolle spielt der Glaube an Gott für den Autor?

(S. 97) Abb.: Marylou
- Was denkst du über das Bild?
- Wie würdest du das Bild nennen?
- Wie passt das Bild mit den Aussagen des vorhergehenden Textes zusammen?

(S. 98) Lied: Solang es Menschen gibt
- Singt das Lied oder lest die Strophen!
- Dichtet ähnliche Strophen dazu!
- Auf welche Hoffnung baut das Lied? Bedenkt bei eurer Antwort die Stichworte „Menschen", „Vögel", „Sohn"!
- Findet ihr andere Stichworte, die Hoffnung begründen können?

Kreuz und Auferstehung

(S. 101) Abb.: Tür
- Beschreibe die Tür jemandem, der das Foto nicht vor Augen hat!
- Durch die abgebildete Tür hindurch werden die Verstorbenen aus der Kapelle hinaus zum Grab getragen. Der Künstler, der diese Tür gestaltet hat, wird gebeten, für einen Prospekt über die Kapelle seinen Entwurf zu erläutern. Schreibe den Text!

(S. 102) Bildmontage von Almir Mavignier nach Emil Nolde
- Nenne, was du auf diesem Bild als Erstes wahrnimmst!
- Beschreibe das Bild im Einzelnen!
- Wähle dir eine Figur des Bildes aus. Stelle sie in ihrer Körperhaltung nach und berichte, wie sie das Ereignis erlebt!

(S. 103) Lied: Die Nacht ist vorgedrungen
- Untersuche, welche Stimmung in diesem Lied vorherrschend ist. Begründe deinen Eindruck!
- In dem Liedtext werden Gegensätze aufgezeigt. Stelle die gegensätzlichen Ausdrücke zusammen und erläutere ihre Bedeutung!
- Informiere dich über Jochen Klepper. Erkläre den Inhalt des Liedes vor dem Hintergrund seiner Entstehungszeit und Kleppers Biografie!

(S. 104/105) Abb.: Das Kreuz
- Vergleiche die Form und Wirkung der beiden Kreuze!
- Jedes der Kreuze vermittelt eine Stimmung. Suche Begriffe, die du mit der jeweiligen Stimmung verbindest!
- Eine Kirchengemeinde möchte eines der Kreuze als Altarkreuz in ihrer Kirche aufstellen. Die Meinungen sind geteilt. Sammelt Argumente und diskutiert, welches Kreuz eine angemessene Darstellung der Kreuzigung Jesu ist!

(S. 106) Text: Brauchte Gott den Tod Jesu?
- Nenne alle Stellen des Textes, die dir unverständlich geblieben sind! Nenne einen Satz, der dir besonders wichtig erscheint!
- Formuliere in eigenen Worten die Begründung, die Anselm von Canterbury für den Tod Jesu gibt!
- H.R. Rapp führt andere Gründe für das Sterben Jesu an. Nenne sie und vergleiche, welche Bedeutung jeweils dem Tod Jesu beigemessen wird!
- Diskutiert, inwiefern die Aussage, in Jesus stelle sich der „unterdrückte, verfolgte und erniedrigte Teil der Menschheit dar", Hoffnung vermitteln kann!

(S. 107) Text: Das Wort
- Schreibe auf, was du mit den Begriffen „oben" und „unten" verbindest!
- Erläutere, welche Bedeutung für R.O. Wiemer das Leiden Jesu am Kreuz hat. Führe dazu folgenden Satz im Sinne Wiemers zu Ende: „Jesus hat seinen Tod nicht umsonst auf sich genommen, denn …"!
- Überlegt, was mit den Worten „von weiter oben" gemeint sein könnte, und sucht nach Möglichkeiten, diese Worte der Botschaft Jesu zu finden und zusammenzustellen!

(S. 107) Kruzifix von Johann-Peter Hinz
- Beschreibe das Kruzifix. Interpretiere die Körperhaltung Jesu!
- Angenommen, Jesus spricht in dieser Situation. Was könnte er sagen?
- Suche nach inhaltlichen Berührungspunkten zwischen den Texten von Rapp und Wiemer und dem Kruzifix!

(S. 108) Bild von Caspar David Friedrich
- Beschreibe das Bild und seine Atmosphäre. Achte dabei auf die Lichtverteilung und die Darstellung der Natur!
- Das Bild trägt den Titel „Ostermorgen". Nenne Bildelemente, die auf den Titel hinweisen!
- Überlege und begründe, ob du dieses Bild für eine gelungene Darstellung des Ostermorgens hältst!

(S. 108) Text: Mk 16,1-3
- Auf dem Weg zur Grabstätte sprechen die Frauen über Jesus. Spielt die Szene!
- Setze den Text zu dem Bild „Ostermorgen" in Beziehung!

(S. 109) Text: Lk 24,15
- Die Frauen berichten von ihrem Erlebnis am Grab. Schreibt auf, was die Frauen erzählen!
- Wie reagieren die Zuhörer auf den Bericht? Stellt ihre Haltung dazu im Standbild dar!
- Maria überlegt, welche Bedeutung der Satz „Was sucht ihr den Lebenden bei den Toten?" für sie hat. Schreibe ihre Gedanken auf!

(S. 109) Text: Apg 9,1-9.18
- Paulus berichtet in einem Brief an seinen Mitarbeiter Timotheus von seinem Erlebnis. Stelle das Ereignis in einem Bild dar (Collage, Zeichnung, Farben)!

(S. 109) Text: 1.Kor 15,3-6
- Arbeite heraus, welche Botschaft Paulus den Gemeindemitgliedern in Korinth mit diesen Sätzen übermittelt!
- Vergleiche die Texte über die Erfahrungen mit der Auferstehung. Erörtere, inwieweit sie von einer Begegnung mit Jesus berichten!

(S. 110) Text: Was soll man davon halten, dass es heißt, er lebe?
- Wähle unter den Fragen, die sich Joseph von Arimathia stellt, eine aus, die dir besonders wichtig erscheint, und begründe deine Wahl!
- Beschreibe die Stimmung und Gefühle Josephs von Arimathia!
- Joseph spürt, dass eine Nachricht, die er nicht heute und nicht morgen zu Ende denken wird, zu ihm gelangt ist. Formuliere den Inhalt dieser Nachricht!

(S. 110) Bild von Benedikt Werner Traut
- Notiere Assoziationen, die das Bild hervorruft!
- Informiere dich über die symbolische Bedeutung von Quadrat, Rechteck und Kreis und interpretiere dann das Bild!
- Setze das Bild in Beziehung zu dem Text von R.O. Wiemer!

(S. 111) Text: Mein jüdischer Freund Moische Weinstock
- Stelle Vermutungen an zum Anlass dieses Gesprächs!
- Erläutere, was Moische an der Auferstehungsvorstellung der Christen kritisiert!
- Moische wird gebeten, die Aussage „Eure Auferstehung ist, dass ihr nicht fallt" genauer zu erläutern. Moische sagt: …

- Diskutiert Moisches Verständnis von „Auferstehung". Überlegt, ob es Berührungspunkte mit der christlichen Redeweise von Auferstehung gibt!

(S. 112) Text: Wie werden die Toten auferstehen? (1.Kor 15,35-44)
- Nenne die Merkmale, mit denen Paulus den irdischen und den auferstandenen Leib charakterisiert!
- Interpretiere dabei das Bild vom Samenkorn!
- Erläutere, mit welchen Mitteln Paulus die Auferstehung verständlich machen will. Hältst du seine Argumentation für überzeugend?

(S. 112) Text: Auferstehung
- Benenne die Verse, in denen Aussagen über ein Leben nach dem Tod getroffen werden. Beschreibe weitere Merkmale dieses Lebens!
- Stelle das Lebensgefühl, das in der letzten Strophe zum Ausdruck kommt, nach eigener Wahl dar (Tanz, Pantomime, Bild, Musik ...)! Kennst du solche Momente aus eigener Erfahrung?
- Vergleiche, wie Paulus und M.L. Kaschnitz von der Auferstehung sprechen.

(S. 113) Abb.: Die Treppe
- Finde für das Bild einen passenden Titel!
- Übertrage die Treppe auf ein Blatt Papier. Zeichne das Bild weiter!

(S. 114) Liedtext: Da kannst du Osterspuren finden
- Arbeite heraus, was der Liedtexter mit „Osterspuren" bezeichnet!
- Wähle eine Strophe aus und verdeutliche ihre Aussage durch ein konkretes Beispiel!
- Erläutere den Zusammenhang zwischen Ostern und den Osterspuren!

(S. 114) Bild von Helme Heine
- Das Bild heißt „Zukunft". Begründe den Titel!
- Betrachte das Lied im Zusammenhang mit dem Liedtext! Inwiefern könnte man von einer Illustration des Textes sprechen?

Leben, Sterben und Tod

(S. 117) Bild
- Was ist auf dem Bild zu sehen? Gib dem Bild einen Titel!
- Kennst du andere Bilder zum Thema „Zeit"?
- Entwirf selbst ein Bild, eine Collage oder eine Zeichnung zum Thema „Zeit"!

(S. 118) Gedicht: Die Zeit verrinnt
- Versuche das Gedicht laut zu lesen!
- Bilde ein Wortfeld zum Begriff „Zeit"!
- Versuche andere „Zeitgedichte" zu schreiben bzw. zu gestalten!

(S. 119) Lied: Nichts bleibt für die Ewigkeit
- Hört euch das Lied an! Worum geht es darin?
- Welche Stimmung drückt die Musik aus?
- Überlegt, was die Toten Hosen antworten würden, wenn sie auf dem Hintergrund dieses Liedes nach dem Sinn des Lebens gefragt würden?
- Wie beurteilst du die Position der Toten Hosen?

(S. 119) Gedicht: Reklame
- Lest das Gedicht mit verteilten Rollen!
- Was sagen die beiden „Stimmen" aus? Was passiert, wenn du das gesamte Gedicht interpretierst?
- Mache dir Gedanken zu der Frage in Zeile 1!

(S. 120) Foto
- Wie wirkt das Foto auf dich?
- Plant einen Friedhofsbesuch und/oder informiert euch über die Arbeit eines Bestattungsunternehmens! (s. Ideenecke)

(S. 121) Texte: E-Mails
- Wie geht die Freundin mit der unheilbaren Erkrankung von Ruth um? Wie geht Ruth selber mit dieser Situation um?
- Welche Regeln sollte man in Bezug auf den Umgang mit Todkranken beachten?
- Informiert euch über Möglichkeiten der Sterbebegleitung!
- Besucht einen Sterbebegleiter und interviewt ihn!

(S. 122) Bild von Johannes Schreiter
- Zeichne anhand der EKG-Kurve das Leben dieses Menschen nach!
- Deute insbesondere die Farbgebung des Bildes!

(S. 123) Text: Christlicher Glaube und Ewiges Leben
- Worin besteht nach Zahrnt die christliche Auffassung von „Tod“ und „Ewigem Leben“?
- Welche Konsequenzen könnte die Auffassung des Textes für das Leben eines Menschen haben?
- Finde heraus, welche Definitionen von „Tod“ und „Leben nach dem Tod“ es in anderen Kulturen bzw. Religionen gibt! (vgl. Kapitel: Der Weg des Buddhismus, S. 165ff.)

(S. 124) Text/Foto: Hospiz
- Welche Ziele verfolgt die Hospiz-Bewegung?
- Informiert euch über die Arbeit von Hospizen in eurer Region!

(S. 125) Abb.: Todesanzeige Grönemeyer
- Was veranlasst den Künstler Herbert Grönemeyer, eine solche Anzeige zu veröffentlichen?
- Sammelt Traueranzeigen aus der Zeitung und vergleicht die Form, Inhalte und Symbole in den Anzeigen!

(S. 126) Fotos
- Beschreibe, was du auf den Fotos siehst, und beschreibe die jeweilige Stimmung!
- Suche dir eine Jahreszeit aus! Was würdest du sehen, riechen, hören, wenn du in dem Bild wärst?
- Suche dir ein Motiv in der Natur und fotografiere es ebenfalls in den vier Jahreszeiten!

(S. 127) Texte: Leben – ständiger Kreislauf/Wiedergeburt
- Nenne Symbole für den im Text beschriebenen Lebenskreislauf!
- Informiere dich im Kapitel Buddhismus und z. B. im Internet über die Grundlagen des Buddhismus!
- Wie könnte sich die dargestellte buddhistische Position auf das Leben der Gläubigen konkret auswirken!
- Vergleiche die christliche Vorstellung von „Tod“ und „Ewigem Leben“ mit der buddhistischen (s. S. 123)!

(S.128) Text: Prediger 3, 1-15
- Lest den Text laut!
- Welche Dinge haben bei euch „ihre Zeit“?
- Baut eine Lebensmauer aus Kartons, auf die ihr Dinge schreibt, die ihr für lebenswichtig haltet! (s. Ideenecke)

(S. 129) Text: Ein Gebet
- Lies das Gebet und notiere Schlüsselbegriffe!
- An welchen Stellen des Textes sind dir Situationen aus deinem Leben eingefallen, in denen du die Wünsche des Gebets hättest gebrauchen können?

(S. 130) Text: Schaffe dir ein Nebenamt ...
- Welche Aufgabe könntest du dir als „Nebenamt“ vorstellen? Worin liegen die Schwierigkeiten, ein Nebenamt auszuführen?
- Überlegt, in welchem Bereich ihr als Klasse oder Kurs tätig werden könntet!

Schuld und Vergebung

(S. 133) Titelbild: Pilatus
- Beschreibe das Bild und achte besonders auf die unterschiedliche Darstellungsart von Pilatus, Jesus, den Schriftgelehrten und dem Volk. Lies Mt 27,15-26!
- Formuliere andere Umschreibungen des Satzes „Ich wasche meine Hände in Unschuld“!
- Welche Gründe hatten die drei Gruppierungen, sich an der Verurteilung Jesu zu beteiligen? Was würden sie heute zu ihrer Verteidigung sagen?
- Warum hat der Künstler sie als halbe Schachfiguren dargestellt?
- „Schuld“ und „Abgabe von Verantwortung“ – welchen Zusammenhang siehst du?

(S. 134) Text: Die Jäger
- Teile den Bericht in Sinnabschnitte und fasse das Geschehen stichwortartig zusammen!
- Versetze dich in ein Gruppenmitglied und notiere seine Empfindungen, Gedanken und Erinnerungen am nächsten Morgen in Form eines Tagebucheintrags!
- Welche Aktualität hat ein solches Verhalten? Gibt es Parallelen?
- Kann der Einzelne in einer Gruppe noch persönliche Schuld empfinden?

(S. 135) Gedicht: Unaufhaltsam / Zeichnung
- Lest euch das Gedicht gegenseitig mehrfach sinnbetont vor!
- Gliedere das Gedicht in Aussageblöcke und beachte besonders den Schluss!
- Suche weitere Metaphern für die verheerende Wirkungsweise eines „schwarzen Wortes“!

- Setze Gedicht und Bild miteinander in Beziehung und denke dir eine Überschrift zum Bild aus!

(S. 136) Brief: Liebe K. / Karikatur
- Welche Beweggründe hatte Bettina, sich so zu verschulden?
- Bettina – ihre Mutter – die Versandhäuser – das Pfandhaus: Wer von diesen Akteuren hätte anders handeln können oder müssen?
- Wie beurteilst du generell den Kauf per Ratenzahlung?
- Wie kommt Bettina aus der Schuldenfalle heraus? Schreibe ihr einen Antwortbrief!
- Welche Aussage will die Karikatur machen?

(S. 137) Gebet in Verfolgung – Psalm 7
- Schreibe den Psalm in die Mitte eines DIN-A3-Blattes und bebildere ihn in Form einer Collage:
- Strophe 1 und 2 zusammengefasst
- Strophe 3: Lebensbilder historischer Persönlichkeiten, „die das Gute wollten"
- Strophe 4: Welches sind heute glaubhafte Vorbilder, nach denen wir uns richten konnen?

(S. 138) Text: Kains Brudermord
- Was bedeutet: „Soll ich meines Bruders Hüter sein?"
- Kann man das Opfer der Brüder und die Annahme bzw. Ablehnung Gottes auf heutige Erfahrungen übertragen?
- Wie begegnet Gott Kain nach dem Mord?
- Spielt eine Gerichtsverhandlung zu dem Mordfall mit unterschiedlichen Rollen (Ankläger, Richter, Verteidiger, Angeklagter)!

(S. 138/139) Bild von William Blake
- Beschreibe Körperhaltung, Gestik und Mimik von Adam, Eva und Kain!
- Welche Bedeutung hat die Darstellung und Farbgebung des Bildhintergrunds?
- Versuche das Entsetzen, das Kain ins Gesicht geschrieben steht, in Worte zu fassen!
- Fertige eine SW-Kopie des Bildes an, schneide die Figuren aus, klebe sie auf ein Blatt und stelle collagenartig mit Material aus heutigen Zeitschriften den Bildhintergrund dar: „Brudermord heute"!

(S. 140) Text: Kain, mein bruderloser Freund
- Stelle in einer Tabelle zusammen, welche Eigenschaften diesen Kain ausmachen!
- Welche Beziehung gibt es zwischen seinem äußeren Auftreten und seinem Innenleben?
- Kain und Abel sind doch biblische Gestalten. Wieso lässt der Dichter Abel dennoch in die heutige Zeit sprechen?

(S. 141) Gedicht: Abel steh auf
- Lies dir das Gedicht mehrmals durch und setze nach deiner Entscheidung die angemessenen Satzzeichen!
- Wie lautet in der biblischen Erzählung die „Frage" und wie die „Antwort"?
- Formuliere beide in heutige Sprache um!
- Was verstehen wir heute unter „Hüter", „die Kinder Abels" und unter „Kain werden"?
- Wie beurteilt die Dichterin die Chancen für einen Neuanfang unter den Menschen? Informiere dich über ihre Lebensgeschichte!

(S. 142) Text: Jesus und die Ehebrecherin
- Wähle dir eine Rolle aus (Jesus, Ehebrecherin, Pharisäer oder Volk) und schreibe einen inneren Monolog zu der biblischen Szene. Stellt ein Standbild und lest eure Monologe dazu vor!
- Auf einem OHP liegt ein abstraktes Symbol für die Frau (z.B. Rechteck) und jede/r Schüler/in hat einen aus Papier ausgeschnittenen Stein vor sich. Überlegt euch in der Gruppe, ausgehend von der Aussage Jesu „Gehe hin und sündige hinfort nicht wieder", was ihr mit euren Steinen gemeinsam auf den OHP legen könnt!

(S. 143) Bild von Max Beckmann
- Interpretiere die Farbgebung, Körpersprache und den Gesichtsausdruck bei den umstehenden Männern, bei Jesus und bei der Ehebrecherin!
- Was sagen speziell die Hände der Frau, der Soldaten, des Volkes und die beiden Hände Jesu aus?

(S. 144) Zeichnung
- Beschreibe zunächst die Zeichnung!
- Welche Bedeutung hat ein Spiegel? Was zeigt er, was nicht?
- Was kann geschehen sein, dass der Mensch sich nicht mehr unversehrt im Spiegel sehen kann?
- Formuliere ein Überschrift zu der Zeichnung!
- Verfasse ein Zwiegespräch zwischen dem Mann und seinem zerbrochenen Spiegelbild!

(S. 144) Text: Gefängnisgedanken
- Inwiefern verändert sich der Mensch in Gefangenschaft?
- Entwickelt die Haftzeit erst ein Wiederholungsmotiv?

(S. 145) ... oder so?
- Lies den Tagesablauf dieser Haft und entnimm aus diesem persönlichen Einzelbericht allgemeine Ansätze einer sinnvollen Haftgestaltung!
- Teilt die Lerngruppe auf und schreibt nach beiden Modellen (Verwahrvollzugsanstalt / Resozialisierungskonzept) einen inneren Monolog einer Jugendlichen (Delikt: Rauschgifthandel), die am nächsten Morgen entlassen wird!

(S. 146) Text: Zum Geleit
- Notiere die Textstellen, in denen davon die Rede ist, was Gott tun soll!
- Was gehört in dem Gedicht von H.D. Hüsch zum Mensch-Werden dazu? Was gehört für dich noch dazu?
- „Streitigkeiten" – „Vorurteile" – „Schuldzuweisungen": Wie kann Humor zu ihrer Überwindung beitragen? Gib ein Beispiel! Welche Bedeutung hat dabei die Freiheit?

Warum? – Menschen im Leid

(S. 149) Bild von Caspar David Friedrich
- Die abgebildete Person sieht nachdenklich aus. Schreibe die Gedanken auf, die sie beschäftigen!
- Du planst eine Bilderausstellung zum Thema „Menschen im Leid". Du hast auch dieses Bild dazu ausgewählt. Begründe deine Entscheidung!

(S. 150) Text: Schmetterling und Taucherglocke
- Beschreibe die Situation J.D. Baubys. Erläutere dabei auch den Titel!
- Beurteile das Verhalten der Kinder!
- Ein Freund befragt Bauby, ob er angesichts seines Leids nicht lieber sterben wolle. Entwickle das Gespräch!

(S. 151) Predigt für die Opfer eines Flugzeugabsturzes
- Erhebe aus der Predigt die Fragen, die Menschen sich nach einer solchen Katastrophe stellen!
- „Warum?" – Überlege, ob und inwiefern diese Frage eine „Frage an Gott" ist.
- Verfasse aus der Sicht eines Angehörigen einen Brief, in dem du Stellung zu der Predigt beziehst!

(S. 151) Foto der brennenden Concorde
- Beschreibe deine Empfindungen beim Anblick dieses Fotos!
- Sollten Fotos und Fernsehaufnahmen von Katastrophen veröffentlicht werden?

(S. 152) Psalm 22
- Beschreibe die Empfindungen des Betenden!
- Wähle eine Darstellungsmöglichkeit und veranschauliche damit die zentrale Aussage des Psalms (Pantomime, Standbild, Zeichnung, Musik)!
- Verfasse in Anlehnung an Ps 22,1-12 einen aktuellen Klage- oder Lobpsalm!

(S. 152) Kirchenfenster
- Benenne, was dir als Erstes ins Auge fällt! Beschreibe dann das Fenster so genau wie möglich!
- Das Kirchenfenster ist nach Ps 22,1-12 gestaltet. Versuche mithilfe des Psalmtextes eine Interpretation des Fensters!

(S. 153) Gedicht: Warum denn ich?
- Beschreibe die Situation der Person in dem Gedicht!
- Vergleiche ihre Situation mit der des Beters von Ps 22,1-12!

(S. 153) Text: Maskenloses Leid
- Erläutere den Titel!
- Beschreibe die Auswirkungen der Krankheit auf F. Zorn!
- Der Text soll in einem Buch zum Thema Leiden veröffentlicht werden. Du wirst gebeten, zu dem Text eine farbige Illustration zu gestalten.

(S. 154) Text: Hiob 1,6-12
- Beschreibe Hiobs Prüfung und die Umstände ihrer Planung!
- Hiob wird geprüft. Erfinde eine andere Variante, wie es zu den Leiden Hiobs gekommen sein könnte. Spielt die Szene!
- Überlege, welche Bedeutung der „Teufel" im heutigen Denken der Menschen hat!

(S. 154) Bild von Erich Grün

- Beschreibe die Stimmung des Bildes und welche Empfindungen es in dir auslöst!
- Tauscht euch zu zweit darüber aus, wie ihr das Bild deutet. Einigt euch auf einen Titel!
- Setze das Bild in Beziehung zu Hiobs Prüfung!

(S. 155) Text: Die Erklärungen der Freunde Hiobs

- Nenne die Argumente, mit denen die Freunde Hiobs das Leid erklären! Welche Ratschläge an Hiob ergeben sich daraus?
- Beurteile die Trostworte der Freunde!
- Übernimm die Rolle eines vierten Freundes! Wie würdest du argumentieren?

(S. 156) Text: Rons Lektion

- Ron beschreibt seine Situation. Formuliere seine Gefühle und Gedanken nach dem Überfall!
- Beschreibe, worin die Lektion besteht, die der Freund in dem Unglück sieht!
- Ron antwortet dem Freund. Gestaltet einen Dialog und tragt ihn vor!

(S. 156) Gedicht: Menschen ohne Leid

- Deute die Aussage, Menschen ohne Leid verdörrten wie Früchte, die bei der Ernte vergessen wurden!
- Verfasse – ausgehend von Mussbachers Gedichtbeginn – eine eigene Fortsetzung! Dabei kann Mussbachers Ansicht unterstützt oder aber eine Gegenposition formuliert werden.

(S. 157) Text: Der Mensch sieht nur die Unterseite

- Erläutere, was der Diakon am Beispiel des Teppichs über das Leben aussagt!
- Roger Ashley und der Diakon sprechen darüber, wie das über die Familie gekommene Leid zu deuten ist. Schreibe den Text fort!
- Überlege, ob die Vorstellung des Diakons Trost im Leiden geben kann!

(S. 157) Holzschnitt von Marianne Haas

- Beschreibe die dargestellte Person!
- Versetze dich in die Person und formuliere, was sie sagt!
- Setze das Bild in Beziehung zum Text von Thornton Wilder!

(S.158) Texte: Auflehnung gegen das Leid

- Beschreibe die Reaktion Hiobs gegenüber Gott!
- Versuche anhand der Aussagen Hiobs eine Charakterisierung Gottes vorzunehmen und Hiobs Erwartungen an ihn festzustellen!
- Hiob fordert einen Prozess. Übernimm eine Rolle im Prozess und bereite dich darauf vor. Führt eine Gerichtsverhandlung durch!

(S. 159) Bild von Erich Grün

- Notiere deine Eindrücke von dem Bild!
- Beschreibe das im Bild ausgedrückte Verhältnis zwischen Gott und Hiob!
- Schreibe eine dem Bildeindruck entsprechende Antwort Gottes!

(S. 159) Text: Hiobs Antwort

- Hiob begründet vor den Freunden sein Verhalten gegenüber Gott: ...
- Beurteile das Verhalten Gottes, das diese Reaktion Hiobs bewirkt!
- Können aus der Geschichte Hiobs Hilfen für den Umgang mit Leiden gewonnen werden? Begründe deine Ansicht!

(S. 160) Text: Behalt das Leben lieb

- Beer schreibt in einem Abschiedsbrief an den Studenten, was das Gespräch in ihm bewirkt hat.
- Beer fragt sich: „Was gibt dem Leben denn eigentlich so viel Sinn?“ Stelle dir vor, du besuchst Beer als Freund/in und ihr sprecht über diese Frage. Entwickle den Dialog!

(S. 161) Text: Mit-Leid

- Entwerft und spielt zu zweit eine Szene, in der eine der beiden Formen des Mitleids illustriert wird! Die Klasse soll entscheiden, welche Form des Mitleids ihr dargestellt habt.
- Hältst du S. Zweigs Auffassung vom „richtigen“ Mitleid für realisierbar?

(S. 161) Text: Ich lebe ...

- Beschreibe B. v. Wartenberg-Potters „Weg zurück ins Leben“!
- Die Autorin deutet an, was sich für sie im Leben geändert hat. Versetze dich in ihre Person. Wähle eine ihrer Aussagen und erläutere sie aus ihrer Sicht!
- Vervollständige den folgenden Satz: „Menschen erfahren, dass Steine weggerollt werden, wenn ...“!

In dem Text „Da kannst du Osterspuren finden“ (S. 114) im Kapitel „Kreuz und Auferstehung“ kannst du Anregungen finden.

Der Weg des Buddhismus

(S. 165) Abb.: Rad des Lebens
- Suche nach zentralen Bildelementen: Was wird durch sie über das „Leben" ausgesagt?
- Warum wurde die Form eines Rades/Kreises gewählt? Experimentiert in der Gruppe mit anderen Formen der Darstellung!

(S. 166) Gedicht
- Welche Wortbilder verwendet Utha Thomsen?
- Schreibe einen Brief an das „Ich" des Gedichtes, in dem du von ähnlichen Erfahrungen berichtest oder Anregungen zur Lösung des Problems gibst!

(S. 166) Bild von Samuel Bak
- Beschreibe die Atmosphäre des Bildes!
- Betrachte die Bildelemente und Proportionen näher: Inwiefern sind sie für das Entstehen dieser Atmosphäre verantwortlich?
- Der Titel des Bildes ist „Schwierige Fragen": Was könnte jemand in der Realität erlebt haben oder fühlen, der so ein Traumbild hat?

(S. 167) Text: Die Vier Ausfahrten
- Informiere dich aus verschiedenen Quellen (z.B. Lexikon, Internet: s. „Ideen-Ecke") über die Biografie Siddharta Gautamas, der später „Buddha" genannt wurde!
- Erarbeite anhand der Legende, was Gautama so erschreckt hat!

(S. 168) Texte: Die Vier Edlen Wahrheiten / Erklärung der Fünf Daseinsgruppen
- Ordnet in der Kleingruppe die Vier Edlen Wahrheiten und die jeweils dazugehörigen Begriffe in einem Schaubild an. Berücksichtigt dabei auch den erklärenden Text über die „Fünf Daseinsgruppen"!
- Welche der Aussagen sind für euch verständlich, welche bleiben schwer verständlich bzw. „fremd"?
- Vergleicht in der Klasse eure Schaubilder und formuliert zu dem, was euch unverständlich geblieben ist, einen Brief an einen Buddhisten (z.B. an Helmut Witte über: Vandenhoeck & Ruprecht, Theaterstr. 13, 37073 Göttingen)!

(S. 169) Text: Der Edle Achtfache Pfad
- Welche „Stationen" des Pfades erscheinen euch leicht zu verwirklichen, welche schwer?
- Sucht für jede Station ein Symbol (möglichst keine Verbotsschilder!) aus, das die Aussage verdeutlicht!
- Vergleicht die Aussagen des Edlen Achtfachen Pfades mit zentralen Aussagen zu christlichem Verhalten (z.B. 10 Gebote, Bergpredigt, Doppelgebot der Liebe etc.)! Wo könnt ihr Parallelen erkennen, wo andere, neue Gedanken?

▶ Lest dazu auch im Kapitel „Sehnsucht nach Gerechtigkeit" (S. 5 ff.) nach!

(S. 170) Bild: Der unter dem Bodhi-Baum meditierende Buddha
- Schreibe auf, welche Wirkung das Bild bzw. einzelne Bildelemente auf dich haben!
- Wie könnte man die Bildelemente in den Ecken deuten? Setze sie in Beziehung zu dem Text von den „Vier Edlen Wahrheiten"!

(S. 170) Text: Achtsamkeit üben
- Probiert selbst eine „Übung zur Achtsamkeit" aus. Bildet dazu einen Stuhlkreis, setzt euch ganz entspannt (aber aufrecht) hin, schließt die Augen und spürt dann dem Kommen und Gehen eures Atems nach. Lasst die Gedanken, die auftauchen, vorbeiziehen, haltet sie nicht fest und „denkt" nicht an/mit ihnen weiter!
- Tauscht euch nach ca. 5 Minuten über eure Empfindungen und Erfahrungen aus: Konntet ihr ähnliche Erfahrungen wie der Autor machen?
- Überprüft, an welchen Stellen „Achtsamkeit" in eurem (Schul-)Alltag wichtig sein und welche Veränderungen sie bewirken könnte!

(S. 171) Text von Thich Nhat Hanh
- Beschreibe die Auswirkungen von Achtsamkeit, die Thich Nhat Hanh in seinem Text anspricht!
- Vergleiche sie mit deinen Erfahrungen und entwirf eine Antwort an Thich Nhat Hanh! (Sucht seine Adresse übers Internet!)
- Informiere dich über Menschen, die durch ihr friedfertiges Verhalten bekannt geworden sind, und überprüfe dabei die These von Thich Nhat Hanh, die er in den letzten beiden Zeilen seines Textes aufstellt!
- Inwiefern kannst bei M. Gandhi, M.L. King oder anderen Parallelen zu buddhistischem Gedankengut erkennen?

(S. 172) Text: Gautama begegnet dem „Hauslosen“

- Was hat Gautama an dem Hauslosen so fasziniert, dass er seinem Vorbild folgte?
- Verfasse einen Abschiedsbrief von Gautama an seine Frau, in dem er ihr seine Entscheidung mitteilt und begründet!

(S. 172) Bild: Kopfrasur eines buddhistischen Mönchs

- Sammelt eure Assoziationen und tauscht euch darüber aus, welche „Signale“ von vollem Kopfhaar bzw. kahl geschorenen Köpfen in unserem Alltag ausgehen!
- Warum sind diese äußeren Erscheinungsmerkmale (Haarlosigkeit, Kleidung) und die „Hauslosigkeit“ für buddhistische Mönche so wichtig?

(S. 173) Text: Regeln für die Mönche

- Lies den Text und kennzeichne wichtige Stellen mit einem „!“, Fragen mit einem „?“, Stellen, die du gut findest, mit einem „+“, deren Inhalt du ablehnst, mit einem „– “!
- Vergleicht in der Kleingruppe eure Markierungen und formuliert einen Fragebogen an einen buddhistischen Mönch. Versucht, durch direkte Kontakte zu buddhistischen Klöstern in Deutschland eure Fragen zu klären!
- Informiert euch über Parallelen bzw. Unterschiede in christlichen Orden!

(S. 174) Text: Der eigentliche Zweck einer Religion / Foto: Der Dalai Lama auf dem Kirchentag

- Als Berichterstatter/in vom Deutschen Evangelischen Kirchentag warst du bei der gemeinsamen Veranstaltung (vgl. Foto) dabei. Was kannst du berichten?
- In welchem Punkt befürchtet der Dalai Lama missverstanden zu werden?
- Wie haben C.F. v. Weizsäcker und J. Miksch wohl auf den Redebeitrag des Dalai Lama reagiert? Verfasse eine Antwort!

(S. 175) Bild von Max Rüedi

- Welchen Titel würdest du dem Bild geben?
- Überprüfe, ob das Bild für den „Dialog der Religionen“ ein geeignetes Symbolbild wäre!
- Wäge andere Formen der Darstellung (z.B. Überschneidungen) dagegen ab!

(S. 175) Text: Keine gönnerhafte Schulterklopferei

- Was will jemand sagen, der einem anderen „gönnerhaft“ auf die Schulter klopft?
- Erfindet in der Kleingruppe eine kleine Spielszene, in der diese Geste mit Worten versehen wird, und spielt sie euch gegenseitig vor!
- Warum wendet sich K.-J. Kuschel gegen „gönnerhafte Schulterklopferei“?

(S. 176) Text: Gebet von Dag Hammerskjöld

- Informiere dich über die Biografie von Dag Hammerskjöld!
- Vergleiche seine Haltung mit der buddhistischen „Achtsamkeit“ (S. 170): Wo kannst du Parallelen, wo Unterschiede feststellen?

(S. 177) Abb.: Mandala

- Probiere diese Form der Meditation aus: Schaffe dir eine geeignete, ruhige Atmosphäre und male eine Kopie des Mandalas farbig an!
- Tausche deine Erfahrungen, die du mit den Formen und Farben gemacht hast, mit anderen aus!

(S.177) Text: Mein Weg

- Benutze diesen Text als Anregung für eine Schreibmeditation! Eine Hilfe dabei können folgende Fragen sein: Wo verläuft *mein* Weg? Welche Stationen habe ich erreicht, was liegt vor mir? Wer oder was beeinflusst meinen Weg? Wo oder wem gegenüber könnte ich „bedachtsamer“ sein?

▸ Hier lassen sich auch Bezüge zu dem Kapitel „Zeit“ herstellen (S.181 ff.).

(S. 178) Text: Nicht eins – nicht zwei

- Diskutiert zu zweit bei einem Spaziergang durch die Natur die letzte Zeile des Textes und ergänzt sie durch eigene Beispiele!
- Berichtet im Plenum über eure Erfahrungen und vergleicht die neu gefundenen Beispiele daraufhin, inwieweit sie die Eingangsfrage des Textes beantworten helfen!

(S.178) Abb.: Horizont

- Betrachte das Bild eine längere Zeit: Welche Besonderheiten des Bildes fallen dir erst bei längerer Betrachtung auf? Wie verändert sich deine Wahrnehmung im Laufe der Zeit?
- An welcher Stelle würdest du dich am liebsten befinden?

- Stelle einen Bezug zwischen dem Bild und der letzten Zeile des Textes über dem Bild her!

Zeit

(S. 181) Bild von Manfred Ludes

- Thema des dargestellten Bildes ist die Zeit. Notiere Fragen, die du an diese Darstellung hast.
- Überlege dir, wie du Zeit darstellen würdest!
- Formuliere einen Titel für das Bild Manfred Ludes und begründe ihn!

(S. 182) Text: Bleiben, wo ich nie gewesen bin

- Probiere verschiedene Arten aus, das Gedicht vorzutragen. Welche Bedeutungsnuancen ergeben sich?
- Benenne das Grundgefühl, das in dem Gedicht beschrieben wird!
- Interpretiere den letzten Vers des Gedichtes!
- Skizziere eine Person, die du dir als Sprecher oder Verfasser des Gedichtes vorstellen könntest!

(S. 182) Text: ... und ich begann zu leben

- Erläutere, worum es bei den Konflikten der Tochter mit ihren Eltern geht!
- Welche stilistische Besonderheit des Textes fällt auf? Wie erklärst du sie dir?
- Stelle Vermutungen zum letzten Absatz des Textes an: Welche Illusionen, Ideen, Ideale hat die Autorin als junges Mädchen verloren?
- Vergleiche das hier beschriebene Lebensgefühl mit dem des Gedichtes von Thomas Braasch!
- Diskutiere die häufig verwendete Bezeichnung der Pubertätszeit als „schwierige Zeit"!

(S. 183) Bild von Jean Jaques Dournon

- Wo würdest du dich selbst als kleine Figur auf dem Bild unterbringen? Warum?
- Interpretiere das Bild als „Lebenweg" eines Menschen. Welche anderen Verläufe kannst du dir vorstellen?

(S. 184) Abb.: Modern Times

- Informiere dich über den Film „Modern Times"!
- Beschreibe das Bild des vorliegenden Filmausschnittes!
- Entwirf die weitere Handlung: Wie stellst du dir die nächsten Szenen vor?
- Versuche dich an einer Deutung des Ausschnittes (Titel!)!

(S. 184/185) Text: Nie an die ganze Straße auf einmal denken

- Ergänze Beppos Darstellung durch eigene Erfahrungen! Was ist der „Kern" seiner Rede?
- Veranschauliche in einer Strukturskizze, wie die einzelnen Verhaltensweisen, Gefühle und Zeiterfahrungen zusammenhängen.

(S. 185) Bild von Roger van Akelyen

- Beschreibe das Bild möglichst genau. Notiere Widersprüche und Fragen!
- Der Titel des Bildes lautet „Zeitfrau". Welche Erfahrungen von Frauen (und Männern) sind in dem Bild eingefangen?
- Diskutiere die Frage, ob Frauen und Männer unterschiedliche Erfahrungen im Umgang mit Zeit machen.
- Vergleiche die Aussage des Bildes „Zeitfrau" mit der Interpretation des Ausschnittes „Modern Times". Wo siehst du Parallelen, wo Unterscheide?

(S. 186) Text: Ein Tag, um zu sich zu kommen

- Zähle auf, wer alles vom Sabbat profitieren soll!
- Vergleiche Ex 20,8-11 mit Dtn 5,12-15. Worin unterscheiden sich die beiden Fassungen des Gebotes?
- Informiere dich über den Ablauf einer jüdischen Sabbatfeier!
- Notiere, wie du einen Sonntag verbringst. Was ist dir besonders wichtig?

(S. 186) Abb.: Stuhl

- Entwirf eine Einladung (evtl. gestaltete Einladungskarte), die dieser Stuhl an dich ausspricht – was bietet er dir an?
- Wie würdest du auf ihm sitzen? (Probiere verschiedene Körperhaltungen auf einem Stuhl aus.)
- Schreibe ein Gespräch zwischen dir und dem Stuhl, in dem du dich für bzw. gegen seine Einladung aussprichst.

(S. 187) Du sollst den Sabbat eine Wonne nennen

- Zeige am Text auf, worin für Hans Walter Wolff der Wert des Sabbats liegt!
- Erläutere, inwieweit er dabei über Ex 20,8-11 hinausgeht!

(S. 188) Bild: Lichthof der Indischen Botschaft in Berlin
- Beschreibe die Gefühle und Gedanken, die die Betrachtung des Gebäudes bei dir auslöst!
- Viele Botschaftsgebäude haben den Anspruch, eine „Botschaft" auszudrücken: Formuliere, vielleicht in poetischen Worten, eine an die Menschen gerichtete Botschaft dieses Gebäudes!

(S. 188) Text: Der reiche Kornbauer
- Spielt den ersten Teil des Textes (ohne die Gegenrede Gottes) in der Art eines Werbespots!
- Analysiere Werbematerialien in Zeitschriften und auf Plakaten von Sparkassen und Versicherungen, die mit Darstellungen erfolgreichen Lebens werben!
- Wo siehst du Parallelen, wo Unterschiede zur Einstellung des Kornbauern?
- Warum bezeichnet Gott den Kornbauern als „Narren"?
- Schreibe eine Verteidigungsrede des Kornbauern gegenüber Gott!
- Auch in diesem Text ist von einem geplanten Gebäude die Rede: Welche Werte könnte es symbolisieren?

(S. 189) Text: Leb in der Gegenwart
- Übersetze das Gedicht in deine eigenen Worte!
- Veranschauliche an Beispielen, was es heißen kann, wenn jemand „in der Vergangenheit" oder „in der Zukunft" lebt. Welchen Gründe führen Menschen dazu, so zu leben?
- Interpretiere V 7: Wie können Vergangenheit und Zukunft die Gegenwart „erfüllen" und „erweitern"?

(S. 189) Bild: Rummelplatz
- Notiere alle Details, die du auf dem Bild erkennen kannst!
- Deute die Körperhaltung des Mädchens, evtl. durch eigenes Erproben der Haltung!
- Formuliere Gedanken, die ihr durch den Kopf gehen könnten!
- Erkläre den Satz auf der Karte mit eigenen Worten!
- Suche Beispiele, an denen du das Problem verdeutlichen kannst!
- Schreibe eine Antwort auf die gestellte Frage: Orientiere dich an dem knappen Stil der Vorgabe!

(S. 190) Bild von Gerhard Richter
- Notiere deine spontanen Ideen und Impulse zu dem Bild. Was würde man als Betrachter gern tun?
- Welche Redewendungen und Sprichwörter fallen dir zu der Darstellung ein?
- Das Bild kann als Anregung dienen, über das eigene Leben nachzudenken. Lege zwei Blätter Papier so zurecht, wie auf dem Bild vorgegeben. Notiere auf einem ersten Blatt, was in deinem bisherigen Leben für dich wichtig war. Experimentiere mit dem zweiten Blatt: Wie viel von deiner Zukunft erscheint dir bereits sichtbar? Wie viel möchtest du wissen?

(S. 191) Text: Jung sein
- Was kritisiert Jens? Wonach sucht er? Was lässt sich von der Einstellung der Erzählerin erkennen?
- Führt ein Beratungsgespräch durch, z.B. zwischen Jens und seiner Freundin oder einem professionellen Berater und Jens!

(S. 192) Bild von Antonio Tapies
- Beschreibe das Bild so, dass es sich jemand vorstellen kann, der es nicht vor Augen hat.
- Deute die Darstellung als ein Sinnbild für Lebenserfahrungen!

(S. 193) Text: Vorschlag
- Bereite einen Lesevortrag des Gedichtes vor. Probiere verschiedene Varianten aus!
- Deute die Überschrift des Gedichtes! Wie verstehst du die aufgeworfenen Fragen (Strophe 3, Vers 3-7)?
- Entwickle konkrete Vorschläge, was „einen Pfahl einrammen" für dich bedeuten könnte.

(S. 194) Text: Herr meiner Stunden
- Zeichne einen Verteilungskreis, aus dem hervorgeht, wie du deine Zeit verbringst!
- Vergleiche deinen Zeitkreis mit den in dem Gebet angesprochenen Aspekten!
- Wie kann es aussehen, wenn Zeit „getötet", „vertrieben" oder „verdorben" wird?
- Diskutiere, welchen Unterschied es macht, ob Lebenszeit als „gegeben" oder selbstbestimmt verstanden wird!

Wichtige Namen und Begriffe

Die Herausgeber und Autor/inn/en

Gerd-Rüdiger Koretzki unterrichtet Evangelische Religion und Deutsch an einem Gymnasium in Göttingen; er ist außerdem Fachberater für Evangelische Religion an Gymnasien bei der Bezirksregierung Braunschweig.

Rudolf Tammeus unterrichtet Evangelische Religion, Deutsch und Pädagogik an einem Gymnasium in Göttingen; außerdem ist er Fachleiter für Evangelische Religion an Gymnasien im Studienseminar Göttingen.

Hans-Günter Gerhold unterrichtet Evangelische Religion und Deutsch am Gymnasium Salzgitter-Bad; er ist außerdem in der Lehrerfortbildung beim Amt für Religionspädagogik und Medienarbeit der Ev.-Luth. Landeskirche Braunschweig tätig.

Hendrik Heizmann unterrichtet Evangelische Religion und Französisch an einem Gymnasium in Buxtehude; er ist außerdem Fachleiter für Französisch am Studienseminar Stade.

Kerstin Heizmann unterrichtet Evangelische Religion und Deutsch an einem Gymnasium in Stade.

Martin Rehermann unterrichtet Evangelische Religion, Geschichte und Pädagogik an einem Gymnasium in Diepholz; außerdem ist er Berater für Neue Technologien bei der Bezirksregierung Hannover.

Carolin Schaper unterrichtet die Fächer Evangelische Religion, Deutsch und Psychologie an einem Gymnasium in Salzgitter; sie ist außerdem als Fachleiterin für besondere Aufgaben am Studienseminar in Salzgitter tätig.

Kathrin Stoebe unterrichtet die Fächer Evangelische Religion und Deutsch an einem Gymnasium in Hildesheim.

Beratung:
Dr. Albrecht Willert unterrichtet Evangelische Religion und Deutsch an einem Gymnasium in Datteln und ist Fachleiter für Religion am Studienseminar in Recklinghausen.

Quellenverzeichnis

Lieder

S. 8: Text: Udo Lindenberg/Annette Humpe/Fabian Harloff/Lucas Hilbert, George Glueck Musik GmbH, c/o Sony Music Publishing (Germany), Universal Music Publ. GmbH, Hamburg; Diana Music & Vision Musikverlag (Meisel). –
S. 39: Text: Martin Gotthard Schneider, Gustav Bosse Verlag, Kassel. –
S. 63: Text: Sabrina Setlur/Thomas Hofmann, 3 P Songs Musikverlag GmbH, Edition Antenna Musik, Edition Die Neue S-Klasse, Universal Music Publ. GmbH, Hamburg. –
S. 98: Melodie: Tera de Marez Pyens-Wansink, Interkerkelijke Stichting voor het Kerklied, Leidschendam; Text: Dieter Trautwein, Strube Verlag GmbH, München-Berlin. –
S. 103: Melodie: Johannes Petzold; Text: Jochen Klepper, Bärenreiter Verlag, Kassel. –
S. 114: Text: Reinhard Bäcker, Menschenkinder Verlag, Münster. –
S. 119 o.: Text: Andreas Holst/Andreas Frege/Hans Christian Müller, Musik-Edition Discoton GmbH (BMG UFA Musikverlage), München und HNKAKBSM Musikverlag GmbH, Düsseldorf. –
S. 140: Text: Peter Horton, Rechte beim Urheber.

Texte

S. 6: Jörg Zink, Wie wir beten können, Kreuz, Stuttgart, überarbeitete Fassung 1991 (gekürzt). –
S. 9: Bundesleitung der Katholischen Jungen Gemeinde (Hg.), Beten durch die Schallmauer, KJG, Düsseldorf 1994[8], S. 119f. –
S. 10: Dorothee Sölle/Fulbert Steffensky (Hg.), Politisches Nachtgebet in Köln, Kreuz, Stuttgart 1969. –
S. 11: Kay-Ulrich Bronk, Niebüll (Manuskript). –
S. 12: Dietrich Schirmer (Hg.), Die Bibel als politisches Buch, Kohlhammer, Stuttgart 1982, S. 29-34 (gekürzt). –
S. 14 (bis Gerechtigkeit): Dorothee Sölle im Gespräch mit Wolf-Rüdiger Schmidt, ZDF-Sendung 31.1.2001, aus dem Internet: http://www.zdf.de. –
S. 14 (ab Gerechtigkeit): Quelle unbekannt. –
S. 16: Dorothee Sölle/Luise Schottroff, Den Himmel erden, Dtv, München 1996, S. 70. –
S. 17: Brigitte 11/2000, S. 129 (gekürzt). –
S. 18: Lore Graf u.a. (Hg.), Die Blumen des Blinden, Chr. Kaiser, München 1983, S. 167. –
S. 22: Susann Heneen-Wolff, Im Land der Täter. Gespräche mit überlebenden Juden, S. Fischer, Frankfurt/M. 1994, S. 52-64 (gekürzt). –
S. 24: Aktion Sühnezeichen Friedensdienste e.V. (Hg.), Zeichen, Nr. 4, Dez. 1994, S. 6. –
S. 27: Focus 25/1999, S. 137. –
S. 28/29: Alexa Brum u.a. (Hg.), Ich bin, was ich bin, ein Jude. Jüdische Kinder in Deutschland erzählen, Kiepenheuer & Witsch, Köln 1995, S. 28-30, 83f., 107 (gekürzt). –
S. 30/31: Rolf Rendtorff, Christen und Juden heute, Neukirchener, Neukirchen-Vluyn 1998, S. 28-42 (gekürzt). –
S. 32: Gesellschaften für Christlich-Jüdische Zusammenarbeit (Hg.), In unserer Mitte leben. Mit uns leben, KOMZI, Bad Nauheim 1996, S. 13 (gekürzt). –
S. 33: Gesellschaften für Christlich-Jüdische Zusammenarbeit (Hg.), Wenn nicht ich, wer? Wenn nicht jetzt, wann?, KOMZI, Bad Nauheim 1998, S. 108f. (gekürzt). –
S. 34: Selma Meerbaum-Eisinger, Ich bin in Sehnsucht eingehüllt. Gedichte, S. Fischer, Frankfurt/M. 1984, S. 50 (gekürzt). –
S. 38: Antoine de Saint-Exupéry, Gesammelte Schriften in drei Bänden, Bd. 2, Karl Rauch, Düsseldorf 1959. –
S. 40/41: Dorothea Kinast. –
S. 43: Dorothee Sölle/Luise Schottroff, Den Himmel erden, Dtv, München 1996, S. 11-14 (gekürzt). –
S. 44: Wolfgang Huber, Kirche in der Zeitenwende. Gesellschaftlicher Wandel und Erneuerung der Kirche, Bertelsmann, Gütersloh 1998, S. 320f. –
S. 45 o.: unterwegs 1/2000, S. 30f. –
S. 46 u.: Protokoll der Sitzung v. 22.01.1990. –
S. 47: Joachim Beckmann (Hg.), Kirchliches Jahrbuch für die Evangelische Kirche in Deutschland 1933-1945, Bertelsmann, Gütersloh 1948, S. 415-423 (gekürzt). –
S. 48: Religion betrifft uns 4/1999, S. 16. –
S. 49 u.: Dietrich Bonhoeffer, Widerstand und Ergebung, Chr. Kaiser, Gütersloh, 1994[15], S. 12-25 (gekürzt). –
S. 54/55 o.: Jostein Gaarder, Sofies Welt, Hanser, München 1993, S. 8-10 (gekürzt). –
S. 55 u.: Joachim Fuhrmann (Hg.), Tagtäglich. Gedichte. Rowohlt, Reinbek 1976. –
S. 56: Heinz Körner, Johannes, Lucy Körner, Fellbach 1985, S. 84-86 (gekürzt). –
S. 57: Werner Sprenger, Vergiss dein nicht, Nie/nie/sagen-Verlag, Konstanz 1993, S. 7 (gekürzt). –
S. 58 M.: „Versuche mit Liebe", in: Max Frisch, Stichworte, Suhrkamp, Frankfurt/M. 1975. –
S. 58 u.: „Geschichten vom Herrn Keuner", in: Bert Brecht, Gesammelte Werke, Bd. 12, Suhrkamp, Frankfurt/M. 1967, S. 386. –
S. 59: Erich Fried, Liebesgedichte, Klaus Wagenbach, Berlin 1995, S. 81. –
S. 60: Bundesleitung der Katholischen Jungen Gemeinde (Hg.), Beten durch die Schallmauer, KJG, Düsseldorf 1997, S. 124. –
S. 62: G.H. Noack (Hg.), Wie wir es sehen, Signal, Baden-Baden 1964. –
S. 64 u.: Erich Fromm, Die Kunst des Liebens, Ullstein, Frankfurt/M., S. 11. –

S. 65: Brigitte 19/1986, S. 102 ff. –
S. 66 o.: BRU 19/1993, S. 40. –
S. 66 u.: Mit Spannungen leben. Eine Orientierungshilfe des Rates der EKD, Hannover 1996 (gekürzt). –
S. 71: Der Koran, aus dem Arabischen übertragen von Max Henning, Philipp Reclam, Stuttgart 1960. –
S. 72: Rüdiger Vaas, Neue Beweise für ein explodierendes All, nach: Bild der Wissenschaft, 7/2001 und 4/2002. –
S. 74 u.: Erich Thier (Hg.), Historischer und dialektischer Materialismus. Ein Quellenheft, Vandenhoeck & Ruprecht, Göttingen 1963[2], S. 9f. –
S. 76/77: Till Bastian, Das letzte Paradies. Und Gott besah sich seine Apfelbaum, in: Hannoversche Allgemeine Zeitung v. 23.12.1994. –
S. 78: Claus Peter Simon, Es liegt in unserer Hand, in: GEO 7/1999, S. 37, 44 (gekürzt). –
S. 79: Carl Améry, Vom Ende der Natur: Aktuelle apokalyptische Visionen, in: G. Fuchs (Hg.), Mensch und Natur, Josef Knecht Carolusdruckerei, Frankfurt/M. 1989, S. 43f. –
S. 80 o.: Ellen Mangold, Am Anfang steht die Wahl. Vorgeburtliche Diagnostik heißt Selektion – Plädoyer für eine solidarische Gesellschaft, in: Ludger Wess (Hg.), Schöpfung nach Maß: perfekt oder pervers? Publik Forum Spezial, 1995, S. 24f. –
S. 80 u.: Frank Ochmann, Der Griff nach den Genen, in: Stern 27/2000, S. 60. –
S. 81: Hans Jonas, Technik, Ethik und Biogenetische Kunst. Festvortrag gehalten anlässlich der Jubiläumsveranstaltung „100 Jahre Hoechst Pharma" in Frankfurt am 29.5.1984, in: Gesellschaftliche Gesundheit und Forschung e.V. (Hg.), Ethik und Gentechnologie, Frankfurt/M. 1988, S. 7ff. –
S. 82 o.: Erich Fried, und Vietnam und, Klaus Wagenbach, Berlin 1966. –
S. 86: Quellen unbekannt. –
S. 89 o.: W. R. Overton, Creationism in Schools: The Decision in McLean versus the Arkansas Board of Education, Science 215, 1982, S. 942 (Übersetzung: Erika Schmidt). –
S. 89 u.: Theo Sombeck u. a., Das Bild von der Welt in Naturwissenschaft und Theologie (Studienbuch Religionsunterricht Sekundarstufe II, Bd. 2), Vandenhoeck & Ruprecht, Göttingen 1993, S. 37-41 (gekürzt). –
S. 90: Stephen Hawking, Die illustrierte Geschichte der Zeit, Rowohlt, Reinbek 2000, S. 228-232. –
S. 94: Die Zeit, Nr. 32 v. 04.08.1995, S. 1. –
S. 95: Werner Heisenberg, Das Teil und das Ganze, Dtv, München 1987. S. 228-231 (gekürzt). –
S. 96/97: Quelle unbekannt. –
S. 106: Hans Reinhard Rapp, Strafe? Der Kreuzestod Jesu, in: Hannoversche Allgemeine Zeitung v. 23.03.1989. –
S. 107: Sigrid und Horst-Klaus Berg (Hg.), Auferstehung. Verwandlung ins Leben. (Biblische Texte verfremdet 12), Calwer/Kösel, München 1990, S. 88. –
S. 110: Rudolf Otto Wiemer, Er schrieb auf die Erde. Begegnungen mit dem Mann aus Nazareth, Herder, Freiburg i. Br. 1979, S. 89f. –
S. 111: H. D. Knigge (Hg.), Erzählend predigen an Sonn- und Festtagen, Gütersloher, Gütersloh 1988, S. 96f. –
S. 112 u.: Peter Biehl, Festsymbole. Zum Beispiel: Ostern. Kreative Wahrnehmung als Ort des Symboldidaktik, Neukirchener, Neukirchen-Vluyn, Neukirchen 1999, S. 296. –
S. 114: Quelle unbekannt. –
S. 119 u.: Quelle unbekannt. –
S. 121: Ruth Picardie, Es wird mir fehlen das Leben, Rowohlt, Reinbek 1999, S. 87-90. –
S. 123: Walter Jens/Hans Küng, Menschenwürdig sterben. Ein Plädoyer für Selbstverantwortung, Piper, Zürich u.a. 1995, S. 39f. –
S. 124: Der Spiegel 47/1993, S. 158-162. –
S. 125: Traueranzeige Grönemeyer, http://www.groenemeyer.de. –
S. 127 u.: Peter Neysters/Karlheinz Schmitt, Denn sie werden getröstet werden. Das Hausbuch zu Leid und Trauer, Sterben und Tod, Kösel, München 1994[2], S. 122. –
S. 129: Antoine de Saint-Exupéry, Die Stadt in der Wüste, Karl Rauch, Düsseldorf 1989. –
S. 130: Zeitschrift aktuell 5/2001, S. 16. –
S. 134: William Golding, Herr der Fliegen, S. Fischer, Frankfurt/M. 1990, S. 171-174 (gekürzt). –
S. 135: Hilde Domin, Rückkehr der Schiffe, S. Fischer, Frankfurt/M. 1963, S. 229. –
S. 137: Uwe Seidel, Psalmen der Hoffnung, Schriftenmissions-Verlag, Neukirchen-Vluyn 1982[2]. –
S. 141: Hilde Domin, Gesammelte Gedichte, S. Fischer, Frankfurt/M. 1987. –
S. 144: Saliha Scheinhardt, Frauen, die sterben, ohne dass sie gelebt hätten. Erzählung, Dagyeli, Frankfurt/M. 1991, S. 45f. –
s. 146: Hanns Dieter Hüsch, Das Schwere leicht gesagt, Herder, Freiburg i. Br. 1994, S.151f. (gekürzt). –
S. 150: Jean-Dominique Bauby, Schmetterling und Taucherglocke, Paul Zsolnay, Wien 1997. –
S. 151: Deutsches Allgemeines Sonntagsblatt v. 28.07.2000. –
S. 153 o.: Mechthild Voss-Eiser, Noch einmal sprechen von der Wärme des Lebens... Texte aus der Erfahrung von Trauernden, Herder, Freiburg i. Br. 1997[3], S. 68. –
S. 153 u.: Fritz Zorn, Mars. Fischer TB, Frankfurt/M. 1983, S. 164. –
S. 156 o.: Harold Kushner, Wenn guten Menschen Böses wiederfährt, Gütersloher, Gütersloh 1994[4]. –
S. 156 u.: Heidi Kaiser (Hg.), Leiden und Hoffen. Ein Lesebuch für Schule und Gemeinde, Ernst Kaufmann, Lahr 1993, S. 12. –
S. 157: Thornton Wilder, Der achte Schöpfungstag, S. Fischer, Frankfurt/M. 1968, S. 462. –
S. 160/161: Jaap ter Haar, Behalt das Leben lieb, Dtv, München 1999[23], S. 40 f. –
S. 161 u.: Stefan Zweig, Ungeduld des Herzens. Fischer TB, Frankfurt/M. 1983, S. 15. –
S. 162: Bärbel von Wartenberg-Potter, Wir werden unsere Harfen nicht an die Weiden hängen, Kreuz, Stuttgart 1990[4], S. 16-19. –
S. 166: Brunner/Juhre/Kulas (Hg.); Wir Kinder von Marx und Coca-Cola, P. Hammer, Wuppertal 1971, S. 110. –
S. 167: Jean Naudou, Buddha, Bertelsmann, Gütersloh o.J., S. 72-76. –
S. 168 o.: Thich Nhat Hanh, Alter Pfad, weiße Wolken. Leben und Werk des Guatama Buddha, Theseus, Zürich/München 1994, S. 139f. –
S. 168 u.: Hans Wolfgang Schumann, Buddhismus, Diederichs, München 1997, S. 68f. –

S. 170: Originalbeitrag. –
S. 171: Thich Nhat Hanh, Die Sonne, mein Herz, Herder, Freiburg i. Br. 1997, S. 53. –
S. 172: Dieter Faßnacht, Weltreligionen: Buddhismus, Diesterweg, Frankfurt/M. 1978[2], S. 14 (gekürzt). –
S. 173: Dieter Fassnacht, a.a.O., S. 27. –
S. 174: Dalai Lama, Die Vier Edlen Wahrheiten. Die Grundlage buddhistischer Praxis, S. Fischer, Frankfurt/M. 2001[3], S. 13-15 (gekürzt). –
S. 175: Riße/Sonnemanns/Theiß (Hg.), Wege der Theologie ins dritte Jahrtausend, Bonifatius, Paderborn 1996. –
S. 176: Dag Hammerskjöld, Zeichen am Weg, Droemer Knaur, München 1967. –
S. 178: Anthony de Mello, Gib deiner Seele Zeit, Herder, Freiburg i. Br. 1999[4], S. 153. –
S. 182 o.: Quelle unbekannt. –
S. 182 u.: Originalbeitrag. –
S. 184/185: Michael Ende, Momo, Thienemann, Stuttgart 1979. –
S. 187: Quelle unbekannt. –
S. 189: Werner Thissen, Mitten im Zeitenwirbel, Butzon & Bercker, Kevelaer 1999, S. 15. –
S. 191: Heike Doutiné, Wanke nicht mein Vaterland, S. Fischer, Frankfurt/M. 1973, S. 372-374 (gekürzt). –
S. 192: Werner Thissen, Mitten im Zeitenwirbel, Butzon & Bercker, Kevelaer 1999, S. 29. –
S. 193: Günter Kunert, Warnung vor Spiegeln. Gedichte, Carl Hanser, München 1970. –
S. 194: Jörg Zink, Wie wir beten können, Kreuz, Stuttgart 1970, S. 81.

Bibeltexte

S. 40, 42, 58, 59, 70, 71, 73, 74, 92, 108, 109, 112, 128, 138, 142, 152, 154, 155, 158, 159, 186, 188: Lutherbibel, revidierter Text 1984, durchgesehene Ausgabe in neuer Rechtschreibung, © Deutsche Bibelgesellschaft, Stuttgart.

Bilder

Umschlag vorn, S. 1, 224: © Deutsche Bibelgesellschaft, Stuttgart. –
Umschlag hinten: Bayard Presse International, Paris/Jean-Pierre Crivellari. –
S. 5: Ohne Titel, artists@boomerang-medien.de. –
S. 7: „Imagination", Michael Raka Weckerle, Kaiserslautern. –
S. 8: Letizia Volpi, Florenz. –
S. 10: „Schreiendes Herz", artists@boomerang-medien.de. –
S. 13: „Die Hinrichtung". –
S. 14: epd-bild, Frankfurt/M. –
S. 15: „Labyrinth – A Walking Meditation", Janet Wilkens, Deerfield, Virgina /USA. –
S. 17: dpa. –
S. 18: „Plakat Hoffnung" (2000/2001), aus der Reihe: Verkündigungsplakate, die ins Auge gehen, Bermoser + Höller Verlag, Aachen; Motiv: zefa visuell media, Hamburg; Vorlage: wenn-design, Aachen. –
S. 21: „ The Family" (Ölgemälde), fotografiert mit freundlicher Genehmigung der Pucker Gallery Inc., Boston. –
S. 23: DAX-Fotodesign Berlin, C. Riefling. –
S. 26/27: Geschäftsstelle Stiftung Denkmal, Berlin. –
S. 28/29: Edward Serotta, Wien. –
S. 31: Foto: Heide Sobotka. –
S. 37: Georg Meistermann, „Krypta Münsterkirche", © VG Bild-Kunst, Bonn 2001. –
S. 38: „So fängt es an, so hört es auf", © VG Bild-Kunst, Bonn 2001. –
S. 39: Werner Tiki Küstenmacher, Das versenkte Kirchenschiff, Claudius, München 1999, S. 8f. –
S. 42: „Illustration zu 1. Kor. 12", © VG Bild-Kunst, Bonn 2001. –
S. 44: „Der verwundete Engel". –
S. 47: Hoffnungstaler Anstalten Lobetal, Archiv, Lobetal. –
S. 48: Landesarchiv Berlin. –
S. 50: Amt für Jugendarbeit der Ev.-luth. Landeskirche in Braunschweig (Hg.), Lebendige Vielfalt. Jahresheft 1999, Wolfenbüttel 1998, Titelseite. –
S. 53, 56: „Die zerbrochene Maske", © VG Bild-Kunst, Bonn 2001. –
S. 57: „Reproduktion verboten", © VG Bild-Kunst, Bonn 2001; Dia: Artothek, Peissenberg. –
S. 59: „Der Kuß", © The Munch Museum/The Munch Ellingsen Group/VG Bild-Kunst, Bonn 2001; Foto: AKG, Berlin. –
S. 61: „Liebespaar", Hans Georg Müller, Worpswede. –
S. 64: © Dia-Dienst/Schels. –
S. 69: „Bibel des Abtes Matteo di Planisio", Vatikan, Ms.lat. 3550, © Biblioteca Apostolica Vaticana. –
S. 70: „Erschaffung Adams". –
S. 72: dpa. –
S. 75: KNA-Bild, Bonn. –
S. 76/77: T-Shirt-Aufdruck, Italien. –
S. 78, 83: Karstadt Warenhaus AG, 1992. –
S. 80/81: Gleitsichtglas-Werbung der Fa. Rodenstock. –
S. 82: Ivan Steiger sieht die Bibel, Deutsche Bibelgesellschaft/Verlag Kath. Bibelwerk, Stuttgart 1989. –
S. 85/86: NASA/PALAZZI Verlag, Bremen. –
S. 87: Wandel der Weltmodelle, aus: Der christliche Glaube in der Welt der Wissenschaft und Technik, Crüwell, Dortmund o. J., S. 77. –
S. 88: „Erschaffung der Welt", AKG, Berlin. –
S. 91: „Die andere Welt", Interfoto, München. –
S. 92: © VG Bild-Kunst, Bonn 2001. –
S. 93: „Neues vom Turmbau", © VG Bild-Kunst, Bonn 2001. –
S. 94: dpa. –
S. 95: Carl Friedrich von Weizsäcker (o.), Werner Karl Heisenberg (u.), Interfoto, München. –
S. 97: www.marylouart.de. –
S. 101: Foto: Günter Heizmann, 2001. –
S. 102: Emil Nolde, Montage aus „Kreuzigung" und „Heilige Nacht", Plakat von Almir Mavignier, Hamburg. –
S. 104/105: Kreuze „Auferstehung" und „Passion", Entwurf: Andreas Kasparek, sinnobjekte, Ehrenbergstr. 29, 22767 Hamburg, Tel.: 040/4325282-0, Fax: -1, E-Mail: kontakt@sinnobjekte.de, Internet: www.sinnobjekte.de. –
S. 107: „Kruzifix", Foto: Reinhard Arndt, Halle. –